Roswitha Tillmann

Hört mal zu,
ich habe viel zu erzählen!

Meine Kontakte mit der Geistwelt – sie lebt

Wissen ist Macht!

Meine vielen Kontakte mit der Geistwelt brachten es mit sich, dass ich von der Geistwelt aufgefordert wurde, mein Wissen über Schutzengel, Schutzgeister, negative Energien, Tod und Inkarnation weiterzugeben. Ich sollte es in einem Buch niederschreiben, um die Menschen aufzuklären.

Nach langem Zögern und nochmaligem Anstoß durch meinen Schutzgeist war ich schließlich bereit, mich an die Arbeit zu machen. Nur gab es da ein großes Problem: Mein Wissen über negative Energien zu veröffentlichen, bereitete mir Sorgen. Wie kläre ich die Menschen über negative Energien auf, ohne Angst und Unruhe auszulösen? Aber vor was und wem soll man sich schützen, wenn man es nicht weiß?

So nahm ich es in Angriff, den Menschen einen Einblick in die Geistwelt zu geben, in die Lichtwelt sowie in die dunkle Seite. *Negative Energien* sind von Gott abgewandte Wesen, sie können bei uns Menschen großen Schaden anrichten, darum ist das Wissen hierüber wichtig. Ihr Bestreben ist es, uns emotional niederzumachen, um an unsere Energie zu kommen, davon leben sie.

Mir war klar: Schreibe ich über ihre Bosheiten, wird es nicht ohne Gemeinheiten von ihrer Seite abgehen. Ihre Bosheiten ließen auch nicht lange auf sich warten; schon bald machten sie sich an meinem Laptop zu schaffen. Da sie elektrische Geräte gut manipulieren können, nutzten sie das aus. Es passte ihnen gar nicht, dass ich über ihre Machenschaften berichte; so wurden mir, während ich schrieb, Sätze verfälscht oder ganz entfernt, denn ihr niederträchtiges Verhalten sollte auf keinen Fall öffentlich gemacht werden. Ihren Intrigen waren keine Grenzen gesetzt, doch das konnte mich nicht aufhalten – jetzt erst recht! Macht haben sie keine, die geben wir ihnen erst, indem wir ihren fadenscheinigen Einflüsterungen, den Verlockungen wie Geld, Macht und Reichtum erliegen. Das lässt uns rücksichtslos und gewissenlos werden. Wir sind dann willige Werkzeuge der dunklen Seite. Sollten wir uns mit Pornografie, Sex auf niedrigster Stufe, Perversionen oder sonstigen abstrakten Dingen in dieser Richtung abgeben, geraten wir schnell in ihre Fänge. Damit liefern sich die Menschen der Dunkelheit aus, was ihnen noch nicht einmal bewusst ist: Sie reden sich ein, ein tadelloses Leben zu führen.

Sehen wir uns in der Welt um, wie die dunkle Seite in unser Leben eingegriffen hat: Es ist alles auf Zerstörung ausgelegt. Grausame Kriege geschehen aus Habgier und Machtbesessenheit. Es gibt Religionskriege, in denen Menschen für ihren selbst ernannten Gott streiten und dafür töten. Auch vor Kindesmissbrauch wird nicht Halt gemacht, dies alles ist an der Tagesordnung. Selbst die Kirche ist daran beteiligt, denn hier halten sich vorwiegend dunkle Wesen auf und verstecken sich hinter Gottesnamen. In fast sämtlichen Machtpositionen finden wir sie, ob in Medien, Politik, Wirtschaft, Finanzwelt … alle wollen uns klein und hilflos sehen. Ihr Ziel ist es, uns in Angst leben zu lassen. Angst macht uns kraft- und energielos, wir werden angreifbar und das kann in den schlimmsten Fällen zu Krankheiten führen, was keinem bewusst ist.

Meine ersten spirituellen Erlebnisse

Im Alter von zweieinhalb Jahren hatte ich mein erstes spirituelles Erlebnis. In diesem Alter war mir das natürlich noch nicht bewusst. Aus irgendwelchen Gründen musste ich an einem Nachmittag das Bett hüten, ich vermute, ich habe wohl meiner Mutter nicht gehorcht, bei Ungehorsam war das in meiner Familie üblich. Da mir nicht nach Schlafen war, spielte ich mit der Bettdecke und fasste plötzlich in etwas sehr Festes; mir war, als hätte ich einen Arm umfasst. Erschrocken darüber rief ich nach meiner Mutter und erklärte ihr, dass ich einen Arm im Bett hätte. Mein Bett wurde durchsucht, und da man nichts fand, wurde es als kindliche Fantasie abgetan. Aber dieses Erlebnis blieb mir in guter Erinnerung.

Viele Jahre später, ich war schon erwachsen, erinnerte ich mich an das Geschehene. Inzwischen hatte ich meinen Schutzgeist kennengelernt. Den bat ich, mir für dieses Ereignis eine Erklärung zu geben. Er sagte mir: »Es war dein Urgroßvater. Er hat großes Interesse an dir und nichts Gutes im Sinn.« Mehr wollte er mir nicht sagen. Wenn ich heute so darüber nachdenke, war ich auch noch nicht reif genug dafür.

Im Alter von vier Jahren kam ich das zweite Mal mit spirituellen Dingen in Berührung. Es war Krieg, die Sorge war groß um die männlichen Angehörigen, die an der Front waren. Um hierüber etwas zu erfahren, wurden Kartenleger und Wahrsager aufgesucht, auch meine Mutter und Großmutter taten dies. Doch für Kartenleger oder Hellseher, die vergütet werden wollten, fehlte das Geld. Nun war meiner Großmutter bekannt, dass man sich selbst ein Orakel anfertigen konnte, das ging ohne großen Kostenaufwand. Dazu brauchte man nur einen Bindfaden, daran hing man einen Gegenstand – bei meiner Mutter und Großmutter war es der Ehering. Dieses Orakel wurde dann über die Bibel gehalten; den Ring und die Bibel hielt man für geweiht und glaubte, so ein gutes Ergebnis zu erzielen.

Zu dieser Zeit wurden meine Mutter und eine Schwester von mir aus dem Kriegsgebiet evakuiert. Die Unterkünfte waren sehr beengt, unser Leben spielte sich in einem Raum ab und wir Kinder mussten uns die Betten mit den Erwachsenen teilen. Abends, wenn wir Kinder schliefen, wurde das Orakel hervorgeholt und befragt. Um diese Sache wurde ein großes Geheimnis gemacht. Das machte mich sehr neugierig und ich spielte meiner Mutter und Großmutter vor, fest zu schlafen. Voller Spannung sah ich zu und wartete ab, was geschehen würde. Ich nahm an, jetzt müssten sich Engel oder Geister zeigen, um zu antworten, aber nichts geschah. In meiner kindlichen Einfalt glaubte ich, dass ich diese Wesen nur noch nicht sehen konnte.

Diese Sache war sehr verwirrend für mich und ließ mich auch als Erwachsene nicht los. Oft erzählte ich über dieses Pendeln und mir fiel auf, dass man nicht mit jedem drüber sprechen konnte, denn die meisten Menschen glaubten, es sei Spinnerei oder Teufelswerk. Geister, die man befragen konnte, gab es schon gar nicht. Oft bekam ich zu hören: »Tote lässt man ruhen, versündige dich nicht.« Was dies nun mit Sünde zu tun haben sollte, konnte ich mir nicht erklären.

Die Sache hatte mich aber neugierig gemacht und ich stellte selbst Recherchen darüber an. Nun kam mir zu Ohren, das es die Kirche war, die über solche Dinge Verbote ausgesprochen hatte; sollte man sich nicht daran halten, sei es eine Sünde und Gott würde uns bestrafen. Menschen in Angst zu halten, war schon immer das Bestreben der Kirchenfürsten, um Macht und Job zu behalten. Gott straft niemanden und weist niemanden zurück; Fehler die wir begehen, müssen wir selbst wieder gutmachen, dafür inkarnieren wir. Doch ein sensibler Mensch glaubt wirklich, er würde für seine Fehler von Gott bestraft und sei dem Teufel ausgeliefert. Ein normales Leben zu führen fällt ihm schwer und so sucht er bei den Priestern Halt. Die nehmen sich das Recht heraus, diese Menschen als *besessen* abzustempeln. Glauben diese Priester tatsächlich, dass Menschen vom Teufel besessen sind? Haben die Kirchenfürsten nichts anderes zu tun, als Menschen in Angst zu halten? Sie haben auch keine Gewissensbisse Teufelsaustreibungen durchzuführen und stellen sogar Priester dafür ab. Selbst im Vatikan arbeiten hunderte Priester mit Exorzismus und bekennen sich in der Öffentlichkeit, in den Medien dazu. Wie viele Menschen haben dadurch schwere Qualen erleiden müssen und sind daran verstorben. Das stört die Priester wenig. Sie behaupten einfach, dann sei es von Gott gewollt, wen Gott liebe, den strafe er. Es kann doch wohl nicht wahr sein, dass diese selbst ernannten Gottesvertreter auch noch Menschen umkommen lassen? Gott straft niemanden und weist niemanden zurück, er liebt alle Menschen. Nun frage ich mich: Sind Priester andere Menschen? Hat Gott ihnen diesen Auftrag gegeben? Das ist Blasphemie in höchster Form. Wenn Menschen mit ihrem Leben nicht zurechtkommen, könnte ein Psychiater weit mehr ausrichten. Man sollte doch glauben, dass es in unserer aufgeklärten Zeit so etwas wie Exorzismus nicht mehr gibt, das ist tiefstes Mittelalter. Ich werde das Gefühl nicht los, dass diese selbst ernannten Gottesvertreter in die Psychiatrie gehören. Von den meisten Menschen werden solche Sachen wie Exorzismus hingenommen, man sieht einfach weg. Hier verhält man sich wie die drei Affen – nichts sprechen, nichts hören, nichts sehen – und ziehen sich so aus der Verantwortung. Das nennt man dann *Nächstenliebe*.

Channeln

Viele unerklärbare Ereignisse zogen sich durch mein Leben. Ich erinnerte mich an das Pendeln meiner Mutter und Großmutter. Da alles eingetreten war, was ausgependelt wurde, hatte ich die Absicht es selbst auszuprobieren und nahm es in Angriff. Es funktionierte, ich hatte Erfolg, meine Fragen wurden immer korrekt mit Ja oder Nein beantwortet. Da mit dem Pendel nicht mehr zu erreichen war, stellte mich das nicht zufrieden. Ich war mir nicht sicher, ob nicht doch so einiges aus meinem Unterbewusstsein kam, worin alles gespeichert ist.

Nun hatte ich erfahren, dass es noch eine andere Möglichkeit gab, mit der Geistwelt in Verbindung zu treten, und die hieß *Channeln*. Ich probierte es aus. Da dies über den Kopf geschieht, brauchte ich eine gute Konzentration und die war bei mir nicht zum Besten bestellt. Mit größter Mühe und vielen geduldigen Versuchen klappte es schließlich. Doch ich stellte fest, dass die Sache nicht ganz so harmlos war, wie ich mir das vorgestellt hatte. Foppgeister und negative Energien mischten sich, sowie meine Konzentration nachließ, in meine Gespräche mit der Lichtwelt ein. Die Lichtwelt trat dann zur Seite und wartete ab, was mein Wille war, denn wir haben einen freien Willen, der unantastbar ist. Es wurde versucht, mit irgendwelchen Lobhudeleien mein Vertrauen zu gewinnen. Aber ich durchschaute die Sache und verbot ihnen, sich in unser Gespräch einzumischen. Wer hört nicht gerne Schmeicheleien und lässt sich dann auf ein gefährliches Spiel ein, ohne zu hinterfragen, mit wem man Kontakt hat? Eins sollte man wissen: Meldet sich ein Geistwesen ist es wichtig, nach dem Namen zu fragen, weil die dunkle Seite da ausweicht. Ein Lichtwesen nennt immer seinen Namen und gibt sich zu erkennen, dann ist man auf der sicheren Seite.

Bei meiner ersten Kontaktaufnahme war ich sehr naiv, fragte ich doch ins Blaue hinein, ob da jemand sei, der mit mir sprechen wolle. Meine Überzeugung war, es würden sich schon die richtigen melden. Somit begab ich mich aufs Glatteis. Bei den ersten Versuchen hatte ich noch Glück, dass sich nur Wesen von der Lichtseite meldeten, doch das sollte sich schnell ändern. Die nächsten Kontakte verliefen nicht mehr so harmlos, mit Schmeicheleien schlich man sich in Gespräche von der Lichtseite ein. So viele Schmeicheleien zu hören, machte mich misstrauisch. Ich forderte Namen. Da zog man sich zurück. Die negative Seite steht immer in den Startlöchern, da heißt es bei einem Kontakt, wachsam zu sein. Für sie ist es ein Vergnügen, uns mit Tricks und Lügen hereinzulegen, mit dem Ziel, uns in tiefe Abgründe zu ziehen. Zu dunklen Wesen können sie uns nicht machen, aber die Energie, die sie uns bei jedem Gespräch abziehen, schwächt unsere Lebenskraft, das macht uns anfällig für Krankheiten.

Ob man channelt, also den Kontakt mit der Geistwelt sucht, bleibt jedem selbst überlassen. Nur Alkohol, Drogen und Pornografie sollten auf keinen Fall im Spiel sein, das ist immer eine Einladung an dunkle Energien. Wer nicht mit dem nötigen Ernst und Respekt an die Sache herangeht und glaubt, mit diesen Dingen spielen zu können, ist schon verloren; bis man das erkannt hat, hat die dunkle Seite ihr Ziel erreicht. Dunkle Wesen haben kein Gewissen, darum interessiert es sie nicht, ob es uns gut oder schlecht geht – sie wollen nur eins: unsere Energie, denn davon leben sie. Sie selbst bekommen keine Energie, denn es fehlt ihnen Liebe; nur die Liebe verstärkt die Energie.

Deckte ich ihre Machenschaften auf, hatten sie dumme Erklärungen parat: »Wir wollten dich nur prüfen.« *Wozu?*, fragte ich mich. Kein Lichtwesen hintergeht uns mit dummen Sprüchen oder prüft uns. Sie schmieren uns auch keinen Honig ums Maul, sondern sagen uns immer die Wahrheit – und die ist ernüchternd ehrlich. Sollten wir doch zu weit gegangen sein und haben die Hinterlistigkeit der dunklen Seite zu spät bemerkt, brauchen wir einen starken Charakter und Durchsetzungskraft, um uns aus ihren Fängen zu befreien. Denn einmal darauf reingefallen, geben sie so schnell nicht auf. Das hat schon unser großer Dichter Goethe erkannt. Wie sagte er? *Geister die ich rief, wie werde ich sie wieder los?*

Ein Gesellschaftsspiel sollten wir aus einem Kontakt mit unserem Schutzgeist, Schutzengel oder Lichtwesen nicht machen. Wenn wir Kontakt zu unserem Schutzgeist und Schutzengel haben, sollten wir das zu würdigen wissen und ihnen den nötigen Respekt zollen, statt dumme oder alberne Fragen zu stellen, wie: *Sagt mir die Lottozahlen* oder *Wie heißt der Hund von unserem Nachbarn, wo war ich im letzten Urlaub?* Das ist alles schon vorgekommen, ist entwürdigend und eine vorsätzliche Beleidigung. Hier ziehen sich die Lichtwesen zurück und die dunkle Seite tritt auf den Plan. Schutzgeister sind hohe Geistwesen, ihre Macht ist allgewaltig, ihre Aufgabe ist es, uns heil durchs Leben zu bringen. Da sollten wir nicht respektlos werden. Damit öffnen wir nur der negativen Seite Tür und Tor. Das heißt: So respektlos wir Fragen stellen, so respektlos spielen die dunklen Mächte mit uns und wir merken es noch nicht einmal.

Die Geistwelt lebt

Der Glaube der Menschen ist, dass wir nach dem Tod aufhören zu existieren. Aber der Tod ist nicht endgültig, wir sind im Jenseits lebendiger als je zuvor, den Beweis dafür geben uns unsere Verstorbenen. Mit einer gewissen Sensibilität ist es uns möglich, mit ihnen in Kontakt zu treten; sie warten darauf, um uns dann zu sagen, dass sie weiterleben, ohne Körper, als Seele, und wie gut es ihnen geht. Dies wurde mir immer wieder bestätigt.

Wie schon gesagt, eine gewisse Wachsamkeit ist immer geboten bei einer Kontaktaufnahme mit der Geistwelt, wir müssen in der Lage sein, zwischen Gut und Böse zu unterscheiden. Haben wir Kontakt, sind wir ein offener Kanal für alles, was sich im Universum herumtreibt – und es nicht alles ist gut, was von dort kommt. Darum sollte man sich vor einer Kontaktaufnahme mit der Geistwelt gut schützen. Unser bester Schutz ist, wenn wir einen Lichtkegel um uns herum visualisieren und uns von den Engeln Schutz erbitten. Die dunkle Seite steht immer in den Startlöchern, sie ist hinterlistig und messerscharf, sie wartet nur darauf, dass wir die Sache nicht ernst nehmen, und treibt dann ihre Spielchen mit uns.

Nun gibt es nicht nur in der Geistwelt dunkle Wesen, auch diese Wesen haben inkarniert und sie leben unter uns, es sind Menschen mit dunkler Energie, die ein falsches Spiel spielen, ich nenne sie *Energievampire*. Sie kommen mit ihrem Leben nicht zurecht, was sie aber gut überspielen können; sie brauchen die Energie ihrer Mitmenschen und die nutzen sie schamlos aus. Diese inkarnierten dunklen Wesen können angebliche Freunde, Nachbarn, Arbeitskollegen, Familienangehörige sein, die in menschlicher Form unter uns leben. Egal ob in geistiger oder menschlicher Form – diese Wesen haben nur ein Ziel: uns in Abgründe zu ziehen, um an unsere Energie zu kommen.

Mein spirituelles Erlebnis bei einer Bäuerin

Ein seltsames Ereignis überraschte meine Mutter und mich an einem späten Sommerabend bei einer älteren Bäuerin. Meine Mutter und ich, als Kind im Alter von vier Jahren, saßen in ihrer sogenannten *guten Stube*. Es war Krieg, die alte Dame hatte einen Sohn an der Front und Feldpost von ihm bekommen, daraus las sie uns vor. Plötzlich wehte wie aus heiterem Himmel ein starker Windstoß durch das Zimmer, die Blätter der Post, die auf dem Tisch lagen, hoben sich. Bestürzt sahen sich die Bäuerin und meine Mutter an.

Ihre Blicke gingen sofort zu den Fenstern, aber die waren mit Fensterläden fest verschlossen, also konnte kein Windstoß hereinwehen. Woher kam der Wind, wenn alles geschlossen war? Die alte Dame ahnte, was das zu bedeuten hatte, und war schrecklich aufgeregt. Laut betend fiel sie auf die Knie, bekreuzigte sich und nannte ihren Sohn bei seinem Kosenamen: »Mein Bernhardle, mein Bernhardle, ich bitte dich, Gott, beschütze ihn, bewahre ihn vor einem Unglück.« In ihrem Arbeitsleben war ihr Beruf Krankenschwester, sie hatte viele sterbende Menschen in ihrer letzten Stunde begleitet. Ihr war vertraut, dass Seelen, wenn sie von uns gehen, ihre Angehörigen noch mal besuchen können, um Abschied zunehmen. Ihre Überzeugung war, dass dieser Windstoß etwas mit ihrem Sohn zu tun hatte.

Wie recht sie doch hatte, denn alles Beten war umsonst; ihm konnte keiner mehr helfen. Der Tod war nicht an ihm vorübergegangen. Die Nachricht vom Tod ihres Sohnes ließ auch nicht lange auf sich warten. In einem Brief teilten ihr seine Kameraden mit, dass ihr Sohn gefallen war, auch die Todesstunde wurde ihr mitgeteilt. Die alte Dame hatte ihren Blick bei diesem Ereignis auf die Uhr gerichtet und sich die Uhrzeit gemerkt. Nun bekam sie die Bestätigung, dass dieser Windstoß mit der Todesstunde ihres Sohnes einherging. Seine Gedanken waren stark auf seine Mutter gerichtet und dieser Sturm war seine Seele, die gekommen war, um Abschied zu nehmen.

Immer wieder geschieht es, dass Menschen in ihrer letzten Stunde, wenn die Seele den Körper verlässt, ihre Angehörigen oder sonst lieb gewordene Menschen noch einmal besuchen, es ist ein Abschiednehmen.

So geschah es auch bei einer Schwester meiner Großmutter, hier war der Sohn an der Front und zu dieser Zeit war man auf solche Zeichen sensibilisiert, die wurden nicht angezweifelt. Man wusste, dass man den Vater, einen Sohn oder einen sonstigen Familienangehörigen verloren hatte, wo uns heute die Technik abstumpft. Der Neffe meiner Großmutter befand sich mit seinen Kameraden auf dem Rückzug aus dem Kriegsgebiet. Der letzte Stand der Soldaten war Frankreich, an der Rhone, und hier hatten sie nur eine Möglichkeit, um sich in Sicherheit zu bringen: Sie mussten die Rhone durchschwimmen. Seine Kameraden hatten das rettende Ufer erreicht, doch nicht der Neffe meiner Großtante; schon fast am Ufer traf ihn eine Kugel, die sein Leben beenden sollte. In seiner Todesstunde rief er verzweifelt nach seiner Mutter. Dieser Hilferuf – »Mutter! Mutter!« – riss meine Großtante aus dem Schlaf. Erschrocken und voller Unruhe lauschte sie in die Nacht. Eine schreckliche Ahnung stieg in ihr hoch und ließ sie erschauern, klang dieser Ruf doch wie die Stimme ihres Sohnes und dies sollte ihr schon bald zur Gewissheit werden. Voller Unruhe wartete sie auf ein Lebenszeichen. Ein Zeichen kam, aber es war eine Hiobsbotschaft, ein Brief von seinen Kameraden, darin waren seine Erkennungsmarke und der Ehering enthalten und ihr wurde der Tod mitgeteilt. Auch dass er verzweifelt nach seiner Mutter gerufen hatte. Erschüttert stellte sie fest: Es war die Stimme ihres Sohnes, die sie in jener Nacht gehört hatte, ein Hilferuf in letzter Stunde.

In unserer heutigen Zeit können sich die wenigsten Menschen solch eine Gedankenübertragung vorstellen. Beeinflusst durch unsere Technik Computer, Fernsehen, Handy und so weiter, haben geistige Feinheiten keinen Platz mehr in unserem Leben, somit werden diese Dinge lächerlich gemacht.

Murmelnrollen von einem Geistwesen

Im Alter von zwölf Jahren wurde ich an einem Sonntagmorgen von einem seltsamen Geräusch aus dem Schlaf gerissen. Meine Eltern und meine Geschwister schliefen noch fest, als in unserer Wohnung ein rätselhaftes Grollen zu hören war. Dem Geräusch nach glaubte ich, es sei eine Murmel, die hin und her rollte. Ich horchte, ob eines meiner Geschwister schon wach war und mit Murmeln spielte, aber die Familie schlief fest. Aufmerksam lauschte ich weiter; mir fiel auf, dass diese vermeintliche Murmel an allen vier Wänden entlang rollte und an jeder Zimmerecke anschlug. Dies war eigentlich unmöglich, da die Wände mit Möbeln zugestellt waren. Eine Weile blieb dieses Murmelgeräusch, dann war es auf einen Schlag still.

Meine Mutter, die dies mitbekommen hatte, rief nach mir, in der Annahme, dass ich es war, die da spielte. Sie wusste, dass ich immer schon sehr früh wach war und herumgeisterte. Sie bat mich, das zu lassen.

Ängstlich rief ich zurück: »Ich liege ruhig im Bett und höre das Geräusch schon eine ganze Weile.«

Da ich es nicht war, ahnte meine Mutter, dass dies nichts Gutes sein konnte. Es war sechs Uhr. In unserer Familie war es Gewohnheit geworden, bei ungewöhnlichen Ereignissen immer die Uhr im Blickfeld zu haben. Man wusste, das solche rätselhaften Geräusche, egal welcher Art, immer mit einem Schicksalsschlag zu tun hatten.

Nichts hielt meine Mutter mehr in ihrem Bett. Hastig zog sie sich an, als würde sie um Hilfe gebeten, um dann sofort einspringen zu können. Die Befürchtung meiner Mutter bestätigte sich schnell, die Hiobsbotschaft erhielten wir schon eine Stunde später: Eine Schwester meiner Großmutter war plötzlich an einem Herzinfarkt verstorben. Da meine Mutter meiner Großtante besonders am Herzen lag, hatte sich ihre Seele bei ihr bemerkbar gemacht, um Abschied zu nehmen.

Seit Generationen treten solche Zeichen in unserer Familie auf und gehen immer mit einem Schicksalsschlag einher. Glücklich ist man nicht darüber, aber man lernt, damit zu leben, denn es bringt immer Unruhe und Sorge mit sich, weil man nie weiß, wen es trifft. Das ist auch gut so; es würde uns sehr betroffen machen zu wissen, wer es ist, denn helfen kann man nicht, es ist alles vorherbestimmt. Auch sind es nicht immer die gleichen Zeichen, die wahrgenommen werden, jede Seele macht sich anders bemerkbar. Mal hört man ein unerklärliches Klopfen im Haus, dann schlägt eine Tür zu, als sei jemand gegangen, dann vernimmt man Schritte in der Wohnung, obwohl man alleine ist. Da dies in unserer Familie verbreitet ist, informieren wir uns erst einmal untereinander, ob alles noch in Ordnung ist. Wenn ja, dann heißt es abwarten, in der Hoffnung, dass es eine Einbildung war. Aber die Hiobsbotschaft lässt leider nie lange auf sich warten.

Todesengel begleiten eine Seele ins Licht

Meine Mutter, meine Großmutter und ich, in Alter von zehn Jahren, saßen an einem Abend zusammen und hörten Radio; Fernseher gab es zu dieser Zeit noch nicht. Da überraschte uns ein bis ins Mark erschütterndes Vogelgeschrei. Dem Schrei nach mussten es Krähen sein, die genau über unserem Haus hinweg flogen. Erschrocken sahen wir uns an, dann war es totenstill. Ein kalter Schauer lief uns über den Rücken, denn Vögel um zehn Uhr nachts mit diesem Geschrei – das war schon unnatürlich und jagte uns einen Schrecken ein.

Meine Großmutter, die sich als Erste von dem Schreck erholte, erklärte uns, dies sei kein gutes Zeichen; es wären Todesengel, die eine Seele nach Hause begleiteten. Mit solchen Phänomenen kannte sich meine Großmutter gut aus.

Mit großen Augen sah ich meine Großmutter an. Dass es Todesengel geben sollte, machte mir Angst, die stellte ich mir hässlich und grausam vor. Für mich gab es nur schöne Engel, die mich begleiteten und beschützten und die ich immer um Hilfe bitten konnte. In meiner kindlichen Einfalt wusste ich noch nicht, dass auch die Todesengel sehr liebevolle Engel sind, die nur eine Bestimmung haben: Seelen ins Jenseits zu begleiten.

Es dauerte auch nicht lange, und wir erfuhren von einem Schicksalsschlag. Im Nachbarhaus war ein Unglück geschehen, eine Nachbarin war bei der Geburt ihres ersten Kindes gestorben.

Der erste Kontakt mit meinem Schutzgeist

Der Kontakt mit der Geistwelt war für mich zur Alltäglichkeit geworden, meist waren es bekannte Verstorbene, mit denen ich Kontakt hatte. Dann überraschte mich eine traurige Nachricht: Ein Onkel von mir war plötzlich verstorben und so dumm, wie ich zu dieser Zeit war, glaubte ich, sofort Kontakt aufnehmen zu können, was natürlich nicht ging. Wie ich später erfuhr, braucht ein Verstorbener nach unserer Zeitrechnung mindestens ein halbes Jahr, um zu begreifen, dass er in der anderen Dimension ohne Körper weiterlebt. Zu meiner Überraschung meldete sich ein naher Verwandter meines Onkels. Er stellte sich vor und erklärte mir, dass mein Onkel für ein Gespräch noch nicht bereit sei und machte mir das Angebot, dass auch er mir helfen könne. Ich nahm das Angebot an. Es war ein kurzes Gespräch, das mich zufriedenstellte, ich bedankte mich für sein hilfreiches Einspringen und er zog sich zurück.

Unser Gespräch war gerade beendet, als mich ein Gefühl überkam ... es meldete sich noch jemand aus der Geistwelt. Ich hatte niemanden gerufen und war mir nicht sicher: Ist es ein Lichtwesen oder ein Foppgeist? Sollte es ein Foppgeist sein, würde ich mich zu wehren wissen.

Misstrauisch fragte ich nach: »Wer besucht mich?«

Da wurde mir der Name *Elias* genannt.

Überrascht über diesen Namen fragte ich zurück: »Bist du der Prophet Elias?«

»Nein, der Prophet Elias bin ich nicht, aber dein Schutzgeist.«

Das machte mich sprachlos ich konnte es nicht glauben, dass sich mein Schutzgeist bei mir meldet. »Mein Schutzgeist?« Das ließ mich vor Ehrfurcht die Knie gehen. Ich hatte mit allem gerechnet, nur nicht mit meinem Schutzgeist. Den sah ich, wie man so sagt, im Himmel oder sonst wo im Universum, aber nicht in meiner Nähe. Wir führten ein kurzes Gespräch und er erklärte mir, dass er zu jeder Zeit für mich da sei und ich ihn zu jeder Zeit rufen könne. Das machte mich stolz, zu wissen, wer mein Schutzgeist ist und dass ich ihn mit Namen ansprechen konnte. Fassen konnte ich es nicht, dass er sich bei mir gemeldet hatte, aber die Zeit musste wohl reif dafür sein. Was ich zu dieser Zeit noch nicht wusste war, dass es sehr wichtig für mich war zu wissen, wer mein Schutzgeist ist, und ich seine Hilfe noch dringend brauchen würde.

Ein Schabernack von einem Geistwesen

An einem Sommerabend geschah etwas Seltsames, das meine Mutter und ich so schnell nicht vergessen sollten. An diesem Abend stellte meine Mutter fest, dass sie Wäsche zum Trocknen auf eine Wiese gelegt und vergessen hatte. In der Abenddämmerung machte sie sich mit mir, ich war da vier Jahre alt, auf den Weg, um sie hereinzuholen. In der Abenddämmerung, es war alles noch gut zu erkennen, war ich eifrig dabei, meiner Mutter zu helfen, und hob die Wäsche von der Wiese auf. Kaum hatte ich ein Wäschestück in der Hand, da wurde es mir auch schon mit einem lauten »Hu!« aus der Hand gerissen und verschwand vor meinen Augen. Sprachlos sah ich dem Wäschestück nach, das flach über den Rasen gezogen wurde. Verdutzt sah ich mich um, aber zu sehen bekam ich niemanden. Aber woher kam dieses *Hu*? Meine Mutter, die diesen Ausruf mitbekam und sah, wie die Wäsche verschwand, schrie ängstlich auf, packte mich und stürmte mit mir ins Haus.

Meine Großmutter, die sich im Haus aufhielt, sah uns verwundert an und meinte: »Wer hat euch denn gejagt?«

Aufgeregt erzählte meine Mutter, was uns passiert war.

Skeptisch sah meine Großmutter uns an und war der Meinung: »Da hat sich wohl einer einen Scherz mit euch erlaubt.«

Wir konnten ihr nicht widersprechen, denn eine andere Erklärung hatten wir nicht. Meine Mutter, die noch sehr aufgeregt war, hatte nicht mehr den Mut nachzusehen, wohin die Wäsche verschwunden war und wartete den nächsten Morgen ab.

Am darauffolgenden Tag war ihr erster Weg zu einem Nachbarn, dem erzählte sie von unserem Erlebnis. Er belächelte die ganze Sache. Er meinte, dafür müsste es eine logische Erklärung geben. Die ganze Wiese wurde nach dem Wäschestück abgesucht und ungefähr zehn Meter hinter einem Hügel fand man es unversehrt, nicht beschmutzt und ordentlich hingelegt. Man wunderte sich, die Wäsche so vorzufinden. War es doch ein Scherz von einem Nachbarn? Spirituelle Sachen waren meiner Mutter nicht fremd und sie ahnte, es musste etwas aus der geistigen Welt gewesen sein, das sich uns genähert hatte. Von unserem Nachbarn wurde das belächelt.

Ich war nun erwachsen und mir fiel dieses seltsame Erlebnis ein. In der Zwischenzeit hatte ich meinen Schutzgeist kennengelernt und das gab mir die Gelegenheit, nach diesem Erlebnis zu fragen. Seine Antwort ließ mich staunen: »*Dieses Erlebnis war keine Fantasie, wie man euch einreden wollte, es war ein Geistwesen, das euch besucht hat. Dieses Geistwesen war ein verstorbener Nachbar, den deine Mutter und auch du gut kanntet. Er hatte sich einen Scherz mit euch erlaubt. Es war nicht seine Absicht euch Angst einzujagen, damit hatte er nicht gerechnet. Er glaubte, deine Mutter würde den Spaß verstehen. Als er merkte, wie erschrocken ihr reagiert habt, verschwand er sofort wieder.*«

Nun erinnerte mich an diesen Nachbarn er war immer zu Scherzen aufgelegt, auch machte es ihm Spaß mich zu necken. Diese Vorliebe zu scherzen oder zu necken die in seinem Leben sehr ausgeprägt war, ging auch nach seinem Tod nicht verloren. Es gibt Dinge zwischen Himmel und Erde, die uns immer wieder ins Staunen versetzen.

Die Seele meiner Großmutter

Meine Großmutter genoss eine strenge katholische Erziehung, diesen Glauben hatte sie bei ihrer Heirat abgelegt und sich dem Glauben meines Großvaters, der protestantisch war, angeschlossen.

Im hohen Alter erkrankte sie an einem Herzinfarkt, von dem sie sich nicht mehr erholte. Sie stand kurz vor ihrem Ableben und es fiel ihr schwer, ins Jenseits zu gehen. Der Grund war, dass ihr Gewissen sie quälte, ob sie richtig gehandelt hatte, ihren katholischen Glauben abgelegt zu haben. Sie fürchtete, sie habe damit eine große Sünde begangen, Gott würde ihr das nicht verzeihen.

Alles gute Zureden von unserer Seite, dass es einerlei sei, welchen Glauben man habe und sie durch den Glaubenswechsel doch Gott nicht verleugnet habe, konnte sie nicht überzeugen. Die katholische Kirche hatte sie fest im Griff, denn die bezichtigten die Protestanten der Ketzerei und dass diese von Gott Abtrünnige seien. Zu Lebzeiten meiner Großmutter war unserer Familie nie aufgefallen, dass der Glaubenswechsel sie je belastet hätte.

Ihre letzten Stunden verbrachte sie in einem katholischen, von Nonnen geleiteten Krankenhaus. Aber der Glaubenswechsel ließ ihr keine Ruhe, sie bat die Nonnen um einen Priester, der ihr die Beichte abnehmen und bei Gott ein gutes Wort für sie einlegen sollte. Dies wurde ihr nicht gewährt, stattdessen vertröstete man sie mit den Worten, man schließe sie in die Gebete mit ein. Auch Spenden von den Schwestern meiner Großmutter halfen wenig, dafür tanzten sie in ihrer Küche bei Beatmusik und ließen durchblicken, dass Großmutter wohl nicht den richtigen Glauben habe. Dies konnte doch wohl keine christliche Nächstenliebe sein, und das von Nonnen, die vorgaben Gott zu dienen.

Dann kam Großmuters letzte Stunde und ihr Wunsch war es, ihre Angehörigen noch einmal zu sehen, um Abschied zu nehmen. Diesen Wunsch konnten wir ihr erfüllen.

Bei ihrem Heimgang erklärte sie uns: »Gott hat mich gerufen, ich werde gehen.« Dann atmete sie noch einmal tief durch und schloss die Augen.

Meine Mutter war fassungslos, dass dies die letzte Stunde ihrer Mutter sein sollte, und rief sie laut weinend zurück, mit den Worten: »Mutter, du darfst noch nicht gehen!«

Auf halbem Weg ins Jenseits kam meine Großmutter zurück. Verwirrt schaute sie in unsere Runde und fragte: »Wer hat mich gerufen? Warum lasst ihr mich nicht gehen? Ich habe einen wunderschönen Ort gesehen.«

Meine Großmutter hatte schon viele Sterbende begleitet und uns davor gewarnt, niemals einen Sterbenden am Gehen zu hindern, also ihn anzurufen. Dies sei eine Qual für den Sterbenden und verzögere seinen Heimgang, denn gehen würde er ja doch. An diese Warnung hielt sich meine Mutter nicht, der Heimgang meiner Großmutter verzögerte sich um drei Tage. Ein Akt der Liebe war das nicht, sondern ein egoistisches Verhalten. Wir sind viel zu selbstsüchtig, denken nur an den Verlust eines Menschen, statt ihn mit unserer Liebe zu begleiten und ihm eine gute Reise ins Licht zu wünschen.

Bei ihrer endgültigen Reise ins Jenseits besuchte meine Großmutter noch mal ihre Familie. Dies geschah bei meinem Mann und mir. Frühmorgens wurden wir durch ein seltsames Geräusch aus dem Schlaf gerissen. Mehrmals in kurzen Abständen wurde an unserer Bettkante gekratzt, als nage dort eine Maus. Mein Mann wachte durch dieses Geräusch auf und schimpfte verärgert, ich solle meine Füße still halten und das Kratzen am Bett lassen. Verärgert gab ich zurück, dasselbe hätte auch ich ihm sagen wollen. Fragend sahen wir uns an, da wir es beide nicht waren. Ich wurde unruhig, hatten doch solche rätselhaften Geräusche immer etwas mit einem Unglück zu tun. Mir fiel sofort meine schwerkranke Großmutter ein. Sollte dieses Geräusch etwas mit ihr zu tun haben? War sie nun von uns gegangen? Als ich dies meinem Mann sagte, war er der Meinung: »Wie soll sich deine kranke Großmutter an unserem Bett zu schaffen machen? Wenn sie tot ist, dann kann sie auch kein Glied mehr bewegen.« Ich blieb fest bei meiner Behauptung und erklärte ihm, dass dies die Seele meiner Großmutter gewesen sei, sie hätte uns noch einmal besucht.

Bei dem Geräusch hatte ich auf die Uhr gesehen, es war 5.30 Uhr. Damit wollte ich mir Gewissheit verschaffen; sollte ihre Seele uns besucht haben, so müsste die Uhrzeit mit der Todesstunde übereinstimmen.

Schon eine halbe Stunde später bekamen wir die Nachricht über ihren Tod und auch die Todesstunde wurde uns mitgeteilt, die stimmte genau mit dem Geräusch überein. Nun hatte ich den Beweis: Es war meine Großmutter, die Abschied von ihrer Familie genommen hatte. Mein Mann, der meine spirituellen Erlebnisse, nicht so ganz wahrhaben wollte, wurde sehr nachdenklich. Nun erinnerte er sich an unerklärbare Phänomene, die er als Kind in der Kriegszeit erlebt hatte. Bei diesen Erlebnissen war er sich sicher, dass dies keine Hirngespinste waren, denn sie waren immer mit Schicksalsschlägen verbunden, das hatte er total verdrängt. Er kam ins Grübeln und zu dem Schluss, es musste noch etwas zwischen Himmel und Erde geben, das man nicht erklären konnte.

Zukunftsträume über einen Verstorbenen

Lange Zeit hielt ich Träume für Schäume, so wie der Volksmund sagt. Doch dann bekam ich einen schauerlichen Traum, der sich bewahrheiten sollte.

Ich sah mich in einem Raum stehen, um mich herum war alles Grau in Grau. Direkt vor mir war ein Sarg, darin lag ein Toter. Die Arme und der Kopf hingen heraus, der Kopf war zu einem Ballon aufgebläht. Der Körper war ungewöhnlich stark angeschwollen, die Hände steckten in großen weißen Handschuhen, wie ein Clown sie trägt. Intuitiv erfasste ich, dass ich diesen Toten kannte, er war nur völlig entstellt. Bei genauem Hinsehen fiel mir auf, dass er gar nicht richtig in dem Sarg lag. Während ich mir den total entstellten Toten ansah, ging ein Mann auf diesen Sarg zu und blieb davor stehen, als überlege, er wie er den Toten in den Sarg bekommen sollte. Nun drückte er den Leichnam mit den Füßen in den Sarg, was sehr schwierig war, aber irgendwie hat er es geschafft. Während ich noch überlegte, woher ich den Mann im Sarg kannte, befand ich mich auch schon unter einer Trauergemeinde und sah, dass an dem Sarg ein weißer Mann und fünf dunkelhäutige Männern standen. Nun setzte sich der Trauerzug in Bewegung und wir mussten eine ziemlich steile Anhöhe hinauf. Am Grab angekommen, wollte man den Sarg sofort in die Erde einlassen, ohne eine Trauerrede zu halten. Plötzlich glitt zwei Männern das Seil aus der Hand und der Sarg rollte den Berg hinunter.

Völlig aufgewühlt wachte ich auf und ich frage mich, was das zu bedeuten hatte. Wie kam ich zu solch einem gruseligen Traum? Es dauerte auch nicht allzu lange und ich stellte fest, dass ich in diesem Traum eine Vorhersage geträumt hatte.

Ich machte einen Besuch bei meiner Schwester und sie erzählte mir, dass ein guter Bekannter von ihrem Mann, den ich auch kennen würde, verstorben sei. Zur Aufbahrung war er nicht mehr freigegeben, da sein Körper voll Wasser war, dadurch sei es schwer gewesen, ihn in den Sarg zu bekommen. Ein Schauer überlief mich, als ich das hörte, hatte ich doch einen entstellten Körper in meinem Traum gesehen. Dann erzählte sie mir, dass der Schwiegersohn des Verstorbenen ein Farbiger sei und es ihm eine Ehre sei, mit den Sarg zu tragen, doch da gab es Schwierigkeiten von der Familie. Die Schwester des Verstorbenen war damit nicht einverstanden, dass ein *Neger*, wie sie es nannte, mit den Sarg trägt. Wieder fiel mir mein Traum ein, sah ich doch dunkelhäutige Männer am Sarg. Ich konnte es nicht fassen, dass man so etwas träumen kann. Ich erzählte meiner Schwester von diesem gruseligen Traum. Ihre Meinung war:

»Sollte das eintreffen, dann hast du eine Vorhersage geträumt.« Wir kamen auf die Äußerung der Schwester des Verstorbenen, einer Ordensschwester der evangelischen Kirche, zu sprechen und fanden ihre Äußerung über farbige Menschen unverschämt und taktlos. Ließ sich so etwas mit ihrem Glauben vereinbaren? In der Bibel steht geschrieben: Vor Gott sind alle Menschen gleich, ob arm, ob reich, schwarz oder weiß, Gottes Liebe ist für alle da, er sortiert nicht nach Hautfarbe. Da ich diesen älteren Herrn gut gekannt hatte, sagte ich meiner Schwester, ich würde ihm die letzte Ehre erweisen und mit zur Beerdigung gehen.

Die Beerdigung stand an und wir begaben uns zur Trauerhalle. Dort angekommen, wollte ich meinen Augen nicht trauen, hier standen fünf dunkelhäutige Männer und ein Weißer am Sarg. Der Schwiegersohn des Verstorbenen hatte die abwertenden Worte über seine Hautfarbe mitbekommen und zeigte der Familie, dass Menschen mit dunkler Hautfarbe auch Gotteskinder sind. Dieser Schwiegersohn war in Deutschland in der amerikanischen Armee stationiert. Aus Protest hatte er noch vier Kameraden mitgebracht. Das war schon ein großer Schock für die Verwandten, aber man musste sich damit abfinden. Dann machte sich die Trauergemeinde auf zum Grab. Ich konnte es nicht glauben, wie im Traum mussten wir eine steile Anhöhe hinauf. Am Grab angekommen hielt man eine kleine Grabrede und der Sarg wurde ins Grab abgesenkt. In diesem Moment rutschte einem der Sargträger das Seil fast aus der Hand, ein Aufschrei ging durch die Trauergemeinde, durch eine schnelle Reaktion konnte er jedoch nachfassen. Eine Katastrophe konnte abgewendet werden, man atmete erleichtert auf, dass es zu keinem Unglück gekommen war. Ich war geschockt, war doch alles so eingetroffen, wie ich es im Traum gesehen hatte. Für mich blieb es ein Rätsel, wie man so etwas vorher träumen kann. Da kann ich nur sagen: *Träume sind keine Schäume.*

Zukunftsträume über meinen Mann

Zwei Jahre bevor mein Mann verstarb, hatte ich einen seltsamen Traum, es war mehr eine Vision. Ich befand mich an einem Ort, der mir gut bekannt war. Dort hatten meine Großeltern gewohnt. Ich fragte mich, was ich dort sollte. Auf der linken Seite der Straße befanden sich auf einem Hügel Häuser. Zu meinem Erstaunen sah ich, dass auf den Dächern Männer waren, die wie Dachdecker aussahen, sie hielten Dachziegel in ihren Händen. Plötzlich hatte ich viele Menschen um mich herum und sah, dass diese Männer die Dachziegel mit voller Wucht auf uns herunter warfen. Viele der Menschen um mich bekamen Ziegel ab, mir gelang es, jedem Ziegel auszuweichen. Ich wunderte mich, dass ich ungeschoren davon kam, denn mein Gefühl sagte mir, dass ich das Ziel des Angriffs war. Ich lief eiligst die Straße hinauf. Am Ende der Straße blieb ich stehen und war überrascht, dass keiner dieser Menschen mehr bei mir war. Ich stand plötzlich vor einem großen grauen Gebäude. Ich sah hinein und stellte fest, dass es durch eine Wand geteilt rechts und links zwei lange Flure mit vielen Türen gab. Ich wagte nicht, hineinzugehen. Ein trauriges Gefühl überkam mich und mir wurde klar, dass ich da nicht reindurfte. Enttäuscht drehte ich mich um und lief die Straße wieder hinunter. Auf meinem Rückweg waren all die Menschen wieder da und wir mussten wieder an diesen Häusern vorbei. Ich sah zu den Häusern hoch dort saßen immer noch Männer auf den Dächern, wieder wurden Ziegel mit voller Wucht auf uns geworfen. Schützend hielt ich meine Hände über den Kopf, aber kein einziger Ziegel traf mich, nur die Menschen um mich herum wurden getroffen.

Über diesen Traum wurde ich wach. Er warf einige Fragen in mir auf: Warum musste ich zu diesem Haus? Was hielt mich davon ab, in dieses Haus hineinzugehen? Was hatte es mit diesen Ziegeln auf sich? Ich konnte keinen Sinn darin erkennen.

Zu dieser Zeit lebte mein Mann noch. Eine Krankheit war für uns noch nicht in Sicht. Da er, genauso wie ich, sich mit der Geistwelt in Verbindung setzen konnte, bat ich ihn, bei unserem Schutzgeist nachzufragen, was dieser Traum zu bedeuten hätte. Ich ahnte nicht, dass ich in diesem Traum eine Vision vom Tod meines Mannes und meine Zukunft geträumt hatte. Wenn ich heute so überlege, war es schon heikel, von meinen Schutzgeist eine Aufklärung über diesen Traum zu bekommen.

Aber unser Schutzgeist (mein Mann und ich haben den gleichen) wusste, wie er sich zu verhalten hatt. Seine Antwort war kurz und knapp: *»Es wird noch ein Traum kommen, dann wirst du es wissen.«* Über diese Aussage war ich ein bisschen verärgert, aber eins wusste ich: Wenn ich keine aufklärende Antwort bekam, durfte man mir nichts sagen. Hier stellte sich die Geistwelt schützend vor die Wahrheit und das war auch gut so.

Der zweite Traum

Mein wurde Mann krank, an eine Genesung war nicht zu denken und er verstarb. Einige Zeit war vergangen und ich erinnerte mich wieder an diesen seltsamen Traum. Sollte er mit dem Tod von meinem Mann zu tun haben? Dann geschah es, dass ich diesen zweiten Traum bekam; er war identisch mit dem ersten. Wieder ging ich diese Straße hinauf, mit all den Menschen; auch die Männer standen wieder auf den Dächern und warfen Dachziegel auf uns herunter. Ich kam auch diesmal unbeschadet davon. Eins war sehr seltsam: War ich an den Häusern vorbei, war von den Menschen nichts mehr zu sehen; und wieder stand ich vor diesem grauen Gebäude. Diesmal ging ich ohne zu zögern hinein und war überrascht, dass mich nichts davon abhielt. Vom Eingang aus sah ich rechts und links, wie beim ersten Mal, zwei lange Gänge. Ich zögerte, welche Richtung ich nehmen sollte. In jedem Gang waren ungefähr sieben Türen; in den Gängen war ein helles weißes Licht, was sehr angenehm war. Ich überlegte, welche dieser Türen sich wohl öffnen ließ. In mir kamen Zweifel auf; ließ sich überhaupt eine Tür öffnen? Wieder kam dieses Gefühl in mir hoch, als würde ich zurückgehalten. Nun war mir klar, dass ich das gar nicht erst versuchen brauchte, es würde sich keine Tür öffnen lassen.

Über diesen Traum wurde ich wach und mir fiel ein, dass dies wohl der zweite vorhergesagte Traum war. Nun wusste ich es: Dieses Haus hatte ich symbolisch zu sehen, es war nicht für mich bestimmt, hier zeigte man mir das neue Zuhause von meinem Mann. Es wurde mir nur gezeigt, hinein durfte ich nicht; meine Zeit war noch nicht gekommen. Auch den Angriff mit den Ziegeln hatte ich symbolisch zu sehen, sollte ich doch noch vielen Unannehmlichkeiten und Angriffen ausgesetzt sein, die mir das Leben schwer machten. Doch allen Angriffen zum Trotz ging ich als Sieger aus den Auseinandersetzungen hervor, so wie ich den Ziegeln im Traum ausweichen konnte.

Trauerbewältigung

Ein halbes Jahr, nachdem mein Mann verstorben war, hatte ich einen Traum. In diesen Traum machte ich mit meinem Mann und einer meiner Töchter einen Spaziergang. Schweigend gingen wir nebeneinander her, als habe keiner mit dem anderen etwas zu tun. Wir gingen durch eine graue Häuserschlucht, was mir unangenehm war; alles war Grau in Grau. Am Ende der Straße sah ich einen

Fußballplatz, er lag im strahlenden Sonnenlicht. Mein Mann sah den Fußballplatz, nahm unsere Tochter und ging, ohne mich zu beachten, eilig darauf zu. Nun sah ich, dass mein Mann vor dem Fußballplatz einen Spaziergänger traf, man begrüßte sich freundlich und schien sich gut zu kennen; mir war der Mann fremd. Als ich meinen Mann erreicht hatte, würdigte er mich keines Blickes. Ich machte mich bemerkbar, aber mein Mann beachtete mich nicht, als sei ich Luft für ihn. Ich wurde wütend, schrie meinen Mann an, er solle sich mir zuwenden, aber er ließ sich in seiner Unterhaltung nicht stören. Erbost drehe ich mich um und ging den Weg zurück, in der Annahme, dass mir mein Mann mit meiner Tochter folgen würde. Nachdem ich ein Stück des Weges gegangen war, drehe ich mich um und stellte fest, dass die ganze Szene sich verändert hatte, mein Mann, meine Tochter und auch der Fußballplatz waren nicht mehr zu sehen – ich sah in ein schwarzes Loch. Da wurde ich nervös und rief nach meinem Mann, bekam aber keine Antwort. Plötzlich stand ich vor einer Reihe Hochhäuser, davor befanden sich Garagen mit Flachdach. Ich war irritiert von diesem neuen Schauplatz. Ich sah mich um, mein Blick ging zu den Garagen hoch, da sah ich meinen Mann auf einem dieser Garagendächer stehen, aber irgendwie war er mir fremd. Er trug einen schwarzen Lederanzug, so etwas hat er in seinem Leben nicht besessen. Vor den Garagen spielten Jungen mit einem Ball, diesen warfen sie meinem Mann zu, es war ein Hin und Her. Ich winkte meinem Mann zu, aber er beachtete mich wieder nicht. Dann warf einer dieser Jungen den Ball zu meinem Mann und traf ihn fast am Kopf. Da mein Mann mich die ganze Zeit ignoriert hatte und ich darüber sehr wütend war, rief ich dem Jungen laut weinend zu: »Werft ihm den Ball fest an den Kopf!« Nun wurde mein Mann aufmerksam auf mich, sah traurig mit einem entschuldigenden Blick zu mir herunter, als wollte er sagen: *Tut mir leid, aber ich bin nun mal nicht mehr bei dir.* Das wollte ich nicht glauben, denn ich sah ihn doch vor mir und wendete mich laut weinend von ihm ab. Wütend schrie ich ihm zu: »Warum ignorierst du mich?«

Ich wachte auf, war schweißgebadet Tränen standen mir in den Augen. Ich ließ den Traum noch einmal vor mir ablaufen und stellte fest: Bei dem Spaziergang waren wir uns schon fremd, dann verschwand mein Mann und ich sah in ein schwarzes Loch. Dieses Verschwinden in diesem schwarzen Loch löste bei mir das gleiche traurige Gefühl aus, wie der Tod meines Mannes. Es machte mich traurig und zornig zugleich, ich fühlte mich alleingelassen. In dem Traum sah ich ihn so real, wie ich ihn im Leben gekannt hatte, und konnte es nicht fassen, dass er keine Notiz von mir nahm. Ich fragte mich: War ich ihm nicht mehr wichtig? Später wurde mir klar: Hier ging es um Trauer. Bei der Schwere seiner Krankheit wusste ich, dass er gehen würde, ich war bereit, ihn gehen zu lassen. Ich wollte nicht jammern und klagen, wusste ich doch, dass es ihm gut ging, da, wo er hingegangen war. Kein Leid, kein Schmerz konnte ihm mehr etwas anhaben, das sagte mir mein Verstand, darum wollte ich Trauer nicht zulassen. Ich wollte stark sein, doch mein Unterbewusstsein reagierte darauf und zwang mich, diesen Verlust zu verarbeiten; ich war aufgefordert zu trauern. Trauer ist wichtig, sonst werden wir krank; hier wurden nun Blockaden gelöst, sodass Tränen der Trauer fließen konnten.

Jeder Mensch merkt, wenn die Zeit gekommen ist zu gehen, und macht sich mehr Sorgen um seine Angehörigen, als um sich selbst. Wenn wir im Leben den Tod auch fürchten, sehen wir ihm in der letzten Stunde doch gelassen entgegen. Unsere Seele weiß, dass wir weiterleben. So war es auch bei meinem Mann. Er war sich darüber im Klaren, dass seine letzte Stunde gekommen war, und suchte ein Gespräch mit mir, in dem er alles geregelt wissen wollte. Nach unserem Gespräch sah er mich fragend an, als wollte er sagen: *Bist du damit einverstanden, dass ich jetzt gehe?* Wir lebten fast ein halbes Jahrhundert zusammen und da versteht man sich ohne Worte. Und doch merkte ich, er wollte meine Zustimmung, dass er jetzt diese Dimension verlassen würde. Ich fasste allen Mut zusammen, um ihm seinen Heimgang zu erleichtern. Er sollte sich keine Sorgen um mich machen. Ich erklärte ihm: »Du weißt, dass deine Zeit gekommen ist. Wenn du gehen willst, dann kannst du gehen. Um mich brauchst du dir keine Sorgen machen.« Dieses Gespräch hatte mich viel Überwindung gekostet und lief nicht ohne Tränen ab, obwohl ich wusste: Es war nur ein Abschied auf Zeit, wir würden uns wiedersehen. Für meinen Mann war das eine große Erleichterung. Er war mir dankbar für dieses Gespräch und machte sich auf ins Jenseits, unserem wahren Zuhause. Es wäre egoistisch von mir gewesen, ihm seinen Heimgang zu erschweren; das wäre keine Nächstenliebe, sondern Egoismus und hätte sein Leiden nur verlängert; zu helfen war ihm nicht mehr. Die Zeit ist jedem vorherbestimmt, seine Zeit war um.

Interessante Einblicke in mein weiteres Leben durch Kartenlegen

Kurz nach dem Tod meines Mannes bekam ich von einer Bekannten eine Einladung. Diese Bekannte kannte sich im Kartenlegen aus. Ich nahm die Einladung an, denn meine Absicht war, mir von ihr die Karten legen zu lassen. Meine Neugierde war groß, wie es in meinem Leben weitergehen würde. Ich hoffte, dass man etwas in den Karten zu sehen bekam.

Es kam, wie ich gehofft hatte: Sie machte mir das Angebot, mir die Karten zu legen. Die Karten wurden ausgelegt, sie studierte sie ausgiebig, dann sah sie mich grinsend an und erklärte mir: »Wundere dich nicht, ich sehe, dass noch mal ein Mann auf dich zukommt.« Dann lachte sie:»Nein, es sind sogar zwei, aber einer davon ist nicht so ganz astrein, ein Taugenichts. Den anderen sehe ich als einen feinen gebildeten Mann. Du musst aufpassen, für wen du dich entscheidest. Beide werden deinen Weg kreuzen.« Dann sah sie mich an und sagte:»Nun wird es interessant. Dieser Taugenichts liegt noch einmal unten im Kartenbild, da liegst auch du noch mal. Es sieht so aus, als würde da noch einiges auf dich zukommen. Es scheint keine einfache Sache zu sein, also es ist, wie ich dir sagte: Du musst aufpassen. Nun wird es spannend neben dem Taugenichts liegt die Schicksalskarte, es ist kein gutes Zeichen, aber warte es ab.«

Schockiert über die Aussage, dass noch mal ein Mann in mein Leben treten sollte, stritt ich das entrüstet ab, denn darauf war ich nicht eingestellt und zweifelte ihre Kartenkunst an:»Ich werde allein bleiben, da werden auch deine Karten nichts daran ändern.«

Verärgert darüber das ich den Karten nicht traute, gab sie mir den Rat:»Frag bei deinem Schutzgeist nach, ob alles stimmt, du wirst es bestätigt bekommen.«

Das ließ ich mir nicht zweimal sagen und wendete mich sofort an Elias. Da der mich genau kannte, dass ich gerne rebellierte und emotional schnell hochging, kam seine Antwort kurz und bündig: *»Du wirst ihn noch ohne Gewissensbisse lieben.«*

Auch die Aussage meines Schutzgeistes konnte mich nicht beruhigen und ich forderte ihn auf, mir meinen Mann zu holen, in der Annahme, eine für mich befriedigendere Antwort zu bekommen. Wenn ich im Nachhinein darüber nachdenke, war es schon sehr anmaßend von mir, die Aussage meines Schutzgeistes infrage zu stellen, denn wer wusste besser über mein Leben Bescheid, als er? Wie viel Liebe und Geduld musste mein Schutzgeist haben, um mich rebellieren zu lassen? Aber Schutzgeister haben viel Geduld, weil sie unsere menschlichen Schwächen kennen. Er ließ sich darauf ein, trat zur Seite und mir war, als habe mein Mann auf diese Reaktion von mir gewartet. Er war sofort zur Stelle. Ich stellte ihm die gleiche Frage, ob noch mal ein Mann in mein Leben treten würde, und wartete gespannt auf seine Antwort.

»Du wirst es schon noch wollen.«

Enttäuscht fragte ich nach: »Bist du nicht eifersüchtig, dass ein anderer Mann in mein Leben tritt?« Hiermit wollte ich Druck auf meinen Mann ausüben und glaubte, eine mir passende Antwort zu bekommen.

Stattdessen erklärte er mir: *»Nein, hier bei uns gibt es keine Eifersucht, keinen Neid. Du gehst jetzt einen anderen Weg, der für dich vorgesehen ist. Du hast daran mitgearbeitet, es kommt, wie es kommen muss.«*

Aber was hatte es mit dem Taugenichts auf sich? Warum sollte er in mein Leben treten? Das sollte mir erst viel später klar werden.

Nach diesen Aussagen von meinem Schutzgeist und meinem Mann gab ich immer noch keine Ruhe, für mich war klar allein bleiben zu wollen, davon war ich nicht abzubringen. Es war dumm von mir, mich so zu verhalten, denn nach den Aussagen von meinem Schutzgeist und meinem Mann musste ich mir diesen Weg ausgesucht haben, dann war es meine Bestimmung. Sollte ich mich nicht daran halten, dann war dies Leben eine Fehlinkarnation.

Nun wusste ich, dass ich mir einen Engel rufen konnte, der für Träume zuständig ist. Dieser Engel sollte mir einen Traum schicken und mir Auskunft über mein weiteres Leben geben. Des Abends vor dem Einschlafen rief ich diesen Engel. Es dauerte auch nicht lange. Nach ein paar Tagen bekam ich in einen Traum, der sehr kurios war. Ich betrat meine Küche, sie war in orangefarbenes Licht getaucht, das löste Wohlbehagen in mir aus. Vor mir standen zwei Männer, einer davon glich meinem Mann bis ins kleinste Detail. Neben ihm stand ein mir fremder Mann. Von beiden wurde ich freundlich angelächelt. Dieser fremde Mann ließ ein ungutes Gefühl in mir aufsteigen. Das verdrängte ich schnell, da ich glaubte, wenn mein Mann hierbei eine Rolle spielte, könnte ich mich in Sicherheit wiegen. Nun streckte der Mann, der meinen Mann darstellte, seine Arme zu diesem mir fremden Mann aus, packte ihn und stellte ihn mir zur Seite, als sei dies das Normalste der Welt. Fragend sah ich beide Männer an. Der Mann, der meinen Mann darstellte, nickte mir freundlich zu, das hieß für mich, es hatte alles seine Richtigkeit. Der Traum löste sich auf.

Ich wachte auf und hatte noch alle Einzelheiten im Kopf. Ich fragte mich: Sollte das der Mann sein, den ich noch kennenlernen würde? Dann sagte ich mir: *Warum zweifelst du es an? Du hast doch um Aufklärung gebeten?* Mir war nicht wohl in meiner Haut. Noch einmal ließ ich den Traum Revue passieren und suchte nach einem Haken darin, fand aber keinen und ließ die Sache schließlich auf sich beruhen.

Was ich zu dieser Zeit nicht wusste und auch nicht wissen konnte war, dass ich mich vor meiner Inkarnation dazu bereit erklärt hatte, als Erstes mit diesem Mann, dem Taugenichts zusammenzukommen. Es war so vorgesehen, um mit ihm sein Karma aufzuarbeiten. Hier hatte ich mir eine heikle Aufgabe gestellt, denn sein Karma wog schwer. Wie sich später herausstellte, wurde ich von der Geistwelt nicht so ganz allein gelassen. Die Lichtseite beobachtete, mich mit der Absicht einzugreifen, wenn ich mich mit dieser Aufgabe überfordert fühlte.

Nun ergab es sich, dass ich dem vorausgesagten feinen Mann zuerst begegnete. Es war nur eine kurze Begegnung, ohne dass man sich näher kennenlernte. Es war kein Zufall, hier hatte mir die Geistwelt diesen Mann nur gezeigt, denn ich sollte erst die schwierige Aufgabe lösen. Ein weiteres Zusammentreffen wurde blockiert, wir waren nie mehr zur gleichen Zeit am selben Ort. Ich hatte keine Ahnung, dass dies verhindert wurde, und sah es als Pech an. Ich glaubte, das würde sich schon noch ergeben, was natürlich nicht geschah.

Nun kam dieses negative Wesen ins Spiel und das wurde eine längere Beziehung über drei Jahre, was nicht vorgesehen war. Von der Geistwelt wurde ich mehrmals angestoßen, diese Beziehung zu beenden. Der Grund war, dass er nicht daran dachte, sich zu ändern, aber so schnell wollte ich nicht aufgeben, was mein Pech war. Wer hatte wohl die bessere Übersicht? Und das Schicksal nahm seinen Lauf.

Ein direkter Kontakt mit einem dunklen Wesen

Nun ergab es sich, dass ich diesen Taugenichts kennenlernte. Ganz in meiner Nähe besaß er einen kleinen Computerladen, den er ausgerechnet in meinem Ort gemietet hatte. Zufälle gibt es nicht, denn sein Wohnort lag in einer anderen Stadt. Warum also in meinem Ort?

Ich brauchte Hilfe für meinen Computer und suchte diesen Laden auf. Als ich ihn betrat, überkam mich ein Gefühl, als hätte ich einen Fehler begangen. Ich war schon im Begriff, den Laden wieder zu verlassen, aber ich blieb. Dass ich blieb, war eine unbewusste Handlung von mir, denn diese Begegnung war vorgesehen, es war Bestimmung.

Ich brachte mein Anliegen vor, dass ich Hilfe für meinen Computer brauchte, und die wurde mir auch sofort zugesagt. Wieder zu Hause angekommen, überfiel mich erneut dieses negative Gefühl. Warum hatte ich diesen Laden sofort wieder verlassen wollen? Meine Bedenken schob ich beiseite und sagte mir, ich wolle ja nichts von diesem Mann, er sollte mir nur bei meinem Computer helfen. Ich kam ins Grübeln und versuchte, mir diesen Mann noch einmal vorzustellen. Ich stellte erschrocken fest, dass er für mich kein Gesicht hatte. Das hätte mir zu denken geben müssen, das war immer der beste Beweis für mich, dass etwas nicht stimmte. Es sind immer nur kurze Augenblicke, in denen ich das Schlechte in einem Menschen erkenne, oder wie hier, dass der Mensch für mich kein Gesicht hat. Das bringt mich jedes Mal durcheinander, weil ich das Negative von einem Menschen nicht wahrhaben will, aber die Bestätigung lässt nie lange auf sich warten.

Er hielt sein Versprechen, mir zu helfen. Durch seine Besuche kamen wir uns näher. Da er immer zuvorkommend und liebenswürdig war, waren meine Bedenken bald wie weggefegt. Heute frage ich mich: Hat mir die Geistwelt die Augen zugehalten? Sollte ich nichts sehen? Es kann nur so gewesen sein. Ich ließ mich auf diesen Mann ein und ihn nach einiger Zeit bei mir einziehen, das habe ich nicht besser gewusst.

Nach einiger Zeit zeigte er sein wahres Gesicht, zeitweise wurde er sehr ungemütlich, aber ich wollte ihm Zeit lassen, sich bei mir einzuleben, und die Flinte nicht so schnell ins Korn werfen. Doch spielten meine Gefühle verrückt. Immer wieder fragte ich mich: *War es falsch Kontakt mit diesem Mann zu haben?* Hier regte sich mein Unterbewusstsein und mir war, diesen Mann irgendwoher zu kennen. Wie mir die Geistwelt später mitteilte, waren meine Gefühle schon richtig. Wir hatten schon einige Leben miteinander verbracht, in denen er sich von mir und der Lichtseite abgewandt und sich der dunklen Seite verschrieben hatte. Durch mich bekam er die Chance, sein Leben zu ändern, sich der hellen Seite erneut zuzuwenden, das wurde vor unserer Inkarnation festgelegt. Es war eine harte Aufgabe, die ich mir gestellt hatte. Würde ich sie meistern?

Das Unerträglichste war, dass er zu einer guten Beziehung nicht fähig war, bei ihm standen nur Kritik und Niedermachen im Vordergrund. Bei den kleinsten Fehlern, die mir unterliefen, versuchte er, mich als dumm und einfältig hinzustellen, um von seinen Fehlern abzulenken; er war in allem *perfekt*. So sind sie, die negativen lichtlosen Wesen; ihre Unzulänglichkeit vertuschen sie und ergötzen sie sich an den Fehlern ihrer Mitmenschen, lernen müssen die anderen. Dieses negative Wesen wollte einfach nur Macht ausüben, um mich hilflos und depressiv zu sehen; aber bei mir funktionierte das nicht, was ihn immer sehr aufbrachte. Um mich kleinzukriegen, wurde ich mit den Worten verhöhnt, was ich wohl ohne ihn machen würde, mit mir streitsüchtigem Menschen käme ohnehin keiner aus. Da ich fest in meiner Mitte stand, konnte er mein Selbstbewusstsein nicht erschüttern.

Für irgendetwas Einsatz zu zeigen, war er nicht bereit, einerlei, ob es Geld oder Liebe war, er konnte nur nehmen, niemals geben. Ständig trieb er sich mit zwielichtigen Gestalten herum, ob im richtigen Leben oder dem Internet, das seine Welt war. Entlarvte ich seine krummen Sachen und sagte ihm das auf den Kopf zu, spielte er den Harmlos-Naiven, fühlte sich aufs Tiefste verletzt, um mich im gleichen Moment wieder anzugreifen. Dann konnte er wieder sehr charmant und liebevoll sein, um mich an ihn zu binden. Es war ein ständiges Verwirrspiel, ich war hin und her gerissen: Sollte ich das noch länger mitmachen oder sollte ich allem ein Ende setzen?

Da fiel mir eine Durchsage von meinem Schutzgeist ein *»Du hast in deiner Jugend eine gute Schule durchlaufen, derlei Machenschaften sind dir nicht fremd.«* Das war mein Vorteil, dadurch war ich in der Lage, mich gut zur Wehr zu setzen und war ihm immer ein Stück voraus, nur kostete mich das viel Energie. Ich fragte mich, wie lange ich das noch durchhalten würde. Er zog mir oft so viel Energie ab, dass mir schlecht wurde, aber das interessierte ihn nicht. Er hatte kein Gewissen, kein Verantwortungsgefühl, empfand auch keine Reue für seine schlechten Taten. Warum auch ... auf der dunklen Seite gibt es keine Gefühle und wenn, ist alles nur gespielt.

Da die dunkle Seite an meiner Energie interessiert war, glaubten sie, durch ihn leichtes Spiel zu haben und starteten ständig Angriffe auf mich. Da ich im Wachzustand nicht kleinzukriegen war, versuchte man es über einen Traum. Er war sehr hinterlistig eingefädelt, hier ließ man meinen verstorbenen Mann als Double eine Rolle spielen. Ich musste doch kleinzukriegen sein?

In diesem Traum war ich in einem mir fremden Ort und ging eine Straße entlang, alles war in warmes Sonnenlicht getaucht, ich empfand es als sehr angenehm. Dann sah ich vor mir ein großes Gebäude, von einem Blumenbeet umgeben. Alles wirkte idyllisch und friedlich. Wie unter Zwang ging ich auf dieses Gebäude zu. Auf dem Weg dorthin bemerke ich, dass mich eine weibliche Person begleitete, sehen konnte ich sie nicht, da sie hinter mir war. Ich wusste nur, es war eine Frau. Warum begleitete sie mich? Ich hatte das Gefühl, als wollte sie mich warnen. Den Gedanken schob ich beiseite und ging ohne zu zögern in das Gebäude. Auch hier war wieder dieses helle behagliche Sonnenlicht, was in einem Haus schon sehr seltsam ist. Ich machte mir weiter keine Gedanken darüber, fühlte mich einfach nur wohl. In dem Gebäude führte eine sehr breite Steintreppe hinauf, wie sie früher in alten Schulen üblich war. Der Handlauf war aus einem angenehm warmen Holz, immer wieder fasste ich es an. Oben angekommen sah ich vor mir einen langen Gang, rechts und links davon waren viele Türen. Ohne zu zögern ging ich auf eine bestimmte Tür zu und wusste: Nur diese Tür ließ sich öffnen. Ich betrat den Raum, auch dieser war von Sonnenlicht durchflutet. An der Stirnseite war ein großes Fenster, darunter befand sich eine Liege. Am Ende dieser Liege saß eine Person, die meinem verstorbenen Mann glich. Der Kopf war weit nach vorn gebeugt, was mir sagen sollte, dass diese Person litt. Ich sollte glauben, dass dies mein Mann in seiner Krankheit sei, es sollte Mitleid in mir wecken. Unsicher geworden fragte ich mich, ist es womöglich mein Mann? Ich machte zwei Schritte in den Raum, plötzlich stand dieser Mann vor mir, nur war mir nicht wohl dabei und wieder fragte ich mich, warum dieses Misstrauen in mir hochkam. Ich kam gar nicht dazu, mir länger Gedanken darüber zu machen, denn schon winkte mich dieser Mann freundlich lächelnd zu sich heran – aber in mir sträubte sich alles. Abwehrend hob ich die Hände. Ich hatte das Gefühl, dass da was nicht stimmte. Blitzschnell verändert sich das Gesicht und wurde zu einem Totenkopf, Augen, Nase und Mund waren nur noch dunkle Höhlen, nur für Sekunden, dann wurde das Gesicht wieder normal. Wie angewurzelt stand ich da, war entsetzt und alarmiert zugleich über diese grässliche Wandlung. Kaum hatte ich mich von diesem Schock erholt, lockte mich diese Person noch einmal zu sich heran, mit einer Gestik, die der meines verstorbenen Mannes exakt glich. Diese Person spielte mir vor, sie sei mir in Liebe zugetan. Fast wäre ich darauf hereingefallen, aber da warnte mich eine innere Stimme. Erneut hob ich abwehrend die Hände und sagte energisch: »Nein, das macht ihr nicht mit mir, ich gehe mit niemandem.« Mir war sofort klar, was los war: Man wollte mich überlisten, mich mit dem Double meines Mannes auf die dunkle Seite locken. Eilends verließ ich das Zimmer, da sah ich, dass mein Bekannter am Ausgang in einem Eckschrank zu sehen war, im obersten Fach. Sehen konnte ich nur Kopf und Oberkörper, das sagte mir, ich sollte ihn gar nicht entdecken. Grinsend sah er zu mir herunter. Jetzt verstand ich, was man von mir wollte. Ich fühle mich von ihm hintergangen und schrie ihm wütend zu: »Feige wie immer!« Er zeigte mir ein hämisches Grinsen. Nun hatte ich die endgültige Bestätigung: Man hatte versucht, mich mit der Maske meines Mannes reinzulegen. Da ich alles schnell durchschaut hatte, war die Aktion der dunklen Seite fehlgeschlagen.

Aufgewühlt und schockiert wachte ich auf, entrüstet über diese Machenschaften. Was hatte man sich hier erlaubt? Es war schon sehr dreist. Diesen Traum ließ ich noch einmal Revue passieren und erkannte, dass es ein Meisterstück der dunklen Seite war. Ich konnte nicht glauben, was man mit mir vorhatte, und wandte mich an meinen Schutzgeist, bat ihn um Aufklärung. Ich wollte wissen, ob ich alles richtig erkannt hatte und wer mich begleitet hatte.

»Du hast alles richtig erkannt. Bei dir war zu deinem Schutz dein Schutzengel Dolores. Sie gab dir die Kraft alles abzuwehren und dich zurückzuziehen. Wie du weißt, bleibt es immer deine freie Entscheidung, dein freier Wille, Hilfe anzunehmen oder abzulehnen. Du hast richtig gehandelt.«

Mir war klar, dass mein Bekannter ein von Gott abgewandtes Wesen war, charakterschwach dazu, selbst der Bibel zollte er keinen Respekt. Dies machte sich die dunkle Seite zunutze. Sie hatte leichtes Spiel, ihn zu ihrem Handlanger zumachen, er hatte sich ja ihrer Seite verschrieben und die nächste Aktion war schon vorprogrammiert. Es war der dunklen Seite bekannt, dass die Kirche kein Vorbild für mich war, dass ich aber nur die Kirche ablehnte und nicht Gott, musste ihnen wohl entgangen sein. So versuchten sie, mich auf diese Tour reinzulegen. Was sie sich ausgedacht hatten, war schon teuflisch, was mich bis heute noch empört. Ich schalte meinen Computer ein, da sah ich, dass ich das Johannes-Evangelium auf meiner Festplatte hatte. Neugierig öffnete ich die Datei. Ich wollte meinen Augen nicht trauen; was ich da zu lesen bekam, war auf die übelste Weise manipuliert. Ich las einige Abschnitte und war erschüttert, wie konnte man so etwas schreiben und veröffentlichen? Da stand: *Jesus und seine Jünger waren die größte Verbrecherbande. Die Heilungen, die Jesus vollbrachte, waren Schwarze Magie. Auch sei er* nicht gekreuzigt worden, sondern habe er sich feige aus dem Staub gemacht. Es wäre an der Zeit, dass die Menschheit aufgeklärt würde. Mehr war ich nicht bereit darüber zu lesen, damit ich nicht länger mit diesen dunklen Energien in Berührung kam. Ich fragte sofort meinen Bekannten, woher das käme: »Wer schreibt so etwas?«

Die Antwort war niederschmetternd: »Das lies dir mal durch, dann weißt du, was du von Jesus und seinen Jüngern zu halten hast.«

Ich glaubte meinen Ohren nicht zu trauen, mir so etwas zu sagen. Meine Reaktion war: »Ich brauche gar nichts zu lesen, ich werde das sofort löschen und möchte solch schmutzige Sachen nicht noch mal auf meinem Computer haben. Wage es nicht noch einmal, meinen Computer anzufassen!«

Damit hatte er nicht gerechnet. Er glaubte, mich aufs Glatteis führen zu können, aber ich hatte sein Vorhaben durchschaut: Ich sollte mich von Gott und Jesus abwenden. Viel zu durchschauen gab es da eigentlich nicht, denn das war wirklich zu plump, um mich von meinem Weg abzubringen. Da diese Aktion fehlgeschlagen war, drehte er sich gleich um 180 Grad und heuchelte mir vor, dass wir doch spirituell auf der gleichen Wellenlänge lägen und er nur sehen wollte, wie ich reagieren würde. Das haute mich zum zweiten Mal um, dass er glaubte, ich fiele auf solche gemeine Sachen herein. Sein Plan war, mich von meinem Weg abzubringen, um dadurch an so viel Energie wie möglich zu kommen, aber das ging schief. Nur ist es so, dass dunkle Wesen helle Wesen nicht zu dunklen machen können, sie können sie nur emotionale zerstören, so geschwächt käme er dann an meine Energie, das war sein Ziel. Diese Wesen halten sich nicht nur im privaten Bereich auf, zu finden sind sie in der Politik, im Finanzwesen, in kirchlichen Intuitionen, überall da, wo Macht ausgeübt wird. Bei dem Chaos, das wir zurzeit in der Welt haben, kommt es mir vor, als kämpfe das Gute gegen das

Böse. Das hatten wir schon einmal vor vielen, vielen Tausend Jahren, da hat das Böse gewonnen und die Macht übernommen. Wie sieht es in unserer Welt aus? Man könnte fast glauben, das Böse gewinnt?

Ständig musste ich mich gegen seine Machenschaften zur Wehr setzen, mit mir ging es immer weiter bergab, ich verlor viel Energie. Da schaltete sich eines Abends die Geistwelt ein. Ich hatte mich gerade schlafen gelegt, als plötzlich ein riesiger Lichtball mit einem langen Schweif vor meinen Augen erschien, das kann man sich so vorstellen wie den Kometen *Hale-Bopp*, der im Jahre 1997 am Himmel erschien. Erschrocken machte ich die Augen auf und gucke ins Dunkel. Ich fragte mich, was ich da gerade gesehen hatte.

Am anderen Morgen wandte ich mich direkt an die Geistwelt und fragte, woher diese Lichterscheinung kam.

Da meldete sich mein Schutzgeist: *»Das war eine Energiedusche. Sie kam von uns. Die hattest du bitter nötig.«*

Ich war erstaunt, dass sich die Geistwelt um meine Energie sorgte.

Da bekam ich gesagt: *»Sage niemals, das bin ich nicht wert, wir sind alle Kinder Gottes und alle seine Kinder sind ihm was wert.«*

Nun nahm ich mir vor, mich von dem unseligen Mann zu trennen, aber es fiel mir schwer, einen Schlussstrich zu ziehen, da ich immer noch glaubte, irgendwo müsste doch noch etwas Gutes in diesem Menschen stecken. Da alle meine Bemühungen um eine gute Beziehung jedoch nicht fruchteten, was nach seiner Herkunft auch schwer zu schaffen war, schaltete sich wieder die Geistwelt ein. Es war mein Mann. Er gab mir zu verstehen: *»Trenn dich von diesem Mann.«* Das hatte nichts mit Eifersucht zu tun, sondern war ein gut gemeinter Rat, denn dieses Wesen war nicht zu retten.

Diese Warnung überhörte ich, dumm wie ich war, hatte mein Mann in der Geistwelt doch einen weitaus besseren Überblick, denn er war dort Schutzgeist und sah, dass ich überfordert war.

Eine ganze Weile gingen meine Zweifel noch hin her: Sollte ich Schluss machen oder nicht? Der beste Beweis war doch das Johannes-Evangelium, das hätte mich wachrütteln müssen.

Da schaltete sich die Geistwelt noch mal ein, es war der höchste Engel, Erzengel Michael. Er gab mir den Rat: *»Lass dich nicht kaputtmachen. Aber es ist deine Entscheidung. Für dich ist gesorgt, du stehst unter unserem Schutz.«*

Die Durchsagen von Erzengel Michael und meinem Mann waren nur ein Rat, man bekommt nichts aufgezwungen, man behält immer seinen freien Willen. Wenn ich dieses Leben so weiterführen wollte, dann war das meine Entscheidung. Ich schwankte immer noch, ob es richtig wäre, mich zu trennen. Sollte mein ganzer Einsatz, diesen Menschen zu ändern, umsonst gewesen sein?

Langsam ließen mich die Aussagen von Erzengel Michael und meinem Mann wach werden. Hier war nichts mehr zu retten, er blieb auf seiner dunklen Seite und ich zog endgültig einen Schlussstrich unter dieser Beziehung.

Trotz mehrmaliger Aufforderung, mein Haus zu verlassen, blieb er stur, das interessierte ihn nicht. Da stellte ich ihm konsequent ein Ultimatum mit Datum, damit hatte er nicht gerechnet. Nun versuchte er, mich umzustimmen, indem er mir vorspielte, aus dem Leben zu scheiden, damit wollte er mich erpressen. Hier kann man nur sagen: Ein Leben war ihm nichts wert, auch sein eigenes nicht, aber mit so etwas spielt man nicht, das wurde ihm zum Verhängnis.

Nur hatte ich nicht damit gerechnet, dass er es tatsächlich darauf ankommen ließ, diesen Schritt zu tun, und schlug seine Warnungen in den Wind. Sein fester Vorsatz war, nicht tatsächlich aus dem Leben zu gehen, er wollte damit erreichen, dass ich ihn wieder reuig bei mir aufnahm. Er ging davon aus, dass ich ihn rechtzeitig finden würde, doch als ich ihn fand, war alles zu spät. Es war nur noch ein kleiner Funke Leben in ihm und ihm war nur noch ein kurzer Aufenthalt auf Erden, in einem Krankenhaus, vergönnt. Doch eins hatte er erreicht: dass ich mich schuldig für seinen Freitod fühlte; mich packte das Mitleid. Ich besuchte ihn im Krankenhaus, er war an lebenserhaltenden Geräten angeschlossen und nicht mehr ansprechbar. Ich überschüttete ihn mit vielen lieben Worten.

Dies bekam die Geistwelt mit und meldete sich umgehend, um mich zurechtzuweisen: »*Lass die Selbstkasteiung, er hat sich diesen Weg ausgesucht, den soll er konsequent zu Ende gehen. Wenn du ihn besuchst, dann ohne Emotionen.*«

Ich war erstaunt, wie konsequent sich die Geistwelt verhielt.

Da er nun aus dem Leben gegangen war, stand seine Beerdigung an und seine Familie entschied, dass er verbrannt werden sollte. Im Leben war das nicht sein Wunsch, aber da ich nicht zur Familie gehörte, konnte ich nicht eingreifen. Es ist nicht gut verbrannt zu werden, denn die Seele, die ewig lebt, sucht ihren Körper, sie will sich langsam von ihm zu trennen. Ist der Körper verbrannt, findet die Seele ihn nicht und kommt nicht zur Ruhe. Aus diesem Wissen heraus lehnte er eine Verbrennung ab.

Nun stand die Verbrennung an, über den genauen Zeitpunkt bekam ich keine Information. Das war auch nicht nötig, denn um diese Zeit geschah etwas sehr Seltsames in meinem Garten: Es war zehn Uhr morgens, da hörte ich ein fürchterliches Vogelgeschrei und sah nach, was dieses Gekreische der Vögel sollte. In meinem Garten steht eine Rotbuche, in diesem Baum flogen kreischend eine ganze Horde Dohlen hin und her, von meinem Haus wieder in die Rotbuche und zurück. Ich überlegte, was die Vögel da wohl wollten. Ich glaubte, sie würden wohl gleich wieder verschwinden. Aber dieses Geflatter und Gekreische nahm kein Ende. Ich sah noch mal auf die Uhr, sie zeigte 10.15 Uhr. Ich konnte mir keinen Reim darauf machen, inzwischen war es 10.30 Uhr und der Krach hörte immer noch nicht auf. Nun wurde ich unruhig und fragte mich, ob die ganze Sache mich betreffen würde – war etwas passiert? Ich behielt die Uhr im Auge, mittlerweile war es 10.45 Uhr. Mir kam das seltsam vor, über solch eine lange Zeit Vögel in meinem Garten zu haben, die einen solchen Aufruhr veranstalteten. Sollte das etwas mit der Geistwelt zu tun haben? Dann, mit einem Mal, war der ganze Spuk vorbei, als habe sich alles in Luft aufgelöst. Obschon ich froh darüber war, beruhigte mich das nicht; ich musste den Grund für dieses Phänomen herausfinden und ich bat meinen Schutzgeist um Aufklärung.

Er erklärte mir: »*Genau zu diesem Zeitpunkt, zehn Uhr, wurde sein Leichnam verbrannt. Hierbei wurde eine starke negative Energie freigesetzt und diese Energie, seine Seele, suchte ihren Körper, und zwar bei dir. Er macht dich für die Verbrennung verantwortlich, da brauchtest du unseren Schutz. Die Vögel in deinem Garten waren wir, die Geistwelt sorgte für deine Sicherheit.*«

Ich war wie vom Donner gerührt, dass er mich für seine Verbrennung verantwortlich machte. Ohne Hilfe der Lichtseite hätte mir das sicherlich sehr geschadet. Für diese Hilfe und Schutz bedankte ich mich vielmals bei der Geistwelt.

Die Bestätigung, dass die Verbrennung genau zu dem Zeitpunkt stattgefunden hatte, als die Vögel in meinem Garten waren, bekam ich einen Tag später. Nun wusste ich, dass dieser Schutz bitter nötig war, um Angriffe von seiner Seite abzuwehren. Aus Rachsucht und Bosheit hatte er sich das Leben genommen und war nun auch nicht bereit ins Licht zugehen, sondern hielt sich ständig in meiner Nähe auf. Ich war der Sündenbock, ich war es, die ihn in den Tod getrieben hatte, solch einen *guten Menschen*. Ich hatte ihn nicht genug beachtet und verstanden, das musste bestraft werden. Er war sich keiner Schuld bewusst, ich war zu dumm und stümperhaft, um ihn zu verstehen und zu schätzen, dies hatte er mir schon ein paarmal gesagt. Das muss man erst einmal begreifen, was sich solch ein krankes Hirn zusammenfantasiert.

Nun ließ er mir auch nach seinem Tod keine Ruhe und fing an mich ständig zu belästigen, dies ging über drei Jahre. Er heftete sich regelrecht an mich. Mit massiv klopfenden Geräuschen wurde ich regelmäßig im Schlaf gestört, um mir Angst einzujagen. Nur ... ich hatte keine Angst, ich fühlte mich nur gestört, was ihn noch mehr aufbrachte. Sein Ziel war es, mir Angst einzujagen, um mich kleinzukriegen, um mir so Energie abzuziehen. Nachdem er mich nachts lange genug gestört hatte, gab ich ihm zu verstehen: »Ich stopfe mir jetzt die Ohren zu, dann störst du mich nicht mehr, da kannst du klopfen, so viel du willst.« Angst wäre hier fehl am Platz gewesen, dann hätte er sein Ziel erreicht.

Es verging immer einige Zeit bis er sich wieder etwas Neues ausdachte, um mich zu belästigen. Ich hatte im Garten gearbeitet und ging ins Bad, um zu duschen. Als ich aus der Dusche kam, gab es einen fürchterlichen Knall am Badezimmerfenster. Ich lief hin und glaubte, ein Vogel sei dagegengeflogen, aber ich konnte keinen Abdruck feststellen, ie sonst. Auch war der Knall zu heftig, als dass man hätte glauben können, er sei durch einen Vogel entstanden. Außerdem war das Fenster behangen, da fliegt kein Vogel vor. Nach kurzem Überlegen war mir klar, das war wieder eine Attacke von ihm, ich sollte Angst bekommen. Er wollte es einfach nicht einsehen, dass er mir keine Angst einjagen konnte.

Wieder einige Zeit später ich ging zu Bett und war schon fast eingeschlafen, als es einen fürchterlichen Knall am Kopfende meines Bettes gab, als habe jemand mit der Faust dagegengeschlagen. Erschrocken horchte ich auf. Da ich ein Bett aus massivem Holz habe, dachte ich erst, das Holz sei geplatzt, was ich mir aber nicht vorstellen konnte. Ich sah nach und konnte nichts feststellen. Ich horchte noch eine Weile nach, da spürte ich: Seine Energie war noch im Zimmer. Sofort sprach ich ihn an und sagte: »Ich segne dich mit Licht, Liebe und Frieden. Verlasse dieses Zimmer und das Haus, geh ins Licht.« Danach konnte ich wieder frei atmen, denn war er in meiner Nähe, ließ mich seine schlechte Energie nur schwer atmen.

Über diese Aktionen wollte ich Gewissheit haben und fragte am Morgen in der Geistwelt nach, ob er es war, der mich belästigt hatte und sein Unwesen bei mir trieb.

Mein Schutzgeist war sofort zur Stelle: *»Von dieser Aktion hat er sich mehr versprochen, er hat nicht mit deiner Stärke gerechnet, auch dass du keine Angst hast.«*

Mein Schutzgeist gab mir dann noch den Rat mein Haus zu säubern, das hieß wie immer: ausräuchern. Ich machte mich sofort an die energetische Arbeit und das vom Keller bis zum Boden. Als ich mich im hintersten Kellerraum befand, ging nur in diesem einen Raum das Licht aus. Ich wusste sofort, was das zu bedeuten hatte. Meine Reaktion war, ihn zurechtzuweisen, indem ich ihm sagte: »Wenn du glaubst, du kannst mir Angst einjagen und ich höre auf zu räuchern, dann hast du dich geirrt!« Das Licht ging wieder an. Ein Defekt konnte es nicht sein, denn das ist in 25 Jahren noch nicht passiert. Dass sich die Geistwelt gut über elektrische Geräte bemerkbar machen kann, die helle wie die dunkle Seite, war mir bekannt, nur: die helle Seite versuchte nie, jemanden in Angst und Schrecken zu versetzen. Die Lichtseite hätte niemals im Keller das Licht gelöscht. Zu meiner Sicherheit erkundigte mich mal wieder in der Geistwelt, ob es ein elektrischer Schaden war.

Die Antwort kam sofort: *»Nein das war er, aber lass dich nicht aus der Ruhe bringen, du bist sehr stark und das ärgert ihn.«*

Ich habe mich auch nicht aus der Ruhe bringen lassen, nur blieb es mir nicht erspart, immer wieder auszuräuchern, um diese dunkle Energie aus meinem Haus zu entfernen. Das Ausräuchern brachte immer nur für kurze Zeit etwas. Er war ein extrem dunkles Wesen, ein sturer Kopf voll Wut und Rache und blieb bei seiner Meinung, dass ich die Verbrennung angeordnet hätte, um seinen Körper verschwinden zu lassen. Die Belästigungen gingen weiter.

Ich betrat mein Wohnzimmer, im ersten Moment erschrak ich darüber, was ich da zusehen bekam. In voller Präsenz stand er im Raum, rieb sich die Hände sah mich an, als wollte er sagen: *Da staunst du, dass ich hier bin?* Es waren nur Sekunden, aber er war nicht zu übersehen. Auch das brachte mich nicht aus der Ruhe. Ich war nur überrascht, wie deutlich ich ihn zu sehen bekam. Ich sprach ihn an: »Verlass sofort dieses Haus, du hast hier nichts mehr zu suchen.«
Zur Sicherheit fragte ich wie immer meinen Schutzgeist, ob ich das richtig gesehen hätte und es keine Halluzination war.
»Das hast du richtig gesehen, er war nur erstaunt, dass du ihn gesehen hast.«
Um ihn aus meiner Nähe zu vertreiben, sagte ich zur Vorsicht meinen schützenden Spruch.

Wieder einige Zeit später, ich betrat mein Wohnzimmer und wollte meinen Augen nicht trauen, saß er in einem Lehnstuhl, der an einer Rundung an der Wand stand. Jetzt konnte ich nur eine Hälfte von ihm erkennen, und die nur von hinten, als wollte er sich verstecken, aber es war sein graues Haar und seine Schulter, die mich ihn erkennen ließen. Erschreckt hat mich das nicht mehr, ich war nur erbost, sagte ihm, dass ich es unverschämt fände, sich in meinem Sessel breitzumachen, und verbot ihm schimpfend mein Haus.« Dass ich so böse wurde, war nicht gut, denn das war es, was er wollte:

Ich sollte mich aufregen, damit forderte ich ihn heraus und es machte ihm Spaß, mich weiter zu belästigen.

Dann, an einem Abend, ich war in meinem Wohnzimmer um fernzusehen, da sah ich, dass sich eine Hälfte meiner Gardine hin und her bewegte. Vor meinem Fenster waren Lamellen, die unten mit kleinen Ketten verbunden waren, bewegte man sie, ergab das eine Reaktion, die sich fast über die ganzen Lamellen zog, in diesem Fall war es aber nicht ganz eine Hälfte. Kein Fenster war auf, der Rollladen unten und kein Lüftchen ging. Ich stierte gebannt auf diese Gardine, suchte nach einer rationalen Erklärung. Hatte ich womöglich Mäuse? Aber die Lamellen waren so weit vom Boden entfernt, dass eine Maus ohne Weiteres darunter durchlaufen konnte. Da wusste ich, wer mich wieder belästigte und verbot ihm erneut das Haus, was auch immer sofort befolgt wurde.

Ich fragte mich, warum er jedes Mal auf meine Verbote reagierte. Da fiel mir eine Durchsage aus der Geistwelt ein, darin wurde mir gesagt, dass ich in mehreren Leben eine Schamanin und Heilerin war und diese Kräfte noch besäße, also musste es meine Energie sein, die ihn reagieren ließ. Doch ich zweifelte daran, eine Schamanin zu sein.
Da bekam ich eine sehr humorvolle Durchsage aus der Geistwelt:
»Dann binde dir doch ein Kopftuch um, dann bist du eine Schamanin.«
Das lehnte ich ab.
Da wurde mir gesagt: *»Dann glaub es und Zweifel nicht immer.«*

Auf meine Verbote reagierte er nur für sein unmittelbares Handeln, ich musste die Verbote immer wieder neu aussprechen. Um mich erneut herauszufordern, begann er des Nachts wieder über Wochen in meinem Schlafzimmer zu klopfen. Es passierte auch nicht jede Nacht, nur wenn ich dachte, er hätte es endlich aufgegeben, fing alles von vorne an. Dann setzte ich seinen Belästigungen Gleichgültigkeit entgegen und glaubte, ihm so den Spaß an seinen Belästigungen zu nehmen, aber auch das half nichts. Nun überlegte ich, wie ich dem ein Ende setzen konnte und wandte mich an die Geistwelt.

Diese gab mir den Rat: *»Setze dich bei Kerzenlicht in der späten Abendstunde hin, wenn alles dunkel ist, und bete das Vaterunser. Dann sagst du ihm, dass du ihm alles verzeihst, was er dir angetan hat, und das in Liebe, er soll ins Licht gehen. Dann rufe Erzengel Gabriel und Rafael, sie sollen dir beistehen und ihn ins Licht führen. Danach machst du die Tür auf, um alle schlechte Energie aus dem Haus zu lassen. Wir werden bei dir sein und dich unterstützen.«* Ich war dankbar, dass mir so viel Hilfe zugesagt wurde. Aber für mich war es sehr schwer, ihm zu verzeihen, auch das Wort *Verzeihen* auszusprechen war nicht einfach. Ich überwand meine Rachegefühle und befolgte den Rat der Engel. Während ich ihn ansprach und das Wort *Verzeihen* gebrauchte, merkte ich, dass mir dieses Wort unerwartet leicht über die Lippen ging. War es das, was ich lernen sollte? Keine Rachegedanken, Wut und Hass zu haben, um verzeihen zu lernen? Wusste ich doch, dass Rache, Hass und Wut immer wie ein Bumerang zu uns zurückkommen. Das verdrängt man gerne, wenn man glaubt, Unrecht erfahren zu haben. Bei ihm war mir die Möglichkeit gegeben, Verzeihen zu lernen, statt Rache zu üben. Wenn dem so war, dann musste ich es auf die harte Tour lernen.

Der Geistwelt ist es gleich, wie und wann wir lernen, wichtig ist, dass wir lernen. Dies war wohl eine der Aufgaben, die ich mir vor meiner Inkarnation gestellt hatte. Einfach ist es nicht, dieses Wort

Verzeihen auszusprechen. Wann benutzen wir dieses Wort? Verzeihen wir jemandem, kommen uns ganz banale Worte über die Lippen wie *Reg dich nicht auf, es ist vorbei* oder *Ist doch alles schon vergessen*. Nie bringen wir das Wort *Verzeihen* in eine Vergebung ein, denn dann fällt uns ein Zacken aus der Krone. Leichter fällt es uns, wenn wir das Wort *Verzeihung* gleichgültig dahersagen. Nur hilft es wenig, wenn es nicht von Herzen kommt.

Diese Erfahrung hatte ich bei meiner verstorbenen Großmutter gemacht. Immer wieder besuchte sie mich, denn sie hatte noch etwas bei mir gut zu machen, was ich schon lange vergessen hatte. Dann, bei einem Gespräch, das ich mit ihr führte, besprachen wir die Sache, die sie immer noch belastete. Da sagte ich ihr: »Das habe ich dir schon lange verziehen.« Eine große Erleichterung überkam sie, die ich schon fast körperlich spüren konnte. Da schaltete sich die Geistwelt ein und erklärte mir, auf dieses Wort *Verzeihen* hätte deine Großmutter gewartet, sie hätte nun ihren Frieden gefunden.

Nun waren fast zwei Jahre vergangen, noch immer war keine Ruhe bei mir eingekehrt. Auch die letzte Aktion mit den Erzengeln half nur kurzfristig. Warum leistete er den Erzengeln Widerstand? Langsam ging mir ein Licht auf: Was war mit meinen Gedanken? Richtete ich sie doch immer wieder auf seine Person und das nicht mit guten Gedanken? Es war schwer, das nicht zu tun, denn ständig wurde ich nach seiner Person gefragt und ich glaubte, mich für seinen Freitod rechtfertigen zu müssen, und erzählte über seine Schandtaten. Dadurch beschwor ich die Situation immer wieder selbst herauf, denn er fühlte sich stets angegriffen. Die Geistwelt hatte mir geraten loszulassen, aber, das war nicht einfach, denn seine Schlechtigkeiten schwirrten mir ständig im Kopf herum. Wusste ich doch, wenn ich unangenehme Sachen aus meinem Leben streichen wollte, hatte ich meine Gedanken nicht mehr darauf zu richten, sonst verlieh ich ihnen wieder Leben. Da konnten die Engel noch so viel Einsatz zeigen – wenn ich ständig dagegen arbeitete, dann war alles umsonst.

Nun kam die nächste Aktion. Ich arbeitete an meinem Buch und legte eine kurze Pause ein. Als ich weiterschreiben wollte, streikte mein Laptop. Ich suchte nach dem Fehler, konnte aber keinen finden. Sollte *er* sich eingemischt haben? Da er mich schon einmal reingelegt hatte und mir 80 Seiten aus meinem Manuskript löschte, während ich schrieb, denn es waren seine Schandtaten, die ich niederschrieb, das konnte ihm nicht passen. Meine Seiten bekam ich nicht wieder, da konnte ich machen, was ich wollte. Ich gab meinen Laptop zu einem Computerexperten, der sah sich die Sache an und erklärte mir, so etwas habe er noch nicht gesehen, denn auf den 80 Seiten waren verstreut noch kleine Abschnitte vorhanden, nur vollkommen aus dem Zusammenhang gerissen, er könnte das nicht wieder herstellen.

Natürlich fragte ich bei meinem Schutzgeist nach, wem ich das zu verdanken hatte.

Die Antwort war kurz und knapp: *»Dass weißt du doch.«*

Ab da war ich gewarnt und habe bei jeder kleinen Pause alles gut abgespeichert, somit hatte er keine Möglichkeit mehr, mir noch mal etwas aus meinem Manuskript zu löschen.

Seinem Einfallsreichtum waren keine Grenzen gesetzt. An einem Abend ich stellte den Fernseher an, erst war alles in bester Ordnung, dann mit einem Mal sprang das Programm um und es waren nur noch bunte Kästchen auf dem Bildschirm. All meine Bemühungen, ein Programm zu bekommen, waren erfolglos. Ich entschloss mich, Hilfe zu holen. Diese Hilfe konnte ich nur über mein Handy erreichen, doch als ich das Handy bediente, spielte auch das verrückt: Kaum hatte ich die Nummer gewählt, zeigte mir das Handy

Laden beendet. Ich versuchte es noch einmal mit dem gleichen Ergebnis: *Laden beendet.* Ich überlegte, ob er sich wieder einmischte und mir einen Streich spielte. Mein Handy stand nicht in der Ladestation, es konnte also nur so sein, dass ich keine Hilfe bekommen sollte.

Mir kam eine Idee. Ich tat gleichgültig und blieb ganz ruhig. Dann sagte ich laut vor mich hin: »Ich muss nicht unbedingt heute Hilfe holen, um fernzusehen, das erledige ich morgen.« Nach 15 Minuten versuchte ich es noch mal über mein Handy und es klappte.

Kaum war der Fernseher in Ordnung und der Techniker aus dem Haus, sprang das Programm ohne mein Zutun wieder um, mit dem gleichen Bild von vorher, und ich musste mir noch einmal Hilfe holen. Der junge Mann konnte es nicht glauben, dass so etwas von ganz alleine passierte. Diesmal war so einiges durcheinandergeraten, aber der Techniker brachte es wieder in Ordnung.

Kaum war er gegangen, hatte ich das gleiche Dilemma. Ich wandte noch mal einen Trick an und sagte laut: »Ich muss nicht unbedingt fernsehen, ich lese einfach ein Buch.« Ich wartete einige Zeit ab und versuchte dann, den Fernseher selbst in Ordnung zu bringen. Es gelang mir so weit, dass ich drei Programme bekam. Als ich dem Techniker später davon erzählte, war er fassungslos. Seiner Meinung nach ging hier etwas nicht mit rechten Dingen zu.

Dann kam auch schon die nächste Aktion. Ich wollte mir im Ofen etwas aufwärmen, aber es funktionierte nicht. Ich probierte alles durch, aber nichts klappte. Merkwürdig war, dass nur der Backofen nicht funktionierte, die Kochplatten waren in Ordnung. Da ich wusste, dass der Backofen gesondert abgesichert war, ging ich in den Keller und sah mir die Sicherungen an, aber es war kein Fehler festzustellen. Da war mir klar, dass er mir wieder einen Streich spielte. *Nur ruhig Blut*, sagte ich mir, *ich werde ihn wieder überlis-*

ten. Ich sagte laut vor mich hin: »Das muss ich nicht unbedingt heute Abend essen, das kann ich mir für Morgen aufheben.«
Nach einer Viertelstunde stellte ich den Backofen noch einmal an und siehe da: mein Backofen war wieder in Ordnung.

Dies geschah alles an einem Nachmittag. Ich überlegte, was es war, das ihn so verrückt spielen ließ, warum war er so präsent?
Da meldete sich die Geistwelt, um mir zu helfen, und erklärte mir: »*In deinem Haus befinden sich noch Sachen von ihm, entferne sie.*«
Die Geistwelt sprach nie seinen Namen aus, es hieß immer nur *er.*
Erstaunt war ich, dass ich noch Sachen von ihm im Haus haben sollte, denn ich war der festen Überzeugung, nach seinem Tod all sein Eigentum entfernt zu haben. Bekannt war mir, dass alles, was von einer negativen Person erhalten bleibt, negative Energien immer wieder zum Schwingen bringt, das war sein Aufhänger.
Noch einmal suchte ich alles ab und fand so einiges, was ich übersehen hatte und nun sofort vernichtete.

Nun fragte ich mich: Sollte das jetzt immer so weitergehen? Diese Belästigungen mussten doch mal ein Ende haben.
Ich wandte mich nochmals an die Geistwelt.
Da wurde mir gesagt: »*Du hast doch eine Trommel. Gehe mit dieser Trommel in alle Zimmer auch in den Keller und schlage sie in allen Ecken an, damit löst du alle Stagnationen. Anschließend räucherst du alles aus, dazu sagst du deinen Spruch mit sehr energischen Worten. Wir unterstützen dich.*«
Ich zweifelte. Sollte das jetzt klappen, nach all den Aktionen, die ich schon unternommen hatte? Aber ich durfte nicht zweifeln. Ich musste positiv denken, sonst hätte ich ihm wieder Macht verliehen.
Nur nicht aufgeben, sagte ich mir, dann würde er sich ins Fäustchen lachen. Diese Genugtuung wollte ich ihm nicht geben.

Als ich gerade loslegen wollte, bekam ich Besuch von einer Freundin. Sie kam mir gerade recht. Da sie über alles genauestens Bescheid wusste, bat ich sie, mich zu unterstützen, denn ich glaubte, mit vereinten Kräften mehr zu erreichen. Sie sollte die Trommel schlagen, ich wollte währenddessen räuchern und meinen Spruch sagen; kein Raum sollte ausgelassen werden.

Wir fingen im Keller an. Wir hatten gerade den ersten Kellerraum durchschritten, als wir plötzlich ein Rauschen von laufendem Wasser zu hören bekamen, als habe man alle Wasserhähne aufgedreht. Erschrocken sah mich meine Freundin an.

Ich beruhigte sie und sagte ihr: »Du weißt doch, warum wir dies hier machen, dann weißt auch, wer hier sein Unwesen treibt. Wir lassen uns dadurch nicht aufhalten.«

Zur Sicherheit sahen wir nach, aber der Wasserhahn war fest zu.

Nach unserer Aktion sagte sie aufgeregt: »Wenn ich es nicht selbst erlebt hätte, ich hätte es dir nicht geglaubt, dass es so etwas gibt.«

Nach dem Austrommeln und Ausräuchern machten wir eine kurze Pause, um dann in der Geistwelt nachzufragen, ob es uns gelungen war, ihn aus dem Haus zu vertreiben.

Die Antwort lautete: *»Nein, er klatscht hämisch in die Hände. Du musst alles noch einmal machen. Er glaubt, du brauchst Hilfe und schaffst es nicht allein. Ihr habt doch gemerkt, dass er euch durcheinanderbringen wollte. Mach es morgen früh noch einmal, aber alleine und sehr energisch.«*

Erstaunt sah mich meine Freundinan, dass er ihre Hilfe mitbekommen hatte, und ich erklärte ihr, er habe eine zweite Energie gespürt und wüsste auch genau, wer es sei.

Ich wartete den nächsten Morgen ab, nahm alles noch einmal in Angriff und setzte meine ganze Energie da hinein. Danach erkundigte ich mich wieder in der Geistwelt, ob ich es geschafft hätte, mein Haus zu reinigen.

Da bekam ich gesagt: »*Du hast es geschafft, dein Haus ist frei von schlechten Energien.*«

Das sollte wieder nur für kurze Zeit sein, denn er hatte sich etwas Neues einfallen lassen. Es betraf eine kleine Lampe hinter meinem Fernseher, daran machte er sich zu schaffen. Jeden zweiten oder dritten Morgen, wenn ich aufstand, sah ich, dass dieses Licht an war, daran ließ er sich über Wochen aus. Erst glaubte ich, es vergessen zu haben. Da ich das nicht glauben konnte und es mir auch noch nie passiert war, achtete ich ab da genau darauf, dass das Licht gelöscht war, denn jetzt konnte es nicht mehr meine Schuld sein. Da ich mich mal wieder gehen ließ und böse schimpfte, dass er seine Finger davon zu lassen habe, machte ihm das besonderen Spaß. Mein Temperament war mal wieder mit mir durchgegangen, ich hatte vergessen, Ruhe zu bewahren. Ich wendete meinen Trick an, der schon mehrmals geholfen hatte: »Ach, habe ich wieder das Licht angelassen? Ich bin aber auch ein Trottel?« Das verdarb ihm den Spaß.

Das hielt ihn nicht davon ab, kurz darauf die nächste Aktion zu starten. Hier musste er wohl mit anderen dunklen Energien gemeinsame Sache gemacht haben, denn er allein konnte wohl kaum diese Kraft aufbringen.
In meinem Wohnzimmer hatte ich eine Lampe, die mit vier kleinen Glaskuppeln bestückt ist. Ich kam also eines Tages von einem Einkauf nach Hause und da ich die Lampe vom Eingang aus sehen konnte, stellte ich fest, es fehlte eine Kuppel. Intensiv suchte ich alles ab, konnte sie aber nicht finden. Die Lampe hing über einem Tisch, darauf stand eine Glasschale, aber so, dass die Kuppel gar nicht hineinfallen konnte, und wenn, wäre die Schale entzweigegangen. Ich fand die Kuppel schließlich in der Schale.

Ich wende mich sofort an die Geistwelt. Sollte er es gewesen sein, dann war es ein Meisterstück.

Es meldet sich Erzengel Michael: »*Du weißt, wer es war, er hat sich Hilfe geholt.*«

Mir war sofort klar, wer diese Hilfe war: dunkle Wesen, die ihm beigestanden hatten. Bei solchen Sachen sind sich die dunklen Wesen einig, wenn sie sich sonst auch nicht ausstehen können. Ich war fassungslos, dass er solch einen Aufwand betrieb, nur um mich zu ärgern.

Kurz darauf führte ich ein Gespräch mit meiner Freundin Sonja, die Hellseherin ist, und erzählte ihr, was bei mir im Haus passiert war. Zu ihrer Überraschung meldet sich *Mutter Maria* mit einer Botschaft für mich. Folgenden Spruch sollte ich sagen, wenn ich wieder belästigt würde: *Nur Wesen, die dem göttlichen Licht dienen, eins mit dem Göttlichen sind und den göttlichen Willen tun, haben Zugang zu mir. Ich schicke alle negative Energie ungeöffnet an den Absender zurück.*

Dieser Spruch, erklärte mir Erzengel Michael, ist ein heiliger Spruch.

Ab da setzte ich bei jeder Belästigung von der dunklen Seite diesen Spruch ein und er zeigte sofort Wirkung.

Nun meldete sich Erzengel Michael. Von ihm bekam ich gesagt, dass mein Plagegeist über diesen Spruch sehr verärgert sei: »*Durch seine Untat aus dem Leben geschieden, kommt er nirgends an, er versucht, sich bei dir einzunisten.*

Es waren fast drei Jahre vergangen und er hatte immer noch nicht aufgegeben. Jedes Gespräch, das ich über ihn führte, rief ihn wieder auf den Plan. Zu meinem Glück hatte ich nun den Spruch von *Mutter Maria*, den konnte er als dunkles Wesen nicht ertragen und verschwand immer sofort.

Nun trat bezüglich seiner Belästigungen eine lange Pause ein und ich glaubte, ihn für immer los zu sein, aber das glaubte ich nur.

Eines Tages bekam ich das Gefühl, dass ich nicht allein im Haus war, konnte aber nicht erklären, warum; es war einfach nur ein Gefühl. Mir fielen seine Belästigungen ein und ich wurde misstrauisch – sollte er es sein? Ich wandte mich an meine Freundin und Hellseherin Sonja, denn nur da war ich mir sicher, dass bei Fragen an die Geistwelt nicht meine eigenen Gedanken miteinflossen. Ich bat sie, in der Geistwelt nachzufragen, wer sich in meinem Haus aufhielt.

Erzengel Michael meldete sich bei meiner Freundin und sagte ihr: *»Ihr Gefühl ist richtig, er ist in ihrem Haus. Er sitzt auf dem Sofa, wo er immer gesessen hat, und grinst hämisch. Sie muss sofort ausräuchern, sonst hat sie eine unruhige Nacht. Durch seine Untat kommt er nirgends an, das Licht wird ihm verwehrt und die dunkle Seite verhöhnt ihn. Seine Zeit auf Erden war noch nicht um, darum muss er im Nichts seine Runden drehen. Er versucht immer wieder, bei ihr Unterschlupf zu finden.«*

Ich war überrascht, ihn wieder im Haus zu haben, und machte mich mit meinem schützenden Spruch sofort an die energetische Arbeit. Aber in meiner Eile, ihn aus dem Haus zu bekommen, hatte ich mich nicht richtig geschützt, das nutzte er gleich aus und zog mir bei meiner Energiearbeit eine Menge Energie ab, was mich nach dem Äusräuchern sehr müde machte. Diese dunklen Wesen wehren sich zu gehen, darum muss man sehr viel Energie aufwenden, um sie zu vertreiben, und darum ist Schutz wichtig.

Nun gab Erzengel Michael mir den Rat: *»Mach dir einen Spruch, in dem du ihm verzeihst. Lass das Schimpfen. Dein Schimpfen zeigt ihm, dass du dich aufregst, das ist sein Ziel, so kommt er an deine Energie.«*

Es war zu meinem Besten, wenn ich diesem Wesen verzeihen würde, trotz allem, was er mir angetan hatte; vielleicht kehrte dann Ruhe ein. War es nicht das, was ich lernen wollte? Keine Rachegedanken, keinen Hass zu haben, sondern zu verzeihen? Wie heißt es in der Bibel: *Liebet eure Feinde.* Das war für mich bei ihm keine leichte Aufgabe. Ich überwand mich jedoch und sagte ihm: »Ich verzeihe dir und lasse dich in Liebe los. Dein Platz ist nicht mehr in dieser Dimension. Gehe ins Licht, ich schicke dir Licht Liebe und Frieden.« Zur Sicherheit räucherte ich mein Haus aus und habe es auf diese Weise geschafft, ihn für immer loszuwerden

.

Ich frage mich, in wie vielen Häusern sich solch dunkle Energien aufhalten, die Menschen antriebslos, energielos sind und krank werden lassen, ohne dass jemand ahnt, woran das liegt. Aber die Menschen denken: *Was ich nicht sehe, kann es nicht geben.* Viele dieser dunklen Wesen inkarnieren nach dem Tod sofort wieder, ohne Geistführer, ohne Engel, ohne Frieden, ohne Einsicht – ein Leben nach dem anderen. Es ist wie eine unendliche Schleife; sie treiben dann ihr Unwesen bei uns Menschen. Auch diese Wesen sind nicht für immer verloren, früher oder später gelingt es machtvollen Engeln, sie zu retten. Es ist ihre Aufgabe, diese dunklen Wesen ins Licht zu führen.

Ein Falke in meinem Garten

Ich saß mit meinem Bekannten, als er noch lebte, auf der Terrasse. Wir sahen uns den Garten an. Unser Blick ging zu einem kleinen Brunnen, der mit einer Lampe versehen war, darauf war eine runde Metallkuppel. Diese Lampe stand unter einer Rotbuche. Wir waren verärgert, dass die Lampe mit Taubendreck verschmutzt war.

Während wir uns noch darüber ausließen, flog wie aus dem Nichts ein Falke auf diese Lampe. Das geschah so schnell, dass wir nicht ausmachen konnten, aus welcher Richtung er gekommen war – er war einfach da. Verwundert starrten wir auf die Lampe, die nicht sehr groß war. Die Äste der Buche lagen wie ein Schirm darüber.

Was hatte den Falken dazu veranlasst, unter den Ästen hindurchzufliegen, um sich auf diese Lampe zu setzen? Ohne Scheu saß er da, als gebe es uns gar nicht. Dann drehte er seinen Kopf ruckartig zu uns herüber, fixierte uns einige Sekunden, flog dann auf eine dichte Buchenhecke zu und war nicht mehr zu sehen.

Fassungslos fragten wir uns, wie dieser große Vogel es geschafft hatte, durch diese dichte Buchenhecke zu fliegen.

Zu dieser Zeit war das Verhältnis zu meinem Bekannten schon gewaltig gestört. Aus der Geistwelt hatte ich den Hinweis bekommen: *»Pass auf, trenn dich von diesem Mann.«* Ich war beunruhigt, hatte ich diese Warnung doch nicht allzu ernst genommen. Sollte dieser Vogel mich wachrütteln?

Ich musste mir Klarheit verschaffen und bat meinen Schutzgeist um Aufklärung. Der sagte mir: *»Wie du weißt, hast du durch Schamanen Schutz. Außer in deinem Haus, hast du noch einen Schamanen vor deinem Haus, zu deinem Schutz. Der Schamane vor deinem Haus hat sich als Vogel materialisiert und sich dir gezeigt. Du hast es schon richtig erkannt, diese Aktion war für dich bestimmt, um dir zu sagen, dass du aufpassen sollst.*

Ich unterließ es, meinem Bekannten den Grund für den Falken im Garten zu erklären. Die Geistwelt wusste, in welcher Gefahr ich mich befand und hielt mich unter ständiger Beobachtung. Außer den Schamanen hatte ich zu meinem Schutz Erzengel Michael, die Plejaden, meinen Schutzgeist und meine Schutzengel immer in meiner Nähe. Sie hatten erkannt, dass er nicht bereit war sein niederträchtiges Leben aufzugeben. Um so weiterleben zu können, versuchte er sich meiner Energie zu bedienen. Davor wollte mich die Geistwelt schützen.

Ein Besuch in einer russisch orthodoxen Kirche

Mit meinem Bekannten hatte ich zu Anfang unserer Beziehung einen Besuch in Wiesbaden bei seinen Verwandten gemacht. Da diese Stadt viele Denkmäler und Thermen mit Heilwasser hat, die zu besichtigen sich lohnte, hatten wir uns vorgenommen, dies in Angriff zu nehmen. Von seinen Verwandten wurde uns eine russisch orthodoxe Kirche empfohlen, ein Juwel aus dem 19. Jahrhundert, das sollten wir nicht verpassen. Die prächtigen Wandmalereien und das viele Gold, das in und an dieser Kirche verwendet wurde, waren es wert, besichtigt zu werden.

Durch die Schwärmerei war ich neugierig geworden und es drängte mich erst einmal, die Kirche zu besichtigen. Meine Eile dort hinzukommen war schon sehr seltsam, denn Kirchen ordnete ich der Priesterschaft zu, mit deren fragwürdiger Weltanschauung ich jedoch nichts zu tun haben wollte, aber es zog mich dennoch dahin.

Auf dem Weg zur Kirche durchfuhren wir einen Wald und kamen dann zu einer Anhöhe, einem Vorplatz der Kirche. Dort stand ein griechischer Tempel. Wir machten dort Halt. In der Mitte von diesem Tempel war eine Kupfertafel angebracht, in der eine Inschrift eingraviert war. Um mir das genauer anzusehen, betrat ich den Tempel. Dabei befiel mich ein Schwindel. Ich spürte eine starke Energie, die mir den Atem raubte. Sollte das etwas mit der Inschrift zu tun haben, die ich ja nicht lesen konnte? Da wir in der Nähe der Kirche waren, dachte ich, es könnte auch etwas mit der Kirche zu tun haben, denn ich suchte nach einer Erklärung für meinen Schwindel. Mein Bekannter, der mein Unwohlsein mitbekam, war der Meinung, wir sollten doch besser umkehren, aber dieser Meinung war ich nicht. Diese Energie, die ich zu spüren bekam, hatte mich noch neugieriger gemacht. Ich war gespannt, was in dieser Kirche auf mich zukommen würde. Denn eins wusste ich: Wenn ich solch eine starke Energie zu spüren bekam und meine Gefühle verrücktspielten, hatte mir das immer etwas zu sagen.

Erwartungsvoll ging ich auf die Kirche zu.

Die Goldkuppeln, die auf dieser Kirche angebracht waren, strahlten und funkelten im Sonnenlicht. Ich war überwältigt, von diesem Glanz. Wieder spürte ich eine starke Energie.

Wir betraten die Kirche. Am Eingang wurde sie von einem russischen Mönch orthodoxen Glaubens beaufsichtigt, für eine kleine Spende konnte man die Kirche besichtigen. Eigenartig war, dass mich die Sehenswürdigkeiten in der Kirche erst einmal gleichgültig ließen, obwohl sie doch der eigentliche Anlass unseres Besuches waren. Ohne mich umzusehen, zog es mich in eine Nische; dort stand ein Sarkophag. Vom Eingang aus war er nicht zu sehen und doch wurde ich wie von einem Magneten in diese Nische gezogen. Auf dem Sarkophag lag eine in Marmor gehauene schöne Frau. Ergriffen stand ich davor. Die Inschrift sagte mir, dass es die russische Großfürstin Elisabeth war, die spätere Herzogin von Nassau. Diese Großfürstin war im Alter von 19 Jahren bei der Geburt ihres ersten Kindes gestorben, auch das Kind, ein Mädchen, überlebte die Geburt nicht. Dies war mir nicht bekannt und doch überfiel mich eine unendliche Traurigkeit; Tränen stiegen mir in die Augen, ich konnte sie nicht zurückhalten. Ich fragte mich, warum ich emotional so aufgewühlt war, was hatte ich mit einer russischen Großfürstin zu tun? Aus meinem Unterbewusstsein stieg ein vertrautes Gefühl in mir hoch, als würde ich diese Frau seit Ewigkeiten kennen. Schnell wandte ich mich dem Kirchenraum zu, um mich von meiner Traurigkeit abzulenken, was natürlich wenig half.

Als wir die Kirche wieder verlassen hatten, fragte mein Bekannter, ob mir etwas aufgefallen sei. Er erklärte mir, dass der Mönch am Eingang kein Auge von mir gelassen habe und mich mit seinen Blicken verfolgt hätte. Überrascht sah ich ihn an, das war mir nicht aufgefallen, aber seine besondere Freundlichkeit mir gegenüber, beim Eintreten in die Kirche, die hatte ich wohl bemerkt, doch ich dachte, er wäre zu allen Besuchern so nett. Aber die ganze Sache gab mir zu denken. Die Traurigkeit am Sarkophag, dass übermäßige Interesse von dem Mönch – was hatte das alles miteinander zu tun? Was war mit dem Sarkophag? Warum führten mich meine ersten Schritte sofort in diese Richtung, da ich doch von einem Sarkophag nichts wusste, dieser auch von niemandem erwähnt wurde. Warum war ich so aufgewühlt, was war der Grund? Fragen über Fragen, Gedankenversunken fuhren wir wieder nach Hause.

Nun kam es, dass wir einen zweiten Besuch in Wiesbaden machten. Mein erster Gedanke war, diese Kirche noch einmal zu besuchen. Bei diesem zweiten Besuch hatten wir uns vorgenommen, vor unserem eigentlichen Besuch direkt zu dieser Kirche zu fahren. Ich konnte es kaum erwarten. Was würde passieren? Würden die gleichen Gefühle noch einmal in mir hochkommen? Würde sich dieser Mönch wieder für mich interessieren? Was hatte ich mit einer Großfürstin zu tun, welches Geheimnis steckte hinter all dem? Es erfasste mich eine große Unruhe, ich hatte ein Gefühl, als warte man auf mich, aber wer und warum?

Wir betraten die Kirche und am Eingang war der gleiche Mönch wie beim ersten Mal. Ich beachtete ihn nicht weiter, mein Ziel war der Sarkophag. Wieder stand ich ergriffen davor, wieder stieg diese Traurigkeit in mir hoch, nur nicht mehr ganz so intensiv. Diesmal war mir, als hätte ich hier noch etwas zu erledigen, aber was? Sollte es mit der Großfürstin Elisabeth zu tun haben, oder bildete ich mir etwas ein? Aber eins bekam ich zu spüren: eine starke Verbindung zu dieser Frau; das ließ mich nicht mehr los. Woher kam diese Vertrautheit, hatte ich doch noch nie etwas über diese Frau gehört, war sie doch schon über ein Jahrhundert tot? Aber ich hätte es wissen müssen: Zeit ist relativ.

Wieder zeigte der Mönch großes Interesse an meiner Person, seine Blicke verfolgten mich, das fiel wiederum meinem Bekannten auf – ich war viel zu sehr mit dieser Frau auf dem Sarkophag beschäftigt, als dass ich auf den Mönch geachtet hätte.

Wir wollten gerade die Kirche verlassen, als ich ein leises »Hallo, hallo!« hörte. Erstaunt sah ich mich um. War ich gemeint? Da sah ich, dass dieser Mönch unter die Theke griff. Er überreichte mir eine kleine Broschüre und erklärte mir in gebrochenem Deutsch: »Hierin können sie alles über Großfürstin Elisabeth lesen.« Ich nahm die Broschüre und war erstaunt, hatte er doch bis dahin keinen Besucher angesprochen.

Wir verließen die Kirche und mein Bekannter fragte wieder, ob ich es diesmal gemerkt hätte, dass der Mönch mich beobachtet habe. Das musste ich verneinen. Ich war nur erstaunt, dass er mir als einzigem Besucher diese Broschüre gab, denn die lag nicht frei herum, er musste sie extra unter der Theke hervorholen. Eins hatte ich mittlerweile begriffen: Irgendetwas hatte ich mit dieser Großfürstin zu tun; dieses Rätsel musste ich lösen.

Wieder zu Hause angekommen, setzte ich mich gleich mit meinem Schutzgeist in Verbindung und erbat mir von ihm eine Erklärung.

Da wurde mir gesagt: *»Diese Frau auf dem Sarkophag, die Großfürstin Elisabeth, war deine Mutter. Sie ist noch erdgebunden und in dieser Kirche, sie hat es nicht verwunden, so früh gestorben zu sein.*

Mit ihr starb das Mädchen, dieses Kind warst du, du starbst mit ihr. Elisabeth hält sich noch immer dort auf, sie hat dich gesucht und um dich getrauert, da du ihr verloren gegangen bist. Du hast kurz nach deinem Tod wieder inkarniert, somit hat sie dich nicht mehr gefunden. Sie hat die Hoffnung nicht aufgegeben, sie hat auf dich gewartet. Sie ist überglücklich, dass dich dein Weg zu ihr geführt hat. Sie weiß, dass du es bist, die sie erlösen kann. Auch der Mönch, ein Schamane, hat dich beobachtet. Er hat erkannt, dass du das Kind von Elisabeth bist.«

Ich fragte zurück: »Aber warum war diese Traurigkeit in mir? Ich hatte doch keine Ahnung, wer diese Frau ist, und das ist doch über ein Jahrhundert her?«

»Du weißt doch, Zeit ist relativ und spielt keine Rolle. Es ist ihre Seele, die sich noch in diesem Raum aufhält. Sie hat auf dich gewartet und diese starke Energie, die Liebe zu dir, hast du gespürt. Die Broschüre, die du von dem Mönch bekommen hast, sollte die Erinnerung in dir wachrufen. Nun weißt du, woher dein Gefühl kam, diese Frau schon seit Ewigkeiten zu kennen.«

Bewegt und aufgewühlt nahm ich diese Worte auf. Nun war das Geheimnis gelüftet, das musste ich erst einmal verdauen. Ich sollte das Kind dieser russischen Großfürstin gewesen sein und musste erkennen, dass mein Leben noch nicht angefangen hatte, als es auch schon wieder zu Ende war? Diese Trauer der Großfürstin, die Liebe zu ihrem Kind, die über diesen Verlust nicht hinweg kam, rührte mich tief in meiner Seele. Nun wollte ich wissen, ob ich ihr helfen konnte.

»Das weißt du doch – was du in solchen Fällen immer tust. Sie ist noch erdgebunden. Sprich sie an und führe ein liebevolles Gespräch mit ihr. Schick sie zu uns ins Licht.«

Ergriffen von diese Botschaft stieg eine große Liebe zu dieser Frau in mir hoch und ich musste mich erst einmal beruhigen. Nachdem

ich mich gefasst hatte, setzte ich mich ruhig hin. Mich auf Elisabeth konzentrierend sprach ich sie an, bat sie zu mir zukommen und mir zuzuhören. Ein leichtes Frösteln lief über meinen Körper und ich wusste, sie war da. Ein herzliches, liebevolles Gefühl stieg in mir hoch und brachte mich fast wieder aus der Fassung. Dann sagte ich ihr: »Meine liebe Elisabeth, hör mir bitte zu. Dein Suchen nach mir hier auf Erden hat nun ein Ende. Ich, dein Kind, habe dein Rufen gehört und dich gefunden, so möchte ich dir auch helfen. Du kannst getrost noch einmal deine Heimat besuchen, die du so sehr geliebt hast. Dein Suchen hier auf Erden hat nun ein Ende, du kannst getrost ins Licht gehen, man wartet auf dich. Du wirst in Liebe empfangen werden und deinen ewigen Frieden haben. Ich werde in Gedanken immer bei dir sein. Zu gegebener Zeit werden wir uns wiedersehen. Ich segne dich mit Licht, Liebe und ewigem Frieden.«
Dann setzte ich mich ruhig hin und hoffte, dass meine Botschaft angekommen war. Ich erkundigte ich mich bei meinem Schutzgeist, ob sie den Weg ins Licht gefunden hatte.
»Ja, sie hat es geschafft, Elisabeth ist gut bei uns angekommen und hat ihren Frieden gefunden, aber sie wird dich immer mal wieder besuchen.«
Verwundert darüber fragte ich warum, jetzt, da sie ihren Frieden gefunden hat.
»Es ist die Sorge um dich. Sie will dich beschützen, in deinem Leben stimmt etwas nicht.«
So war es denn auch; immer, wenn es in meiner Beziehung kritisch wurde, war sie außer meinem Schutzgeist und Schutzengel sofort zur Stelle. Als Erscheinung bekam ich sie dann für Sekunden zu sehen, in einem weißen Kleid und mit pechschwarz gelocktem Haar stand sie dann in meinem Flur; nur ihr Gesicht blieb mir verborgen. Es war nicht nur ihre Gestalt, die mich sie erkennen ließ, es war auch ihre warme Energie, die sie mitbrachte.

Tod

Das Jenseits ist der Ort, von dem wir kommen und an den wir wieder zurückkehren. Und doch glauben die meisten Menschen, dass sie nach dem Tod einer totalen Vernichtung ausgeliefert sind. Wie steht in der Bibel geschrieben: *Jeder, der an Gott glaubt, wird ein ewiges Leben haben.* Nach unserem Tod sind wir lebendiger als je zuvor, nur ohne Körper, wir sind dann Geistwesen. Es ist unsere Seele, die weiterlebt. Nur ist die Schwingungsfrequenz im Jenseits weitaus höher, als in unserer Dimension, und entzieht sich so unserem Blickfeld. Das Jenseits befindet sich auch nicht im Himmel, wie der Volksmund sagt, es ist von uns aus gesehen auf der anderen Seite, mitten unter uns, ungefähr einen Meter über dem Erdboden. Sehr oft besuchen uns unsere Verstorbenen; sie setzten dann ihre Schwingungsfrequenz soweit herunter, dass sie uns erreichen.

Eines Nachmittags ich saß lesend auf der Terrasse, als mich etwas in meinem Blickfeld störte. Aus dem Augenwinkel heraus sah ich, dass sich ein weißer Nebel über die Brunnenlampe legte und sie ganz einhüllte, es waren nur Sekunden. Schemenhaft erkannte ich in diesem Nebel eine Figur. Als ich es mir genauer ansehen wollte, löste sich der Nebel auf.

Was mich verblüffte war, dass diese Erscheinung gut einen Meter über dem Erdboden zu sehen war, so wie es mir die Geistwelt gesagt hatte. Ich fragte mich, ob ich das richtig gesehen hatte. Nebel um die Brunnenlampe, und das bei Sonnenschein – sollte es etwas mit der Geistwelt zu tun haben? Das musste ich klären und bat meinen Schutzgeist, mir hierüber Auskunft zu geben.

Er sagte mir: *»Das war ich, ich habe dich besucht. Beinahe hättest du mich erkannt.«*

Ich war überrascht, von meinem Schutzgeist im Garten besucht zu werden, das war schon außergewöhnlich. Nur hätte ich gerne gehabt, dass er ein bisschen länger geblieben wäre, dann hätte ich ihn sicher erkannt.

Aus der Geistwelt bekam ich gesagt: *»Es braucht viel Energie, um eine Manifestation zu halten, darum der kurze Besuch.«*

Für mich war das die Bestätigung, dass die Seelen tatsächlich ungefähr einen Meter über dem Erdboden auf der anderen Seite fortleben und nicht für immer und ewig verloren sind.

Darauf meldete sich zu meiner Überraschung mein verstorbener Vater und erklärte mir: *»Mein liebes Kind, du kannst dir nicht vorstellen, wie schön es hier ist. Hier stehen uns alle Möglichkeiten offen, um das zu tun, was uns auf der Erde schon Spaß gemacht hat, und vieles, vieles mehr. Ich freue mich, wenn du kommst. Ich werde dich abholen und fest in meine Arme schließen. Aber das dauert noch eine Weile; noch hast du auf der Erde deine Aufgaben zu erfüllen.*

Nach dieser Durchsage bekam ich Sehnsucht nach dem Jenseits, denn in meinem Unterbewusstsein wusste ich, dass die Erde nicht mein wahres Zuhause ist, ich bin nur Gast hier. Nur die Erinnerung an unser wunderbares Zuhause wird bei einer Inkarnation gelöscht. Dabei nimmt uns der Engel des Vergessens, wenn unsere Geburt naht, jegliche Erinnerung. Auch dürfen wir uns darauf freuen, dass wir im Jenseits die Möglichkeit haben, unser Alter selbst zu bestimmen. Ein angenehmes Alter im Leben ist so um die dreißig Jahre und das nehmen wir im Jenseits wieder an, egal, ob wir mit 9 oder 90 die Erde verlassen.

Warum wollen die Menschen ein ewiges Leben haben? Wie soll dieses Leben aussehen? Die Hoffnung ist, für immer und ewig zu leben und vital zu bleiben, aber dann hätten wir bald eine Überbevölkerung. Wenn die Menschheit auch davon träumt ewig zu leben, so ist die Erde doch nicht unser Zuhause – wir sind nur Gast hier. Fast jede Religion der Welt sagt, dass der Geist den Tod überwindet ... wozu brauchen wir dann ewiges Leben? Würde die Kirche den Menschen nicht ständig etwas von Satan, Hölle und Sünden erzählen, wäre den Menschen die Angst vor dem Tod genommen. Gott liebt alle Menschen, auch Sünder; das Paradies ist nicht nur für die Priester vorgesehen.

Hier kommt die Frage auf: Seit wann sind Priester ohne Sünde? Man kann schon staunen, für wie untadelig sich die Priester halten und sich als Retter der Menschheit sehen. Aber vor was wollen sie uns retten – oder wollen sie von ihren Sünden ablenken? Die Priester würden gut daran tun, von ihrer Arroganz abzulassen und vor der eigenen Haustür zu kehren. Ihnen geht es doch nur darum, ihre Schäfchen brav in der Kirche zu halten, um ihren Job zu sichern. Wer von uns ist makellos und von Sünden frei. Wir sind doch auf Erden, um unsere Fehler aufzuarbeiten? Dass wir für unsere Sünden in der Hölle schmoren müssen, ist doch völliger Blödsinn, das müsste jedem von uns einleuchten, denn dann müsste die ganze Menschheit im Höllenfeuer schmoren, schließlich ist keiner von Sünden frei. Gott vernichtet seine Kinder nicht im Feuer, wir sind hierhergekommen, um an unseren Fehlern zuarbeiten, um uns dann wieder in unser wahres Zuhause aufzumachen. Die Zeit haben wir selbst festgesetzt. Alles in einem Leben aufzuarbeiten würde uns überfordern, dafür inkarnieren wie mehrmals.

Durch ein außergewöhnliches Erlebnis bekam ich mal wieder die Bestätigung, dass *Tod* nicht *tot* bedeutet und wir nicht der totalen Vernichtung ausgeliefert sind. Es geschah, kurz nachdem mein Mann verstorben war. Ich war zu Bett gegangen und meine Gedanken drehten sich um den Verlust meines Mannes; mich überfiel eine große Traurigkeit. Während ich meinen Gedanken nachhing merkte ich, dass irgendetwas mit meiner Bettdecke geschah; mir war, als würde sie zu meinen Schultern hochgezogen. Ich verhielt mich ganz still und wartete ab, ob das noch einmal passierte, aber es wiederholte sich nicht. Ich sah mich im Zimmer um, konnte aber nichts Außergewöhnliches feststellen. Hatte ich mir doch etwas eingebildet? Noch einmal ging ich der Frage nach, was mit meiner Bettdecke geschehen war, aber ich war mir sicher, dass es keine Einbildung war?

Das wollte ich aufgeklärt haben und erkundigte mich bei meinem Schutzgeist.

Die Antwort war: »*Es war dein Mann. Er wollte dich trösten, dass er nun nicht mehr bei dir ist, und hat dich zugedeckt.*«

Ich wurde sehr traurig, weil mein Mann sich Sorgen um mich machte. Ihm sollte es gut gehen, er sollte sich nicht sorgen. Mir war klar, dass es ihm keine Schwierigkeiten bereitete, sich bei mir zu melden, nur hatte ich nicht damit gerechnet, dass es auf diese Weise geschah. Bei diesem einen Besuch blieb es nicht, es kamen noch viele weitere.

Zu Lebzeiten meines Mannes bekam er eine Durchsage von unserem Schutzgeist, dass er im Jenseits selber ein Schutzgeist sei. Dieses Amt hätte er für kurze Zeit unterbrochen, um mich auf der Erde zu begleiten, der Grund hierfür wurde uns nicht gesagt. Nur dass in dieser Zeit die Schützlinge von meinem Mann von meinem Schutzgeist mitübernommen wurden – mein Schutzgeist war ab da für uns beide zuständig. Nun war mein Mann verstorben und bekam sein hohes Amt zurück. Ich bekam von der Geistwelt erklärt, dass er mein zusätzlicher Begleiter sei. Darüber war ich sehr erstaunt und wandte mich an meinen Mann, mit der Frage, wie ich das zu verstehen hätte.

Da sagte er mir: »*Für eine gewisse Zeit bin auch ich bei dir und bin genauso zuständig für dich, wie dein Schutzgeist Elias und dein Schutzengel Dolores.*«

Diese knappe Erklärung machte mich unruhig. Warum brauchte ich zusätzlich noch einen Begleiter? Eine genaue Auskunft bekam ich nicht, den Grund wollte man mir nicht sagen. Wie ich später feststellte, kam noch einiges auf mich zu, und um das zu bewältigen, hatte ich auch seine Hilfe nötig.

Besuche von meinem Mann aus dem Jenseits

Die ersten Kontakte mit meinem Mann aus dem Jenseits erfolgten über mein Telefon. Durch ein ständiges Knistern und Klicken machte er auf sich aufmerksam. Erst glaubte ich, es seien Stromstörungen. Ich ignorierte es, obwohl mir bekannt war, dass sich die Geistwelt sehr gut über elektrische Geräte melden kann.

Da es mit kleinen Pausen immer wieder einsetzte, überlegte ich, es könnte doch jemand aus der Geistwelt sein, der meine Aufmerksamkeit wollte? Der Sache musste ich auf den Grund gehen und nahm Kontakt zur Geistwelt auf.

Zu meiner Überraschung meldete sich mein Mann. Er war unruhig geworden, da ich mal wieder in Trauer verfallen war, und wollte mir Trost zusprechen: *»Sei nicht traurig, du weißt, dass Tod nicht tot bedeutet. Zu gegebener Zeit werden wir uns wiedersehen.«*

Ich war überrascht, dass er meinen Gemütszustand mitbekam. Eigentlich hätte ich mir das denken können, denn mir war bekannt, dass sich unsere Lieben im Jenseits Sorgen um uns machen, wenn wir in ständige Trauer verfallen. Trauer muss sein, aber nur eine gewisse Zeit, und die hatte ich bei Weitem überschritten.

Meine Trauer, das muss ich zugeben, war mehr Selbstmitleid, da ich mich alleingelassen fühlte. Um mir zu zeigen, dass ich nicht alleine war, ließ er sich noch so einiges einfallen, durch Geräusche und

Stimmen machte er auf sich aufmerksam: Mal knarrte die Kellertür lang anhaltend und ich glaubte, sie habe sich durch einen Windstoß bewegt; sah ich nach, war sie fest im Schloss. Ich saß auf der Terrasse und hörte feste stampfende Schritte in meiner Küche; erschrocken lief ich in die Küche, aber zu sehen war niemand. Dann hörte ich wie mein Kosename gerufen wurde; die Stimme klang, wie die von meinem Mann.

Dies alles hatte sich in kurzer Zeit aufeinanderfolgend zugetragen. Mir kam das alles seltsam vor und ich musste mir Klarheit verschaffen. Ich vermutete, dass es mein Mann war, und nahm Kontakt zu ihm auf.

»Ja, ich habe dich besucht. Es waren Zeichen von mir, um dir zu sagen, du bist nicht allein, ich bin bei dir.«

Meine Gedanken hatten sich wohl intensiv um meinen Mann gedreht, was mir nicht bewusst war, und so rief ich ihn immer wieder zu mir.

In den ersten Jahren nach seinem Tod waren seine Besuche sehr häufig und wurden später weniger, denn ich wurde ruhiger, somit wurde auch er ruhiger. Aber er blieb weiterhin in meiner Nähe, um mich zu bewachen. Was war es, was ihn in meiner Nähe hielt? Den Grund hierfür erfuhr ich einige Zeit später, es ging um meine neue Beziehung.

Besuche aus dem Jenseits

Besuche von unseren Verstorbenen sind gar nicht so selten, wie wir glauben. Mit vielen Zeichen machen sie sich bei uns bemerkbar. Da von den Menschen angezweifelt wird, dass wir als Seele weiterleben, auch mit dem Wissen vor unserem Tod, glauben sie auch nicht an einen Besuch aus dem Jenseits. Oft geschehen diese Besuche im Schlaf, wir sind dann total entspannt, unser reales Denken ist ausgeblendet, wir glauben geträumt zu haben, doch sie waren bei uns. Sind wir feinsinnig genug, können wir auch im Wachzustand mit unseren Verstorbenen Kontakt aufnehmen und ein Gespräch mit ihnen führen. Unsere Verstorbenen warten nur darauf. Schwer erkrankt, durch ein Unglück oder das Alter gingen sie von uns, nun strotzen sie vor Gesundheit, das möchten sie uns mitteilen.

Oft ist es unsere Trauer, die sie immer wieder zu uns kommen lässt. Trauer muss sein und sollte in einer angemessenen Zeit stattfinden, denn wir müssen den Verlust verarbeiten, sonst macht er uns krank. Trauern wir zu lange, lässt das unsere Verstorbenen nicht zur Ruhe kommen, dass macht ihnen zu schaffen. Immer wieder besuchen sie uns, möchten uns Trost zusprechen, aber wir sind blind vor Trauer und sie erreichen uns nicht. Uns scheint es undenkbar, dass unsere Verstorbenen sich Sorgen um uns machen und doch ist es so.

Auch liebt es die Geistwelt, wenn wir humorvoll sind und nicht alles so ernst nehmen. Dies erfuhr ich bei einem Gespräch mit meinem verstorbenen Mann, in dem wir viel Spaß hatten. Durch Knacken und Wispern im Raum fiel mir auf, dass wir unser Gespräch nicht alleine führten. Ich erkundigte mich bei meinem Mann, wer noch da sei?

Da sagte er mir: »*Das kannst du dir nicht vorstellen, es sind unglaublich viele.*«

Ich war erstaunt, wie viele Geistwesen sich für unser Gespräch interessierten. Ich fragte, warum.

Da bekam ich zur Antwort: »*Sie haben festgestellt, dass du die Geistwelt nicht infrage stellst, bei dir ist alles normal und lustig, deshalb möchten sie an unserem Spaß teilhaben. Du brauchst dir keine Sorgen zu machen, sie gehören alle zu unserer hellen Seite.*«

Das beruhigte mich. Für mich war das die beste Bestätigung, dass auf der andern Seite das Leben weitergeht, es töricht ist, unsere Geistwesen tot zu sehen. Das möchten sie auch gar nicht, wir sollen wissen, dass sie weiterleben, wenn auch ohne Körper. Sie versichern uns immer wieder, dass sie glücklicher, gesünder und lebendiger sind als je zuvor und kein Bedürfnis haben, wieder bei uns zu sein. Nur wird es keinem erspart bleiben, wieder auf der Erde zu sein, solange wir noch an unseren Fehlern zu arbeiten haben.

Sind wir wieder im Jenseits, brauchen wir eine kurze Zeit, um uns einzuleben. Es ist egal, wie oft wir inkarniert haben, es ist immer wieder eine Umstellung ohne Körper zu leben, hierfür stehen uns Geistwesen hilfreich zur Seite. Haben wir uns eingelebt, werden wir sofort wieder aktiv. Mit großem Engagement und Freude lernen und arbeiten wir freiwillig nach unserer Begabung, die natürlich noch ausbaufähig ist, wir möchten dazulernen.

Es ist ein reges Treiben in der Geistwelt, auch für ein gesellschaftliches Leben ist gesorgt: Musik, Malen, Vorträge, Theaterbesuche, sportlichen Aktivitäten, wissenschaftliche Forschungen … für jeden ist etwas dabei. Das wir in der Geistwelt weiter aktiv sind, bekam ich von einer verstorbenen Bekannten betätigt. Sie erklärte mir in einem Gespräch, sie könne sich nicht lange mit mir unterhalten, sie habe eine wichtige Verabredung und wolle nicht zu spät kommen, sie müsste zu einer Schulung.

Natürlich gibt es auch dort Wesen, die man als Faulpelze bezeichnen kann. Sie waren hier auf Erden schon zu keiner Arbeit bereit und liegen auch dort auf der faulen Haut, nur bringt sie das nicht weiter. Solch einen Faulpelz lernte ich bei einem Gespräch mit meinem Schutzgeist kennen. Plötzlich mischte sich ein Wesen mit dummem Gefasel in unser Gespräch ein. Ich fragte meinen Schutzgeist, was ich von diesem Wesen zu halten hätte.

Da sagte er mir: »*Er ist ein bisschen dumm, aber er kann dir nicht schaden, er gehört zur Lichtseite.*«

Ich fragte zurück: »Soviel ich weiß, kann er in der Geistwelt auch lernen?«

»Ja, aber das will er nicht, er ist faul.«

Ich war empört, dass er sich auf eine so billige Art und Weise in unser Gespräch einmischte. Ich gab ihm zu verstehen, er möge sofort verschwinden, mit Faulpelzen wollte ich nichts zu tun haben.

Da gab er mir zur Antwort: *»Ich möchte aber mit dir sprechen.«*

Ich sagte ihm: »Das kannst du, wenn du gelernt hast, dann bin ich bereit, mit dir zu sprechen.« Beleidigt zog er sich zurück.

Es wird niemand gezwungen, etwas zu tun oder zu lernen, jeder hat seinen freien Willen, doch irgendwann kommen auch diese Wesen zur Einsicht. Hier haben wir wieder den Beweis, wie lebendig die Geistwelt ist, dass uns der freie Wille nicht genommen wird. Es gibt keinen Grund, sich vor dem Tod zu fürchten, das Leben geht weiter, wenn auch ohne Körper.

Helfende Geistwesen

Außer unserem Schutzgeist und Schutzengel haben wir noch eine ganze Beschützergruppe, die uns umgibt. Es sind Wesen, die uns genauso kennen und lieben, wie unser Schutzgeist und unser Schutzengel. Sie stehen uns in kritischen Situationen zu Seite, die uns vor unserer Zeit das Leben kosten könnten. Nicht alles, was wir *Glück* nennen, ist auf unserem Mist gewachsen. Wie oft schlagen wir uns auf die Brust, wie gut wir doch in dieser oder jener brenzligen Situation reagiert haben, dabei stand uns die Geistwelt mit vollem Einsatz und ihrer Liebe zur Seite. Ich fragte mich bei der Liebe, die wir im Jenseits erfahren, wie ich da nur auf die verrückte Idee kam, mein wunderbares Zuhause zu verlassen? Aber im Jenseits sieht alles anders aus, es sind die nicht bewältigten Fehler, die wir im Jenseits gezeigt bekommen, die lassen uns wieder auf die Erde kommen, es ist unser Schulplanet.

Es bestraft uns keiner für unsere Fehler, das machen wir selbst, indem wir unser geliebtes Zuhause verlassen, um an unseren Fehlern zu arbeiten, denn wir haben das Bedürfnis, uns weiterzuentwickeln.

Diese aktuelle Inkarnation ging ich mit zwei Wesen ein, um ihnen die Möglichkeit zu geben, ihr Karma aufzuarbeiten. Für mich war das keine einfache Sache, wie ich heute weiß, dadurch hätte ich mir selbst wieder Schuld aufladen können. Die Gefahr bestand immer.

Dazu meldete sich mein Schutzgeist und sagte mir: *»Lehne die nächste Inkarnation ab, bei uns kannst du auch lernen.«*

Dem werde ich wohl entsprechen und mich nicht mehr solch einer Gefahr aussetzen.

Auch von Erzengel Haniel bekam ich kurz und knapp gesagt: *»Du brauchst nicht noch mal inkarnieren, bleib bei uns.«*

Das waren für mich sehr erfreuliche Durchsagen.

Vor unserer Inkarnation suchen wir uns Länder, Orte und Menschen aus, die für uns dienlich sind. Wie oft treffen wir auf Menschen, die uns gar nicht behagen und deren Fehler wir stark bemängeln, dann sind das die Fehler, an denen wir selbst zu arbeiten haben. Hier wird uns ein Spiegel vor Augen gehalten. Wenn wir das begriffen haben, hat unser Leben einen Sinn und wir haben keinen Grund zu jammern und zu klagen. Es kann Eifersucht, Rache, Stolz, Gier, Neid und Hass sein. Um das herauszufinden müssen wir ehrlich zu uns selbst sein. Wo unsere Fehler liegen, müssen wir selbst herausfinden.

Unsere Gewohnheit ist es, Negatives nach Möglichkeit zu verdrängen oder es unseren Mitmenschen zuzuschreiben. Es ist einfach, die Schuld bei anderen zu suchen. Wir müssen lernen, für unsere Vergehen Verantwortung zu übernehmen und nicht unseren Mitmenschen den Schwarzen Peter zuzuschieben. Das Negative ist dazu da, um daran zu arbeiten und nicht, um es zu verdrängen.

Wann haben wir aus positiven und glücklichen Tagen gelernt? Das war für uns immer alles selbstverständlich. Immer war es das Negative, das uns wachgerüttelt hat. Wir sollten uns dann fragen: *Warum passiert mir das? Was habe ich noch zu lernen?* Das wäre ein Anfang, um Negatives aufzuarbeiten. Wir brauchen das Negative wie das Positive – das Positive, um uns zu erholen, dass Negative, um daran zu arbeiten.

Erinnerungen an meine vergangenen Leben

Filme oder Bilder, die ich über bestimmte Länder zu sehen bekam, beeindruckten mich stark. Ich fragte mich, warum mich diese Länder so emotional erregten, mal negativ mal positiv? Sollte ich dort schon einmal gelebt haben? Um das herauszufinden, setzte ich mich mit meinem Schutzgeist in Verbindung. Meine Frage lautete: »Wie viele Leben habe ich auf Erden zugebracht und wo habe ich gelebt?«

Seine Antwort: *»Es sind so viele, dass ich dir nicht alle aufzählen kann.«*

Erst war ich enttäuscht, aber dann nannte er mir eine Zahl, die mich staunen ließ. Dann bat ich ihn, mir über die Länder Auskunft zu geben, denen ich großes Interesse entgegenbrachte. Da gab es Filme über Frankreich, die ich sah, und wenn sie das Mittelalter betrafen, fanden sie immer meine besondere Aufmerksamkeit. Dann gab es noch Ägypten, Italien, Peru, Griechenland und Deutschland.

Er sagte mir: *»Deine Erinnerungen an diese Länder sind richtig. Deine Seele erinnert sich. Es ist dein Unterbewusstsein, das alles* *gespeichert hat. Du fragst mich nach Frankreich, ja, dies ist ein Land, in dem du mehrmals gelebt hast, mal als Frau, mal als Mann. Ein Leben hast du als Mann bei Hofe als Fürst gelebt, dein Leben war luxuriös und von Genusssucht geprägt. Dein Hauptinteresse galt den Frauen, du hattest viele Mätressen.«*

Während ich mit meinem Schutzgeist diese Unterhaltung führte, merkte ich, dass sich ein Geistwesen sehr energisch durch Wispern und Knacken im Raum bemerkbar machte. Neugierig fragte ich nach, wer sich da in unser Gespräch drängte.

Die Antwort erstaunte mich: *»Dies ist ein Besuch von Lena. Da wir gerade über dein Leben in Frankreich reden, fühlt sich Lena angesprochen. Du kennst sie aus einem Leben in Frankreich, sie war deine Maitresse. Sie ist gekommen, weil sie dich immer noch sehr mag.«*

Ich war erstaunt, dass Lena sich an mich erinnerte, denn in diesem Leben bin ich ja eine Frau.

Ich wurde gleich zurechtgewiesen: *»Wie du weißt, tut das nichts zur Sache. Bei einer Inkarnation nimmt man nicht immer das gleiche Geschlecht an, es ist deine Energie, an der sie dich erkennt.«*

Ich erinnerte mich, hatte mich mein Schutzgeist doch schon einmal darüber aufgeklärt, dass es unser Bestreben ist, über beide Geschlechter Erfahrungen zu sammeln und alle Facetten, die uns das Leben bietet, zu durchleben.

Dann erfuhr ich über noch ein Leben in Frankreich, dass ich als Adlige auf einem Landgut zugebracht hatte.

»Du lebtest mit deinen Eltern auf einem Landgut, in eurer Nähe gab es einen sehr reichen verunstalteten Grafen, der Gefallen an dir fand. Da dein Vater in wirtschaftlichen Schwierigkeiten war, legte er dir nahe, diesen Mann zu heiraten. Erst hast du dich dagegen gewehrt, doch dann hast du dich dem Willen deines Vaters gebeugt, um euer Landgut zu retten. Nach einiger Zeit des Zusammenlebens

hattest du dich an die Verunstaltung deines Mannes gewöhnt. Da er ein gutes Herz hatte und dich gut behandelte, verliebtest du dich in ihn. Da ihr eine adlige Familie wart, hattet ihr auch Kontakt zum Fürstenhaus des Landes. Der Fürst hatte ein Auge auf dich geworfen und wollte dich zu seiner Maitresse machen. Du widersetztest dich diesem Begehren, denn du liebtest deinen Mann. Dies passte dem Fürst nicht, er versuchte, deinen Mann loszuwerden, und klagte ihn der Hexerei an. Da dein Mann verunstaltet war, war das zu jener Zeit ein leichtes Spiel. Diese Menschen hatten unter Verhöhnung und Erniedrigung zu leiden und eine Hexerei konnte man ihm daher leicht unterstellen. Der Fürst hetzte den Pöbel auf deinen Mann und er war ihm ausgeliefert, ständig wurde er schikaniert und beleidigt. Nun hattest du herausgefunden, dass der Fürst hinter allem steckte, denn er wollte ihn hängen lassen. Du sprachst bei dem Fürsten vor, um deinen Mann vor dem Galgen zu retten. Da du sehr impulsiv warst und dein Temperament nicht zügeln konntest, wolltest du den Fürsten zwingen, sich deinem Willen zu beugen, dadurch fielst du in Ungnade. Nun musstest du fliehen, retten konntest du deinen Mann nicht. Ab da führtest du nur noch ein auf Rache ausgerichtetes Leben und warst ständig auf der Flucht, denn die Schergen des Fürsten blieben dir auf den Fersen. Gefunden hat man dich nicht. Du starbst arm und verbittert über diese Ungerechtigkeit.«*

Dann hatte ich noch ein Leben in Frankreich. Mein Schutzgeist gab mir gleich zu verstehen, dass ich nicht nur in Fürstenhäusern gelebt hatte.

Er erklärte mir: *»Du führtest ein sehr einfaches Leben, warst Bauer, deine Felder lagen auf einer Anhöhe. Eines Tages, bei der Feldbestellung, bist du in eine Felsspalte gefallen und warst dort mehrere Tage eingeklemmt, man hat dich noch lebend gefunden und gerettet. Diese Angst vor Enge und dem Eingesperrtsein sitzen noch tief in* deinem Unterbewusstsein. *Du suchst doch nach einer Erklärung für deine Klaustrophobie: das wäre eine davon.*

Sofort fielen mir meine Ängste vor Aufzügen, Flugzeugen oder kleinen Räumen ein; alles was mit Enge zu tun hat, löst Panik in mir aus. Über dieses Problem führte ich eine Unterhaltung mit meiner Freundin und Hellseherin Sonja. Da sagte sie plötzlich: »Hier meldet sich Erzengel Michael, er möchte dir etwas sagen.«

Mit sehr liebevollen Worten wurde ich von Erzengel Michael begrüßt: *»Sei gegrüßt aus dem göttlichen Licht der geistigen Welt, mein geliebtes Erdenkind.«* Dann erklärte er mir: *»Im Alter von ungefähr drei Jahren bist du von deiner Mutter bei der Feldarbeit in einen Schuppen ohne Fenster eingesperrt worden, weil du nicht gehorcht hast. Du versuchtest, den Schuppen zu verlassen, aber es gab keine Möglichkeit. Du hast fürchterlich um Hilfe geschrien, dass dein Herz fast zersprang, aber das hat deine Mutter nicht gekümmert. Auch dieses Eingesperrtsein sitzt noch tief in dir.«*

Da hatte ich die zweite Erklärung für meine Klaustrophobie. Wenn ich heute so überlege, waren das schon drastische Erziehungsmethoden, und das bei einem Kind von drei Jahren.

Ägypten

Ägypten ist ein Land, das großes Unbehagen in mir auslöst. Ich fragte mich, was in mir diese Abneigung zu dem Land hervorruft. Ist es die Geringschätzung der Frauen, die sich dem Willen des Mannes zu beugen haben? Dies passt nun gar nicht in mein Konzept und zu allem Übel müssen sie auch noch Kopftücher tragen. Heute bin ich froh, dass ich in einem Land lebe, wo mir all dies erspart bleibt und ich meine Freiheit genießen kann.

Dann fiel mir ein Traum ein, den ich vor langer Zeit hatte, der sehr unangenehm war. Darin wurde ich ständig verfolgt. In gewissen Abständen kam er immer wieder und plagte mich über Jahre. Sollte er etwas mit Ägypten zu tun haben?

In diesem Traum befand ich mich in einem dunkeln Raum. Mein Gefühl sagte mir, in diesem Raum befände ich mich in meiner Wohnung. Ich war nicht allein, konnte aber nicht erkennen, wer sich noch mit mir darin aufhielt. Wie von unsichtbarer Hand gezogen, ging ich auf eine Türöffnung zu, sie war mit einem dicken Vorhang versperrt. Näherte ich mich diesem Vorhang und berührte ihn leicht, schwebte er hoch und ich schwebte hindurch und fand mich fliegend an der Zimmerdecke wieder. Während ich dort schwebte, sah ich, dass jemand versuchte, nach meinen Beinen zu greifen. Ich war nicht in der Lage, meine Beine einzuziehen. Für mich gab es nur eins: mich fliegend aus der Gefahrenzone zu bewegen. Wer mich zu greifen versuchte, konnte ich nicht erkennen, aber ich war mir sicher, es war ein Mann.

Als der Traum vorbei war, hatte ich das Gefühl, ruckartig in mein Bett zu fallen. Schweiß gebadet wurde ich wach, sah mich im Zimmer um, ob sich etwas verändert hatte, aber alles war wie vorher. Mein Mann, der damals noch lebte, lag friedlich schlafend neben mir.

Lange Zeit wühlte mich der Gedanke an diesen Traum immer wieder auf und ich hoffte, er würde nie wiederkommen.

Für diesen Traum wollte ich eine Erklärung und wandte mich an meinen Schutzgeist. Er hat mich in vielen Leben begleitet und würde diesen Traum sicher aufklären können.

Er sagte mir: *»Das war ein unverarbeitetes Leben aus Ägypten. Du warst einem Mann versprochen, wie das in diesen Ländern üblich ist. Damit warst du nicht einverstanden, aber du konntest nicht viel machen, musstest dich dem Willen deines Vaters beugen. Auch den*

Sitten und Bräuchen in diesem Land und dieser Familie wolltest du dich nicht unterwerfen. Das heißt, du warst deinem Mann ungehorsam, hattest deinen eigenen Kopf, den Sitten und Gebräuchen der Familie widersetztest du dich ständig. Dies passte deinem Mann nicht, als Frau hatte man sich zu unterwerfen und sich um Haus, Herd und Kinder zu kümmern. Intelligenz oder eine eigene Meinung zu haben, blieb dem Mann vorbehalten, das widerstrebte dir. Dann kam eine Zeit, da du es nicht mehr aushieltest und du liefst fort und fandest dich in der Wüste wieder. Dort trafst du auf Nomadenzelte. In einem dieser Zelte fandest du bei einer Nomadin Unterschlupf, die Verständnis für dich hatte, sie versteckte dich hinter einem Vorhang. Dein Mann, der dich verfolgte, stieß auf dieses Nomadenzelt, aber man verwehrte ihm den Eintritt und er musste unverrichteter Dinge gehen. Du fandest anderweitig dein Glück. Das hast du nun endgültig verarbeitet, dieser Traum wird nicht mehr wiederkommen.«

Endlich hatte ich eine Erklärung für die Verfolgung und den Vorhang in meinem Traum.

Dann geschah etwas, das mein Unterbewusstsein hellwach werden ließ: Ich sah mir mit meinem Mann eine Talkshow an, sie war besetzt mit bekannten Journalisten und Schauspielern. Verspätet betrat ein Schauspieler den Raum, aus verschiedenen Filmen kannte ich ihn, fand ihn aber keineswegs sympathisch. Während er auf seinen Platz zuging, ließ er Beifall heischend seinen Blick in die Runde schweifen, was ich sehr arrogant fand. Bevor er sich setzte, machte er eine bestimmte Handbewegung, indem er sich selbstgefällig durch sein Haar strich. Wie ein Blitz durchfuhr es mich: Ich erkannte diesen Mann und war geschockt. Aufgeregt erklärte ich meinem Mann, dass dies der Mann sei, vor dem ich in die Wüste geflohen war.

Verwundert sah mich mein Mann an. »Woher willst du das wissen?«

Ich hatte ihn erkannt, da war ich mir ganz sicher. Doch dann kam ich ins Wanken: War ich einer Täuschung aufgesessen?

Mein Mann gab mir den Rat, wenn ich mir so sicher sei, dann müsse ich der Sache auf den Grund gehen: »Frage Elias, unseren Schutzgeist. Er wird es wissen.«

Neugierig wandte ich mich an meinen Schutzgeist, der versicherte mir: »*Du hast dir das nicht eingebildet, er war mal dein Mann. Er war es, der dich in der Wüste verfolgte. Es war die Energie, die er ausstrahlte, die hast du gespürt. Wie schon gesagt, es geht keine Energie verloren.*«

Ich war überrascht, dass ich diesem Mann immer noch die gleiche Abneigung entgegenbrachte und er solch eine Emotion bei mir auslöste.

Nun berichtete mir mein Schutzgeist von noch einem Leben in Ägypten. Dies verlief nicht so dramatisch, dieses Leben verbrachte ich in einem Harem. Als ich das hörte, ging mir ein Licht auf, warum mich der Bauchtanz so stark interessierte, den ich in jungen Jahren bei jeder Gelegenheit aufführte. Sollte das mit diesem Leben im Harem zu tun haben?

Hierfür gab mir mein Schutzgeist eine Erklärung: »*Ein Leben hast du in einem Harem verbracht. Ein Scheich, der dich sah, hatte großes Interesse an dir. Deine Eltern waren sehr arm und hatten viele hungernde Mäuler zu stopfen, so gingen sie mit dem Scheich einen Handel ein und verkauften dich für ein Kamel. Für deine Eltern war das ein großer Reichtum und außerdem eine große Ehre, dich bei solch einem reichen Mann versorgt zu wissen. Zur Freude des Scheichs warst du eine hervorragende Bauchtänzerin und hattest dadurch viele Privilegien.*«

Entrüstet erklärte ich meinem Schutzgeist, dass ich mir als Europäerin kaum vorstellen könne, in einem Harem mit all diesen Frauen gelebt zu haben.

Er gab mir zu verstehen: *»Du hast dich dort sehr wohl gefühlt, denn du warst mit allem versorgt. Deine Vorliebe für den Bauchtanz kommt nicht von ungefähr. In einem anderen Leben warst du Tempeltänzerin und hast religiöse Tänze aufgeführt, zu Ehren der Götter, also nicht zum Zeitvertreib.«*

Italien

Diesem Land bringe ich wenig Zuneigung entgegen. Mehrmals wurden mein Mann und ich von Bekannten dazu anregt, in Italien Urlaub zu machen, was ich jedes Mal strikt ablehnte. Wie ich heute weiß, war das nicht unbegründet. Mein Schutzgeist klärte mich über das Warum auf und das machte mich sehr traurig.

»In diesem Land hast du mit deinen Eltern und deinem Bruder auf einem Bauernhof gelebt, ihr wart sehr arm. Dein Bruder und du wart unzertrennlich, als Geschwister wart ihr euch immer eine gegenseitige Stütze und immer füreinander da. Dein Vater war ein sehr böser Mann, der deine Mutter und euch Kinder misshandelte und sich mit anderen Frauen herumtrieb. Eines Tages kam ein reiches Ehepaar zu euch und sie fanden Gefallen an deinem Bruder, sie wollten ihn kaufen und boten deinen Eltern viel Geld. Deine Mutter wollte es nicht zulassen, aber dein Vater bestand darauf. Du warst sehr traurig darüber und weintest bitterlich, du sagest deinem Vater, dass du ihn nicht gehen lassen würdest. Doch du konntest es nicht verhindern, denn du warst noch ein Kind. Deinem Vater war ein Menschenleben nichts wert, ihm ging es ums Geld. Dir war es, als reiße man dir das Herz aus dem Leib. Auch dein Bruder weinte zum Abschied bitterlich und sagte zu seinen Eltern, das würde er ihnen nie vergessen. Du hast deinen Bruder nie wiedergesehen und

vor Kummer hast du dir zwei Jahre später mit fünfzehn Jahren das Leben genommen. Dies war ein sehr trauriges Leben und dein Unterbewusstsein reagiert immer noch darauf, daher die Abneigung gegenüber diesem Land.«

Peru

Diesem Land bringe ich viel Sympathie, aber auch eine gewisse Abneigung entgegen. Die Hochkultur, die Ruinenstädte, die Pyramiden, die terrassenförmigen Gartenanlagen bewundere ich sehr, und doch löst es eine Gänsehaut bei mir aus. Wie mir bekannt war, wurden in diesem Land von den Inkas, für Missstände oder Missernten, den Göttern Menschenopfer gebracht. Nun ging meine Überlegung dahin: Sollte ich dort schon einmal gelebt habe, war ich womöglich ein Menschenopfer geworden? Sollte das meine negativen Gefühle hervorrufen? Eins hatte ich erkannt: Lösten diese Länder Emotionen bei mir aus, dann hatte mir das etwas zu sagen. Um mir Klarheit zu verschaffen, fragte ich in der Geistwelt nach, ob meine Vermutung richtig sei, in Peru schon mal gelebt zu haben und ob ich geopfert wurde.

Zu meiner Überraschung meldete sich Erzengel Michael, wie immer mit liebevollen Worten: *»Sei gegrüßt aus dem göttlichen Licht der geistigen Welt, mein geliebtes Erdenkind.«* Er klärte mich auf: *»Du hast in Peru bei den Inkas gelebt, du warst kein Menschenopfer. Dort warst du eine Göttin und warst dazu ausersehen, den Menschen Heilung, Versöhnung und Frieden zu bringen. Du warst sehr beliebt, hochgeschätzt, denn du konntest Hellsehen und hattest heilende Kräfte. Von deinem Volk wurdest du reich beschenkt, dein Reichtum war unermesslich. Von dem gemeinen Volk abgeschirmt lebtest du in* *einem Tempel, von Dienern bewacht. Die Menschen, die bei dir Hilfe und Rat suchten, wurden nur einzeln vorgelassen. Du hattest sieben Kinder – fünf Jungen und zwei Mädchen. Die Mädchen waren nicht erwünscht. Aber keines deiner Kinder hatte deine Fähigkeiten mitbekommen. Dann geschah etwas, das dein Leben schnell beendete. Im Nachbarort gab es noch eine Göttin, die war von der dunklen Seite, sie neidete dir deinen Ruhm und Reichtum. Niederträchtig wie sie war, ließ sie dir ein Geschenk überbringen, in einem schönen Krug, damit kein Misstrauen aufkommt. Deine Bewacher wollten dir dieses Geschenk nicht geben, denn man ahnte, es konnte nichts Gutes sein, aber du warst neugierig und bestandest darauf. Als du den Krug öffnetest, war eine Giftschlange darin. Du wurdest von ihr gebissen und starbst im Alter von fünfunddreißig Jahren. Nach deinem Tod zerfiel dein Volk. Man hat dich unter deinem Tempel begraben, mit all deinem Reichtum. Der Tempel wurde tief unterhöhlt, mit vielen Irrgängen, dort wurdest du von Schlangen bewacht. Nach diesem Grab haben schon viele gesucht und es nicht gefunden. Bei der Suche danach, denn man wusste um die Schätze darin, sind schon viele Menschen umgekommen. Diesen Tempel gibt es noch, auch das Gold liegt noch gut erhalten unter diesem Tempel, aber es kommt keiner ran. Man kann ihn nicht mehr betreten, er ist einsturzgefährdet.«*

Das war eine Durchsage, die mich sprachlos machte. Ich fragte nach, warum ich denn heute dieses Leben führte.

Da wurde mir von Erzengel Michael gesagt: *»Du wolltest jetzt ein einfaches Leben führen, du hast es dir selbst ausgesucht. Du denkst an den Wohlstand, den du hattest, und trägst jetzt einen geistigen Wohlstand in dir.«*

In meinem jetzigen Leben kann ich es mir nicht vorstellen, dem Reichtum eins abgesagt zu haben. Aber so ist das nun mal, vor unserer Inkarnation spielen andere Werte eine Rolle, wir wollen lernen und weiterkommen.

Deutschland, Ludwig van Beethoven

Ein Leben führte ich mit dem Komponisten Ludwig van Beethoven. Die Musik, oder ein Porträt von diesem Mann, löste immer ein beklemmendes Gefühl in mir aus. Sein Porträt sagte mir, dass er sehr eigensinnig und ein Patriarch war. Ich weiß nicht, warum mich dieser Mann so beschäftigte, der hunderte von Jahren vor mir gelebt hatte. Sollte ich mit diesem Mann schon mal etwas zu tun gehabt haben?

Ich nahm Kontakt zu meinem Schutzgeist auf, er sollte mir hierüber Auskunft geben.

Die Antwort, die ich bekam, löste großes Staunen in mir aus, denn er sagte mir: »*Mit Ludwig van Beethoven hast du ein Leben verbracht, du warst seine Frau. Sein Geburtsort und seine Wirkungsstätte waren Bonn.*«

Beethovens Frau gewesen zu sein erschien mir ein bisschen absurd, so richtig glauben konnte ich es nicht. Das sagte ich meinem Schutzgeist.

Der schlug mir vor: »*Wenn du es nicht glaubst, dann fahr hin, du wirst es schon merken.*«

Ich fragte mich, was ich da wohl zu merken bekommen würde. Da ich eine Schwester in Trier hatte, nahm ich mir vor, beim nächsten Besuch über Bonn zu fahren, das wollte ich doch geklärt haben.

Die Gelegenheit kam schneller, als gedacht. Es kam eine Einladung von meiner Schwester, welch ein Zufall, aber Zufälle gibt es nicht. Dieser Einladung kamen mein Mann und ich nach und machten einen Abstecher über Bonn, denn ich musste herausfinden, ob ich tatsächlich etwas merken würde.

In Bonn angekommen suchten wir sofort das Beethoven-Haus auf. Nun stand ich vor diesem Gebäude und stellte mir die Frage: *In diesem Haus soll ich einmal gelebt haben?* Ich sah es mir genau an und versuchte, mich gefühlsmäßig hineinzuversetzen, aber es sagte mir nichts. Ich glaubte schon, etwas nicht richtig verstanden zu haben, aber noch hatte ich das Haus nicht betreten. Durch eine große Flügeltür gingen wir die Eingangshalle, mir war, als beträte ich eine Scheune, der Raum war groß und hoch.

Kaum hatte ich die Eingangshalle betreten, bekam ich schon den ersten Beweis, und der war katastrophal. Ich bekam ein Gefühl, als sei die Luft zum Schneiden dick, mir wurde schwindelig, ich konnte nur noch schwer atmen, mein Kreislauf spielte verrückt – da hatte ich den Beweis: *Du wirst es schon merken.* Mein Mann, der mein Unwohlsein mitbekam, machte sich Sorgen und schlug mir vor, dass wir doch besser wieder umkehren sollten. Doch das lehnte ich ab und gab ihm zu verstehen, dass ich das jetzt durchziehen wollte. Ich war viel zu neugierig auf das, was noch auf mich zukam.

Schwer atmend, wie auf Wolken, ging ich weiter und wir kamen zu einem kleinen Innenhof. Hier war mein Unwohlsein wie weggeblasen. Ich fragte mich, warum mich die paar Schritte aus der Eingangshalle in den Innenhof wieder richtig atmen ließen. Was war mit der Eingangshalle? Aber wir gingen erst einmal auf das eigentliche Wohnhaus zu. Hier führte eine sehr enge Stiege zu den Wohnräumen, auch die Decken waren sehr niedrig, alles entsprach der Größe der damaligen Menschen.

Mein Mann sah mich von der Seite an und meinte: »Ich wundere mich, dass dir diese enge Stiege und diese tiefen Decken nicht zu schaffen machen.«

Mein Unwohlsein hatte nichts mit der Enge der Stiege und den niedrigen Decken zu tun, es war die Energie, die in der Eingangshalle herrschte, hier war außergewöhnlich viel negative Energie, die ich zu spüren bekam. Aber woher kam diese negative Energie? Man konnte auch nicht sagen, dass der Eingangshalle Sauerstoff fehlte, das wäre aber auch ungewöhnlich gewesen, bei der Größe und Höhe. Warum ging es nur mir nicht gut, mein Mann jedoch bekam nichts zu spüren?

Am Ende der Stiege angekommen, war auf der linken Seite ein kleiner leerer Raum, dort stand in der Mitte eine Büste von Beethoven, es war sein Geburtszimmer. Kein Unwohlsein, kein schweres Atmen überkam mich.

Wir gingen weiter über einen winzigen Flur, auf diesem Flur gab es ein Bild von Beethovens Frau mit zwei Kindern. Ich sah mir das Bild an und versuchte mich mit dieser Frau zu identifizieren, denn das müsste ja ich auf dem Bild sein. Es kamen keine Gefühle in mir hoch, die eventuelle Erinnerungen in mir weckten.

Wir gingen weiter zu den Musikzimmern, die lagen nur drei Meter von dem Bild auf dem Flur entfernt. Bei den ersten Schritten in diese Zimmer bekam ich wieder dieses Gefühl, als würde mir die Luft abgeschnitten, mein Atem ging schwer. Ich machte noch ein paar Schritte in das zweite Zimmer, dann sagte ich mir: *Nichts wie raus hier*. Ich hatte kein Bedürfnis mehr, mich noch länger in diesen Musikzimmern aufzuhalten.

Eiligst verließen wir den Wohntrakt und gingen zur Eingangshalle zurück. Dort überkam mich wieder diese Atemnot, aber diesmal nicht mehr ganz so extrem wie beim Eintritt. Ich war froh, dieses Haus wieder zu verlassen.

Etwas verwirrt stand ich nun vor dem Haus und wusste nicht, was ich von der ganzen Sache halten sollte. Vor dem Haus hatte ich keine Probleme mehr, alles Unwohlsein war wie weggeblasen, mir ging es gut.

Wir setzten unsere Reise fort, keiner sprach ein Wort, wir hingen unseren Gedanken nach. Ich musste dieses Erlebnis erst einmal verarbeiten.

Nach dem Besuch wieder zu Hause angekommen, setzte ich mich gleich mit meinem Schutzgeist in Verbindung und erzählte ihm, was ich erlebt hatte.

Seine Antwort war: *»Ich habe es dir doch gesagt, du wirst es merken.«*
Das konnte man wohl sagen, es hatte mich viel Energie gekostet, mich in diesem Haus aufzuhalten. Nun interessierte mich, warum es mir in der Eingangshalle und in den Musikzimmern besonders miserabel ging.

Da kam die Aufklärung von meinem Schutzgeist: *»In den Musikzimmern hast du dich mit deinem Mann sehr viel gestritten, du wolltest, dass er bei dir und den Kindern blieb. Aber er wendete sich jedes Mal ab, um deinen lästigen Streitereien aus dem Weg zu gehen, und ließ dich stehen. Du bist ihm bis in die Eingangshalle gefolgt und der Streit setzte sich dort noch heftiger fort. Du konntest es nicht ertragen, dass er jeden Abend außer Haus ging, seiner Musik frönte und auch noch Mätressen hatte. Das machte dich wütend und zornig, aber du konntest ihn nicht aufhalten. Hier kam schon eine geballte negative Energie zusammen, die du heute noch zu spüren bekommst. Beim Betreten des Hauses war dein Unterbewusstsein sofort aktiv und diese negative Energie blieb dir nicht verborgen, sie erregte dich von neuem.«*
Es machte mich sprachlos, dass ich diese negative Energie nach so langer Zeit noch zu spüren bekam.

Griechenland

Diesem Land bringe ich viel Sympathie entgegen. Ich fragte mich, habe ich auch dort schon mal gelebt hatte, denn mein Mädchenname ist Apitius und kommt aus dem Griechischen. Nun hätte ich gerne hierüber eine Auskunft gehabt. Aber keiner meiner Vorfahren lebte mehr, der mir über diesen Namen hätte Auskunft geben könnte. Da dieser Name in unseren Breiten sehr selten war, recherchierte ich etwas. Dann entdeckte ich, dass es in der griechischen Mythologie eine Göttin Aphaia gab und war der Meinung, das höre sich doch artverwandt an. Dann kam ich ins Wanken, denn ich stieß wieder auf einen ähnlichen Namen, der kam aus dem Italienischen, dieser wurde nicht mit T in der Mitte geschrieben, sondern mit Z, also Apizius.

Da meldete sich unerwartet mein Schutzgeist und erklärte mir: *»Dein Name kommt aus dem Griechischen und wird mit T in der Mitte geschrieben, also Apitius. Ja, du hast dort schon einmal gelebt.«*

Das ließ mich aufhorchen. Ich grübelte über Griechenland nach und hatte schon länger das Gefühl, meinen Schutzgeist zu kennen. Hatte ich schon mal ein Leben mit meinem Schutzgeist verbracht? Das verwarf ich gleich wieder, denn es hieß, man bekäme keinen Schutzgeist, mit dem man ein Leben verbracht hatte.

Es ließ mir aber keine Ruhe. Neugierig wandte ich mich an meinen Schutzgeist, ob wir schon mal etwas miteinander zu tun gehabt hätten: Seine Antwort verblüffte mich: *»Ja, wir haben zusammen in Griechenland gelebt, wir waren Geschwister und uns sehr verbunden. Ich war Kinderarzt und du hast mir assistiert. Dann hast du geheiratet, was mir nicht so gefallen hat.«*

Nun war mir klar, warum mir mein Schutzgeist so vertraut war.

Während wir uns noch unterhielten, sagte er mir: *»Du hast Besuch von einem Verwandten. Er steht neben dir und lacht dich an, er mag dich sehr.«*

Ich fragte zurück, ob ich ihn kennen würde.

»Nein, du kennst ihn nicht, er hat vor deiner Zeit gelebt und ist grausam zu Tode gekommen.«

Ich überlegte, wer es wohl sein könnte, weil mir kein Name genannt wurde. Da erinnerte ich mich: Es konnte nur mein Großvater sein, den hatte ich nicht kennengelernt, da er vor meiner Zeit verstarb. Meine Großmutter hatte mir erzählt, dass er bei einem Zugunglück umgekommen war. Er war Zugführer, der Zug war aus den Gleisen gesprungen, das Heizwasser aus dem Kesselwagen ergoss sich über meinen Großvater. Er wurde verbrüht und ist unter großen Qualen zu Tode gekommen.

Obwohl ich meinen Großvater nicht gekannt habe, freute es mich doch, von ihm besucht zu werden und zu wissen, dass es ihm jetzt gut geht.

Der erste Beinahe-Unfall

Betreten wir wieder die Erde, haben wir zu unserem Schutz unseren Schutzgeist und einen Schutzengel. Sollten uns irgendwelche Missgeschicke passieren, bewahren sie uns vor einem vorzeitigen Tod. Wann und wie wir diese Erde wieder verlassen, ist festgelegt, daran haben wir mitgearbeitet, nur ist uns das nicht mehr bewusst, das ist auch gut so.

Einer Menge Missgeschicke könnten wir aus dem Weg gehen, würden wir auf unser Bauchgefühl hören, denn wir werden immer frühzeitig angestoßen. Unser Schutzgeist und Schutzengel sind immer in unserer Nähe stoßen uns zeitig an, um uns vor einem Unglück zu bewahren, sie sind uns immer einen Schritt voraus. Oft wissen wir nicht, warum wir uns plötzlich entscheiden, nicht mit dem Auto zu fahren, in diesem Moment nicht über die Straße zulaufen, nicht auf die Leiter zu steigen. Dies sind Anstöße, die wir der Geistwelt zu verdanken haben, da wir in diesem Moment nicht in unserer Mitte sind, also unkonzentriert. Reagieren wir nicht darauf, ist Großeinsatz aus der Geistwelt angesagt, um unsere Inkarnation nicht vorzeitig mit dem Tod enden zu lassen. Unsere Meinung ist natürlich, dass diese Vorsicht auf unserem Mist wachsen würde und wir halten uns für clever.

Doch es gibt auch Unfälle, die mit einer Behinderung enden, dann haben wir uns das ausgesucht, dann ist es unsere Bestimmung, daraus wollen wir etwas lernen. Doch in unserer aktuellen Inkarnation ist es uns jeweils unvorstellbar, uns eine Behinderung ausgesucht zu haben. Da nützt kein Jammern und Klagen, warum wir so ein Leid ertragen müssen. Es kann sein, dass wir in einem anderen Leben Behinderte verachtet haben, nur bewusst ist uns das nicht mehr. Nun stecken wir selbst in solch einer Situation, es ist unsere Lernaufgabe.

Ich hatte viele Situationen, in denen ich knapp an einem Unfall vorbei kam. Dass dies nicht allein an meinem Scharfsinn lag, wurde mir erst später klar; da hatte jeweils die Geistwelt ihre Hand im Spiel. Ich glaube, ein Unfall sollte mein Leben nicht beenden, dafür wurde ich zu oft gewarnt. Wie oft schlug ich die Warnungen in den Wind. Wenn alles nichts half, war Großeinsatz aus der Geistwelt angesagt um mich zu retten, obwohl ich den Fehler beging, Vorwarnungen in den Wind zu schlagen. Aber das ist menschliche Selbstüberschätzung. Kam mal wieder eine Warnung – entweder ließ man ein Kribbeln über meinen Körper laufen oder benutzte mein Telefon – übersah ich das geflissentlich. Meine Meinung war, man kann auch überreagieren, es muss doch nicht jedes Frieren und Klicken etwas Besonderes sein. Es war schon anmaßend von mir, da mir Hilfe angeboten wurde, aber mein Nichtreagieren störte die Geistwelt wenig, sie tat ihre Pflicht. Durch meine Selbstüberschätzung brachte ich die ganze Geistwelt in Aufruhr, die mich dann haarscharf vor einem Unglück bewahrte. Da mir nun klar wurde, wie oft die Geistwelt mich vor einem Unglück bewahrte, versprach ich der

Geistwelt auf ihre Zeichen zu achten. Aber trotz meines Versprechens hatte ich noch nicht viel dazugelernt.

Ich hatte einen Termin bei einem Arzt und dies war eine längere Fahrt. Am Abend davor setzte ich mich hin, um fernzusehen, als mich ein ständiges Frösteln überlief. Ich holte mir eine Decke, aber das Frösteln blieb. Da es nicht aufhörte, überlegte ich, ob das vielleicht doch von der Geistwelt kam. Wollte sie mir etwas sagen? Unbelehrbar wie ich nun mal bin, schob ich das beiseite und sagte mir, ich würde mir das nur einbilden. Hätte ich doch besser nachgefragt. Auf der Hinfahrt verlief alles ganz normal, aber es kam ja noch die Rückfahrt. Ich befuhr eine Schnellstraße; weit und breit war kein Auto zu sehen, nur ein Wagen vor mir. Dann plötzlich, in einer lang gezogenen Kurve, tauchte ein Auto im Gegenverkehr auf. Ich wollte meinen Augen nicht trauen, fuhr dieses Auto doch direkt auf meinen Vordermann zu. Der reagierte sofort und beschleunigte, somit kam der Unglücksfahrer auf mich zu. Ich lenkte schnell zur linken Seite, somit war auch ich aus der Gefahrenzone. Ich blickte in den Rückspiegel und sah, dass der Fahrer völlig die Kontrolle über sein Fahrzeug verloren hatte und in einem Graben landete. Er hatte Glück im Unglück, ihm war nichts weiter passiert, nur sein Auto war völlig demoliert.

Zu Hause angekommen, kam ich doch ins Grübeln. Was hatte es mit dem Beinahe-Unfall auf sich? Mir fiel der Abend vorher ein, war da doch dieses Kribbeln und Frieren − sollte das eine Warnung gewesen sein? Stattdessen hatte ich mich noch mehr in meine Decke gekuschelt. Mein Versprechen, auf ihre Zeichen zu achten, hatte ich mal wieder nicht eingehalten. Kleinlaut wandte mich an die Geistwelt, mit der Frage, ob sie mich habe warnen wollen.

Fast ärgerlich bekam ich zur Antwort: *»Natürlich, wir haben dich zweimal angestoßen, aber du hast nicht reagiert.«*

Und was hätte ich tun können. Ich musste doch fahren? Meine Verteidigung war mehr eine Ausrede, denn mir fielen alle meine Sünden ein.

Aber die Geistwelt klärte mich in aller Ruhe auf: *»Um diesem Unfall aus dem Weg zu gehen, wollten wir dir sagen, dass du eine halbe Stunde später fahren solltest, aber du hast nicht reagiert. Doch mit unserer Hilfe ging alles glimpflich aus, deine Reaktion war super. Wir waren bei dir.«*

Der zweite Beinahe-Unfall

Mein Wohnort befindet sich auf dem Land, in der Nähe einer Kleinstadt, daher erledige ich all meine Einkäufe mit dem Auto. Ich war gerade im Begriff meinen Autoschlüssel zu nehmen, als ich merkte, dass mein Schutzgeist in meiner Nähe war, wie immer überlief mich dieses Frösteln. Erst wollte ich nicht reagieren, aber nach kurzem Überlegen sagte ich mir: *Na ja, zu meiner Sicherheit kann ich ja mal nachfragen, vielleicht möchte man mir was sagen, es könnte eine Warnung sein.* Ich nahm Verbindung zu meinem Schutzgeist auf. Da meine Konzentration in der Eile nicht allzu gut war, nahm ich die Durchsage nicht korrekt auf. Das Einzige, was ich verstand, war: *Unfall, nicht fahren.* Es war kein zusammenhängender Satz, den ich aufnahm. Sollte diese Durchsage wirklich eine Warnung sein? Ich ignorierte das und sagte mir: *Nicht schon wieder ein Unfall, jetzt spinnst du dir wirklich was zusammen,* und fuhr los.

In unserer Kleinstadt kam ich gut an und sagte mir: *Siehst du? War doch alles Blödsinn, was du verstanden hast.*

Doch ich musste wieder zurück und da passierte es. Eine Zeit lang fuhr ich hinter einem Bus her, die Abgase störten mich erheblich und ich hatte vor, den Bus bei nächster Gelegenheit zu überholen. Die Gelegenheit kam, ich sah noch einmal in den Rückspiegel und fand, hier könne ich überholen.

Ich war schon fast neben dem Bus, da sagte eine Stimme laut und deutlich: *»Guck in den Spiegel!«*

Mein Blick ging sofort zum Seitenspiegel. *Seitenspiegel* hatte die Stimme nicht gesagt, aber ich wusste sofort was zu tun war. Aus einer lang gezogenen Kurve sah ich ein Auto auf mich zukommen, es hatte wohl überhöhte Geschwindigkeit und war auch schon neben mir. Mein erster Gedanke war: *Nur nicht bremsen, halte die Spur, sonst gerätst du ins Schleudern.* Der Unglücksfahrer schaffte es, an mir und dem Bus vorbeizukommen, schleuderte noch hin und her und erreichte mit viel Glück die rechte Straßenseite. Er hob seine Hand zum Kopf und drohte mir, als hätte ich mich nicht richtig verhalten, was ich nicht so sah. In dem Moment ging mir sofort die Warnung durch den Kopf, die mir die Geistwelt zugeflüstert hatte.

Wieder zu Hause angekommen, bombardierte ich gleich meinen Schutzgeist mit der Frage, ob ich das richtig verstanden hatte – *Unfall, nicht fahren* – und ob ich an dieser Situation Schuld hatte? Er sagte mir: *»Wir wollten dir sagen, dass du später fahren solltest, aber du hast dich nicht richtig konzentriert, um unsere Warnung aufzunehmen. Auf unseren Anstoß im Auto, den wir dir gegeben haben, hast du richtig reagiert und somit konnte ein Unfall verhindert werden. Es trifft dich keine Schuld, Schuld hatte der Fahrer, der dich überholt hat. Du hättest besser vor deiner Fahrt noch mal konzentrierter nachfragt, dann wäre dir das erspart geblieben.*

Der dritte Beinahe-Unfall

Ich hatte mich zu einem Besuch verabredet und hatte noch einiges mitzunehmen. Während ich Sachen zusammenpackte, glaubte ich an meinem Telefon ein mehrmaliges Knacken zu hören, aber ich kümmerte mich nicht darum. Nun lief ein Kribbeln über meinen Körper, auch das ließ mich nicht aufhorchen. Im Nachhinein kann ich nur sagen: *Wie oft werde ich mich noch in gefährliche Situationen bringen, bis ich es kapiert habe, dass mir aus der Geistwelt Hilfe angeboten wird?* Da ich nicht reagierte, griff die Geistwelt zu anderen Mitteln, auch das kann sie. Plötzlich kam mir die Idee, noch einige Sachen zu erledigen, die eigentlich noch Zeit gehabt hätten. Unterdessen hörte ich Sirenen heulen, kurz darauf gingen noch einmal Sirenen. Mein erster Gedanke war, da musste es wohl einen schweren Unfall gegeben haben, wenn zweimal die Sirenen zu hören waren, da hatte es bestimmt ordentlich gekracht.

Es war eine Viertelstunde vergangen, im Haus hatte ich alles erledigt und fuhr los. Tatsächlich war ein Unfall passiert, der sehr gravierend und folgenschwer war, die Straße musste für längere Zeit gesperrt werden. Jetzt wurde mir klar, warum ich diese unwichtigen Sachen erledigt hatte: Hier hatte die Geistwelt mich von meiner Fahrt abgehalten. Ich erinnerte mich wieder an das Kribbeln und Frösteln, das ich ignorierte. Hatte ich wieder nicht auf ihre Zeichen geachtet?

Wieder zu Hause, fragte ich kleinlaut in der Geistwelt nach, ob sie es waren, die meine Fahrt verzögert hatten.

Da wurde mir gesagt: *»Da du auf unser Anklopfen nicht reagiert hast, haben wir alle Hebel in Bewegung gesetzt, um dich im Haus zu halten, sonst wärst du in den Unfall geraten.«*

Ich war erstaunt, mit wie viel Einsatz und Energie die Geistwelt es geschafft hatte, mich von der Fahrt abzuhalten. Ich versprach Besserung, und bedankte mich für ihre Fürsorge.

Die Antwort war: *»Das brauchst du nicht. Das ist unsere Pflicht.«*

Mein vierter Beinahe-Unfall

Doch ich war noch immer nicht klug genug, um auf eine Warnung aus der Geistwelt zu reagieren, trotz meines Versprechens. Da konnten sie klopfen, so viel wie sie wollten. Das wurde mir schließlich zum Verhängnis.

Ich wollte einen Besuch machen, dazu musste ich mit dem Auto fahren. Da ich schon etwas spät dran war, war ich sehr in Eile, das ließ mich unkonzentriert werden. Die Fahrt ging so weit gut, bis zum Ortseingang, dort musste ich an einer unübersichtlichen Kreuzung halten. Zur Orientierung war dort ein Spiegel angebracht. Erst blieb ich stehen, um Einsicht in die Kreuzung zu bekommen. Ich weiß nicht, wer oder was mich geritten hatte, ich sah ein Auto kommen, glaubte, das würde ich noch schaffen und fuhr los. Da krachte es auch schon. Zu meinem Glück war mir nichts passiert, ich war heil davon gekommen, hier musste mir die Geistwelt hilfreich mit vollem Einsatz zur Seite gestanden haben. Diesen hilfreichen Einsatz hätte ich der Geistwelt ersparen können und meine nachträglichen Kosten auch, wenn ich auf ihr Anklopfen reagiert hätte.

Wieder zu Hause angekommen erholte ich mich erst einmal von dem Schock. Dann fragte ich wie immer in der Geistwelt nach, ob ich wieder nicht reagiert hätte, ob man mich habe warnen wollen.

Da meldete sich mein Mann mit den Worten: »*Ja, das war so, hättest du auf unser Anklopfen reagiert, dann wäre dir das nicht passiert, wir hätten dich gar nicht erst fahren lassen. Du warst an dem Tag unkonzentriert. Aber wir waren bei dir.*«

Wie ich das verstand, war es nicht nur mein Mann, der mit ganzem Einsatz bei mir war, sondern mein Schutzgeist, mein Schutzengel und alle, die sich noch für mich zuständig fühlten, darum der Ausspruch: *Wir waren bei dir.* In der Geistwelt heißt es nie *Ich*, sondern immer *Wir.*

Ich fühlte mich schuldig und das veranlasste mich, bei meinen himmlischen Helfern für meine Ignoranz um Verzeihung zu bitten.

Da bekam ich zum zweiten Mal gesagt: *»Das brauchst du, nicht das ist unsere Pflicht.«*

Ich war erstaunt, mit wie viel Liebe die Geistwelt ihre Pflicht tut und keinen Dank erwartet, mir war es aber ein Bedürfnis, mich zu bedanken.

Die Matrix – mein zweites Ich

Als mein Mann und ich noch berufstätig waren, entspannten wir uns am Wochenende bei einer Meditations-CD. Nach Ablauf der CD blieben wir immer noch eine Weile liegen, um die Ruhe, die bei uns eingekehrt war, zu genießen. Aber dieses Mal stand mein Mann schon etwas eher auf und ging hinaus auf die Terrasse. Ich blieb noch liegen.

Da geschah etwas sehr Merkwürdiges: Während ich noch so vor mich hin dämmerte, hob sich plötzlich ein Schatten aus meinem Körper und blieb am unteren Ende des Sofas stehen: Gelassen und ohne Angst sah ich auf diesen Schatten. Langsam veränderte sich der Schatten, nun konnte ich eine Figur erkennen und stellte fest, dass es meine eigene Gestalt war, etwa 30 Jahre jünger, Frisur und Kleidung waren wie zu dieser Zeit. Es war schon sehr seltsam, dass ich darüber nicht erstaunt war. Unschlüssig stand meine Gestalt im Raum und ich fühlte, dass ich eins mit ihr wurde. Nun richtete ich meinen Blick auf den Fußboden. Dort sah ich, dass alles aus Glas war, wie ein riesiger Spiegel. Ob mich das Glas tragen würde? Vorsichtig machte ich einen Schritt darauf, das Glas hielt, ich konnte weitergehen. Ich ging auf die geschlossene Terrassentür zu, die

Glastür sah ich nicht als Hindernis – mich überkam der Zwang hindurchzugehen. Ein paar Sekunden überlege ich noch: *Soll ich oder soll nicht?* Wie angewurzelt blieb ich stehen und war dann auch nicht mehr in der Lage, nur ein Bein zu bewegen. Ich merkte, wie ich zurückgezogen wurde. Plötzlich wurde meine Gestalt wieder zu einem Schatten und dieser Schatten legte sich langsam auf meine reale Gestalt, um wieder mit mir zu verschmelzen.

Wie aus einer Trance kam ich zu mir und fragte mich, was sich da gerade zugetragen hatte, was war mit mir geschehen? Hatte ich geträumt, war ich noch in dieser Welt? Langsam sand ich auf, sah mich um, ob sich irgendetwas verändert hatte. Aber ich war noch im gleichen Haus, mit demselben Mobiliar und der Fußboden war auch nicht aus Glas.

Über dieses Erlebnis grübelnd, ging ich auf die Terrasse und fragte meinem Mann, ob er irgendeine Veränderung an mir bemerken würde. Erstaunt sah er mich an. »Was soll sich bei dir verändert haben? Ich sehe dich vor mir, wie immer? Warum fragst du? Ist etwas passiert?« Ich erzählte ihm, was sich zugetragen hatte. Er kam zu dem Schluss, er könne mir da nicht weiterhelfen, ich sollte Elias, unseren Schutzgeist rufen. Gesagt, getan.

Der erklärte mir: »*Du hast eine Zeitreise gemacht, du bist in der Zeit zurückgegangen und hast dich in einem Alter von 40 Jahren gesehen. Wie du weißt, geht keine Zeit und keine Energie verloren, es existierst noch alles, auch du in diesem Alter, wenn auch nur als Energie. Ihr Menschen seid spirituelle Wesen, die sich vorübergehend eines biologischen Körpers bedienen, um in dieser Dimension Erde eure vorgenommenen Aufgaben zu erledigen. In gewissen Situationen, es kann in einer Meditation oder im Schlaf sein, könnt ihr ohne Körper unbewusst in andere Dimensionen reisen. Du warst in einer Meditation, du bist in eine andere Dimension gereist. Es war doch schon immer dein Wunsch, aus deinem Körper zu gehen, um in eine andere Dimension zu reisen. Unterschätze deine Gedanken nicht. Mit intensiven Gedanken kannst du dich in eine andere Dimension versetzten, dort ist alles noch vorhanden, dein Unterbewusstsein hat auf deinen Wunsch reagiert. Diese Zeitreisen geschehen oft im Schlaf, da seid ihr völlig entspannt, dann macht es euch keine Angst, dann könnt ihr es als Traum abtun.«*

Ich war erstaunt, dass mein Wunsch aus dem Körper zu gehen, sich auf diese Weise verwirklicht hatte.

Einige Zeit war vergangen und ich befand mich wieder in einer Matrix, was mir nicht bewusst war. Ich war bei völligem Bewusstsein und der Meinung, ganz in der Realität zu sein. Es überraschte mich, während ich einkaufte. Ich war in einem Lebensmittelladen, dort traf ich eine Bekannte. Wir führten eine Unterhaltung. Während wir zusammenstanden, kam ein Bekannter mit seinem Kind von etwa vier Jahren an uns vorbei. Wir begrüßten uns kurz und er ging weiter. Später traf ich seine Frau und erzählte ihr, dass ich ihren Mann beim Einkauf mit einem ihrer Kinder im Einkaufwagen gesehen hätte. Sie sah mich erstaunt an und erklärt mir, dass das wohl nicht möglich sei, da keines ihrer Kinder mehr in einen Einkaufwagen passe und beide Kinder schon lange in der Schule seien. Schnell entschuldigte ich mich und sagte, da hätte ich mich wohl verguckt.

Ich zerbrach mir den Kopf, wie ich diese Begegnung mit dem Mann und dem Kind einordnen sollte. Ich musste mal wieder meinen Schutzgeist fragen, der sich in allem bestens auskannte, und die Antwort verblüffte mich: *»Du hast wieder eine Zeitreise gemacht und warst in einer anderen Dimension. Du weißt doch, dass dort noch alles existiert, auch der Mann und das Kind in diesem Alter. Unbewusst hast du dich in dieser Dimension aufgehalten.* Ich war fassungslos, dass mir das am helllichten Tag bei einem Einkauf passierte, hier konnte ich wohl kaum geträumt haben. Nur vorstellen konnte ich es mir nicht, in einer anderen Realität gewesen zu sein. Da mir die Geistwelt das aber versicherte, musste es wohl so sein.

Ein Besuch in einem Keramikwerk und ich befand mich wieder in einer Matrix

Ich hatte mich in einem Keramik-Malkurs angemeldet, dazu brauchte ich einige Figuren und die kaufte ich mit einer Bekannten in einem Keramikwerk. Dort angekommen trafen wir auf ein etwas älteres Ehepaar, sie stellten sich als die Besitzer vor. Der Mann war schlank, sehr groß und unnatürlich blass, die Frau war dunkelhaarig, klein und auch sehr blass. Im ersten Moment war mir, als gehöre das Ehepaar nicht dorthin, aber da sie sich als die rechtmäßigen Besitzer ausgaben, nahm ich das so hin.

Der Ausstellungsraum war sehr groß und beinhaltete sehr viele Keramik-Figuren. Da wir nur dieses Ehepaar vorfanden, erkundigte ich mich, ob sie dies alles ohne Hilfe schaffen würden. Die Frau erklärte mir, das Brennen der Figuren schafften sie allein, sonst hätten sie noch Studenten zur Aushilfe, um die Figuren nachzuarbeiten, was sehr aufwendig wäre. Aber an diesem Tag, bei unserem Einkauf, war niemand zu sehen.

Mir kam das alles etwas merkwürdig vor und das Ehepaar erschien mir wie aus einer anderen Welt, ich konnte sie nicht einordnen. Im Grunde hätte mich das nicht interessieren sollen, darum schob ich meine grüblerischen Gedanken beiseite, suchte mir einige Figuren aus und wir fuhren zufrieden nach Hause.

An dieser Malerei hatte ich Gefallen gefunden und nahm mir vor, noch einmal ein paar Figuren einzukaufen. Diesmal besuchte ich dieses Keramikwerk mit meinem Bruder. Als ich das Werk betrat, kamen mir total fremde Menschen entgegen, von dem Ehepaar war nichts zu sehen. Ich fragte nach den Besitzern, diese stellten sich mir kurz darauf vor. Überrascht erklärte ich, dass ich bei meinem letzen Einkauf andere Besitzer vorgefunden hätte, da sagte man mir, dass das nicht möglich sei, es würde keine Vorbesitzer gegeben. Ich gab nicht auf und beschrieb die Leute, die ich bei meinem ersten Besuch vorgefunden hatte, aber man bestand darauf, es habe keinen Vorbesitzer gegeben. Mitleidig sah man mich an, als habe ich sie nicht alle beisammen. Ich zog mich zurück, um nicht für verrückt erklärt zu werden. Ich war vollkommen irritiert und wusste nicht, was ich davon halten sollte. Was war passiert? Ich zweifelte schon an meinem Verstand, kaufte ein paar Figuren und verließ mit meinem Bruder das Werk.

Draußen sah mein Bruder mich fragend an und meinte: »Bist du wirklich hier gewesen?«

»Natürlich, wie sonst sollte ich diesen Ort und dieses Werk so ohne Weiteres finden?« Denn das Gebäude, die Einfahrt, der Eingang zum Verkauf … alles, alles war wie beim ersten Mal. Ich war verwirrt, weil ich hierfür keine Erklärung finden konnte.

Einige Zeit später. Die Malerei machte mir immer noch Spaß und ich nahm mir vor, noch einmal ein paar Figuren zu kaufen. Dieses Mal fuhr ich mit meinem Bekannten zu diesem Werk. Als wir das Werk betraten, kam uns eine junge Frau entgegen und gab sich als Besitzerin aus. Ich weiß nicht, warum ich mir hier weiter keine Gedanken darüber machte, wieder einen anderen Besitzer vorzufinden. Das war schon sehr seltsam. Mit dieser jungen Frau führten wir eine Unterhaltung und sie erzählte uns, dass die Geschäfte im Moment nicht so gut liefen. Da sie einen Computer besaß, bot mein Bekannter ihr an, ihr eine Webseite einzurichten, um sich bekannt zu machen. Darauf ging sie ein und wollte uns besuchen. Nur haben wir nie mehr etwas von dieser Frau gehört.

Da ich dieses Werk immer mit einer anderen Person besuchte, konnte mir auch keiner bestätigen, dass sich jedes Mal andere Personen als Besitzer ausgaben.

Langsam ging mir ein Licht auf: Ich musste mich bei dem ersten und dem dritten Besuch in einer anderen Dimension aufgehalten haben. Denn bei dem zweiten Besuch hielten sich sehr viele Angestellte dort auf, dies war bei dem ersten und dritten Besuch nicht der Fall. Anders konnte ich mir das nicht erklären.

Bei Rücksprache mit der Geistwelt wurde mir das bestätigt: *»Du hast dich beide Male in einer anderen Dimension aufgehalten, du hast wieder eine Zeitreise gemacht und dich unbewusst dorthin begeben. In diesem Werk hielten sich beim ersten und dritten Besuch Lichtwesen auf.«*

Das war nun das dritte Mal, dass ich bei vollem Bewusstsein in einer anderen Dimension war. Das bringt mich heute noch zum Grübeln.

Ein Besuch von meinem Vater und meinem Schutzgeist

Es war Wochenende, mein Mann und ich wollten uns nach einer arbeitsreichen Woche entspannen und erholten uns wie immer bei einer Meditations-CD. Nachdem die CD abgelaufen war, stand mein Mann auf und ging in den Garten. Plötzlich überkam mich ein Gefühl, als würde mein Kopf in kleinen Rucken langsam Stück für Stück immer tiefer fallen. Ich weiß nicht, was mit mir geschah, mir war, als wäre ich irgendeiner Kraft hilflos ausgeliefert. Dann sah ich aus dem Augenwinkel heraus, dass sich auf meiner rechten Seite ein nebeliges weißes Gebilde aufbaute. Ich konnte so viel erkennen, dass es wohl ein Arm sein musste, der in Schulterhöhe neben mir schwebte. Ich versuchte mich aufzurichten, um zu sehen, woher diese Erscheinung kam, war aber dazu nicht in der Lage. Es machte mir Angst, wie gefesselt auf dem Sofa zu liegen. In meiner Not rief ich nach meinem Mann, den glaubte ich vor unserer Terrassentür zu sehen, als ginge er auf und ab. Das Rufen fiel mir sehr schwer und ich bildete mir ein, ganz fürchterlich zu schreien. Da mein Mann nicht reagierte, fiel mir in meiner Not mein Schutzgeist ein, ich dachte, das ist der Einzige, der mir jetzt noch helfen kann.. Mit aller Kraft ließ ich einen Hilfeschrei los und beschwor meinen Schutzgeist: *»Elias, bitte, bitte hilf mir!«* Denn bei ihm ist es gleich, ob ich es in Gedanken oder real mache, mein Schutzgeist hört mich immer. Nach diesem Hilferuf hörte alles mit einem Schlag auf. Mit aller Kraft richtete ich mich auf. Nun fragte ich mich, was sich da zugetragen hatte. Ich stand auf und ging zu meinem Mann, den fuhr ich gleich ungehalten an: »Warum bist du nicht gekommen als ich dich gerufen habe? Ich brauchte deine Hilfe, du warst doch vor der Terrassentür?«

Mein Mann sah mich überrascht an und erklärte mir, er habe kein Rufen gehört und sei auch nicht vor der Terrassentür gewesen, er wäre sonst selbstverständlich sofort gekommen. Erstaunt sah ich ihn an, jetzt verstand ich gar nichts mehr, ich hatte ihn doch hin und her laufen sehen?

»Du musst geträumt haben, jetzt erklär mir erst einmal, was passiert ist, dass du dich so aufregst.«

Ich erzählte ihm von der Erscheinung und was mir passiert war. Er meinte, hier kann ich dir nicht helfen. Frag unseren Schutzgeist Elias.

Ich brauchte ihn gar nicht erst rufen, er war schon zur Stelle und bereit mich aufzuklären: *»Du hast doch schon seit Langem den Wunsch geäußert, in eine Trance zu gehen, und dies war eine, sie kam von deinem Vater und mir.«*

Aber so unvorbereitet war mir das nicht ganz geheuer.

»Du bist doch sonst so mutig, warum hattest du Angst? Es konnte dir nichts passieren, dein Vater und ich haben dir bei dieser Trance geholfen. Der Nebel, den du gesehen hast, war der Arm von deinem Vater, der schützend bei dir war.«

Aber ich wusste nicht, was mit mir geschah, da habt ihr mir schon einen Schrecken eingejagt.

»Das war nicht unsere Absicht, wir haben dir nur deinen Wunsch erfüllt. Diszipliniere deine Gedanken. Wie du weißt, haben Gedanken ihre eigene Kraft.«

Ein warnender Traum von meinem Schutzengel

Ein ganzes Lebensdrittel verbringen wir im Schlaf. Der Schlaf eröffnet uns eine völlig neue Welt, hier wird unsere Seele gespeist und unterrichtet. Während unser Bewusstsein ruht, kann sich unser Unterbewusstsein voll entfalten und äußert sich dann durch Träume. Träume waren für mich immer konfuses Zeug, weil ich sie nie richtig in der Realität einordnen konnte. Dann traten Ereignisse ein, die mich verblüfften. Ich erinnerte mich, hatte ich das nicht schon im Traum gesehen? Ich stellte fest, dass so mancher Traum Botschaften enthielt, sie hatten mit Warnungen oder mit Hinweisen zu tun. Denn es ist nicht so wie der Volksmund sagt, *Träume sind Schäume*, sie haben uns schon etwas zu sagen. Natürlich kann es auch sein, dass wir im Traum Ereignisse verarbeiten, die sich stark von Vorhersagen oder Hinweisen unterscheiden.

Nun passierte etwas Seltsames. Mein Mann und ich planten unseren Urlaub, unser Ziel Spanien. Zwei Wochen vor unserer geplanten Reise hatte ich einen Traum, der mich sehr verwirrte. Ich sah mich in unserer Küche stehen, alles war absolut real und ich war überrascht, dort eine fremde Frau vorzufinden. Den Rücken mir zugewandt stand sie da, ihr Haar war pechschwarz, um ihre Schultern hatte sie eine lila Stola geschlungen, dazu trug sie einen blau-rot-lilanen Rock. Ich sah, dass sie diese Stola mit beiden Händen fest um ihren Hals zog, als wollte sie sich schützen. Eins irritierte mich: Es war die Farbe Lila, die den größten Raum an Farbe in ihrem Rock einnahm, es gab mir das Gefühl, als hätte ich leibhaftig meinen Schutzengel vor mir. Langsam ging ich auf diese Frau zu, im selben Moment drehte sie sich ruckartig zu mir um. Überrascht sah ich sie an, aber sie lächelte mir freundlich zu, in ihrem Gesicht konnte ich lesen, dass sie mir etwas zu sagen hatte. Die Stola hielt sie immer noch fest mit beiden Händen um ihren Hals geschlungen, als könnte sie ihr Schutz bieten. Aber wozu und wofür? Dann fragte ich mich, warum diese Frau wie eine Spanierin in einer Tracht aussah, was hatte das zu bedeuten? Sie lächelte mir weiterhin zu und irgendwie war ich beunruhigt, trotz ihres Lächelns. Dann drehte sie mir auch schon wieder ruckartig den Rücken zu und dieses Sich-von-mir-Abwenden war, als sollte ich etwas lassen oder nicht tun, dann löste sich der Traum auf.

Ziemlich verwirrt wachte ich auf und konnte im ersten Moment mit diesem Traum so recht nichts anfangen. Immer wieder hatte ich das Bild vor Augen, wie sich diese Frau die Stola fest um den Hals zog. Wollte sie sich schützen oder galt diese schützende Geste mir?

Da der Traum so real war, ließ mir das keine Ruhe und ich kam zu dem Schluss, dass das wohl tatsächlich eine Warnung gewesen sein könnte. Ich erzählte meinem Mann von diesem Traum und auch er meinte, es könnte so sein.

»Wenn das so ist, dann lass uns in der Geistwelt nachfragen.«

Also wandten wir uns an unseren Schutzgeist. Dieser wartete schon, um uns in dieser Angelegenheit weiterzuhelfen, und seine Antwort kam unverzüglich: *»Das hast du schon richtig erkannt, diese Frau war dein Schutzengel Dolores, sie hat sich dir als Spanierin gezeigt und wollte euch vor einem Unglück warnen. Da eure Reise nach Spanien geht, raten wir euch, bleibt diesmal zu Hause. Es besteht die Gefahr, dass euch ein Unglück geschieht. Um dies zu vermeiden, sagen wir euch: Bleibt zu Hause.«*

Wir konnten es nicht so recht glauben, dass uns ein Unglück passieren sollte, denn unser Urlaub stand auf dem Spiel. Ein Befehl war es nicht, es war nur ein Rat. Ihn anzunehmen blieb unser freier Wille. Aber es wäre töricht gewesen, diesen Rat nicht zu befolgen. Ich erinnerte mich an all die Warnungen, die schon vorausgegangen waren und die ich nicht beachtet hatte. Warum sollten wir leichtsinnig in ein Unglück laufen? Außerdem ersparten wir unserem Schutzgeist, Schutzengel und vielen, vielen Helfern eine Menge Arbeit. Auf unseren Urlaub zu verzichten war schon eine schwere Entscheidung, aber da wir uns bisher immer auf die Geistwelt verlassen konnten, blieben wir zu Hause. Von einem Unglück wurde uns nichts bekannt, aber wer weiß, was geschehen wäre, wenn wir gefahren wären?

Mein Urgroßvater belästigt mich im Schlaf

Da ich wusste, dass man seinen Körper in einer Meditation, Trance oder Schlaf verlassen kann, hatte ich den Wunsch, dies zu tun. Als ich den festen Entschluss fasste, dies in Angriff zu nehmen, erkundigte ich mich erst einmal bei meinem Schutzgeist, ob ich, ohne in Gefahr zu geraten, eine Astralreise machen könne. Da er mich gut kannte und ich immer zu einem Risiko bereit war, wollte ich hier sicher gehen, keinen Fehler zu machen. Die Antwort war auch gleich eine Wahrnung. Er riet mir davon ab, mit der Begründung, dass dies im Moment nicht der richtige Zeitpunkt sei. Heute weiß ich, dass Gefahren auf dem Weg waren, es hatte wohl mit der dunklen Seite zu tun, die darauf wartete, dass ich diesen Schritt machte, um mich dann abzufangen.

Einige Zeit war vergangen und mein Wunsch war immer noch stark, diese Astralreise zu machen. Nun hatte ich ohne meinen Schutzgeist zu fragen meinen Körper im Schlaf verlassen. Aber die Geistwelt hatte mein Vorhaben schon mitbekommen und das war mein Glück. Auf diesen Moment, dass ich diesen Schritt machte, hatte mein Urgroßvater, ein dunkles Wesen, gewartet.

Meine Astralreise führte mich zu einem mehrstöckigen Wohnhaus. Ich erkannte, dass ich mich in einem Wohnviertel befand, in dem ich als Kind gelebt hatte. In diesem Wohnhaus war im Parterre eine Gastwirtschaft. Fragend sah ich mich um, was sollte ich hier? Es wirkt alles mysteriös und doch betrat ich wie unter Zwang diese Gastwirtschaft. Vor mir sah ich einen Raum, der einen langen schmalen Gang hatte, er war in ein blendend weißes Licht gehüllt und hatte mit einer Gastwirtschaft wenig zu tun. Am Ende des Ganges stand ein Mann in einem schwarzen Anzug und blütenweißem Hemd, er sah sehr feierlich aus. Seine Haare waren pechschwarz und streng nach hinten gekämmt, sein Gesicht war unnatürlich weiß. Freundlich lächelnd sah er zu mir herüber und wie es in einem Traum so ist, brauchte er nichts zu sagen, ich konnte seine Gedanken lesen, die mir sagten: *Komm zu mir.* Dieser Mann weckte Unbehagen in mir, ich blieb stehen und folgte seiner Aufforderung nicht. Nun streckte er mir seine Hand entgegen und drehte abrupt die Handinnenfläche nach oben, das hieß für mich, ich sollte meine Hand hineinlegen. Ich sträubte mich, da erreichten mich wieder seine Gedanken: *Komm zu mir.* Nun ging ich wie hypnotisiert auf ihn zu und streckte ich ihm meine Hand entgegen, ohne mich dagegen wehren zu können, ich berühre aber nur seine Fingerspitzen. In diesem Moment durchlief mich ein Glücksgefühl, für einen Augenblick genoss ich das und doch war in mir eine warnende Stimme, die sagte: *Vorsicht!* Schnell drehe ich mich um, ging zum Eingang zurück und wollte das Lokal verlassen. Aber irgendwie hatte er mich in seinen Bann gezogen und zwang mich, mich umzudrehen. Ich versuchte, mich dagegen zu wehren, aber seine Kraft war groß. Ich blieb stehen und schaute wie gebannt zu ihm herüber. Er stand immer noch ruhig auf seinem Platz und streckte mir immer noch auffordernd lächelnd seine Hand entgegen. Wieder zog er mich mit seiner Gedankenkraft zu sich heran, aber diesmal nähere ich mich ihm nur um eine Armlänge und blieb stehen. Mit ausgestrecktem Arm berührte ich wieder nur seine Fingerspitzen. Das gleiche Glücksgefühl stieg noch einmal in mir hoch. Ich fragte mich, was mich in seinen Bann zog, warum schrillten alle Alarmglocken in mir? Vorsicht? Abrupt wendete ich mich von ihm ab und ging zum Eingang zurück. Aber er übte eine große Macht auf mich aus und zwang mich ein drittes Mal zu sich. Aber diesmal ging ich entschlossen und mit vollem Einsatz meiner Energie auf ihn zu und setze ihm meine Kraft und Macht entgegen. Abwehrend hob ich die Hände hoch und in Gedanken sagte ich ihm energisch: *Nein, ich komme nicht mit dir, dein Lächeln lässt mich unberührt.* Ich drehte mich um und verließ fluchtartig den Raum. Ich hatte verstanden, was er mit diesem freundlichen Handreichen und diesem betörenden Lächeln erreichen wollte. Seine Absicht war es, mich auf seine Seite zu holen, was nichts Gutes verhieß. Da auch der dritte Versuch fehlgeschlagen war und ich standhaft blieb, gab er auf.

Mit einem Schlag war ich hellwach und empört darüber, was dieser Mann vorhatte. Mein Glück war, das erfuhr ich erst später, dass die

Geistwelt sich in meiner Nähe aufhielt, um mir die Kraft zu geben, ihn abzuwehren.

Nach langem Überlegen kamen mir Zweifel: War es wirklich seine Absicht mich zu holen? Ist so etwas möglich? Hatte ich seine Gesten richtig verstanden? Dieser Traum beschäftigte mich stark. Ich überlegte, wer der Mann in meinem Traum gewesen sein könnte. Ich bat meinen Schutzgeist, mir hierüber Auskunft zu geben.

Der erklärte mir: *»Der Mann war dein Urgroßvater. Du hast eine Astralreise gemacht und hier hatte er die beste Möglichkeit, an dich heranzukommen. Er hat versucht, dich auf seine Seite zu holen. Es war nur ein kleiner Schritt. Wenn du geschwankt hättest, dann hätte er dich bekommen, das heißt, er hätte dir deine Seele genommen. Wir waren in deiner Nähe, zu deinem Schutz, und dies hat dir die Kraft gegeben ihn abzuwehren und ließ dich wachsam sein. Es blieb deine Entscheidung, mitzugehen oder nicht. Da du immer risikobereit bist, hast du dich auf diese Aktion eingelassen, in dem du auf ihn zugegangen bist. Die Versuchung war groß es auszuprobieren: Wie stark bin ich, wie weit kann ich gehen? Seine Aktion ist fehlgeschlagen, du bist stark geblieben.«*

Der zweite Besuch

Diesmal geisterte mein Urgroßvater durch mein Haus. Es war am frühen Morgen, ich saß beim Frühstück. Trotz geschlossener Tür hörte ich ziemlich laute Schritte auf dem Flur. Da mein Bekannter noch im Bett lag, glaubte ich, er sei aufgestanden.

Ich ging nachsehen. Der Flur war leer, ich rief seinen Namen, aber es blieb still. Ich setzte mich wieder. Kaum saß ich, da hörte ich wieder diese Schritte. Ich ging noch mal nachsehen. Während ich aufstand bemerkte ich, dass die Küchentür halb geöffnet war. Ich ar überrascht und starrte sie an, denn ich hatte sie angelehnt – nun war sie halb auf. Da wurde ich unruhig. Wer hatte die Tür aufgestoßen? Ein Windzug konnte es nicht sein, denn Fenster und Türen waren verschlossen.

Über den Vorfall grübelnd setze ich mich wieder und nun hörte ich, dass die Haustür ins Schloss fiel. Ich war vollends irritiert; sollte mein Bekannter, ohne sich bei mir abzumelden, das Haus verlassen haben? Vorsichtig ging ich ins Schlafzimmer. Mein Bekannter lag schlafend im Bett. Nun fragte ich mich: Hatte ich Hirngespinste? Woher kamen diese Geräusche? Ich fand keine Erklärung dafür, also fragte ich mal wieder nach.

Da erklärte mir mein Schutzgeist: »*Dies war wieder dein Urgroßvater, er hat nichts bei dir zu suchen, schick ihn zu uns zurück, du weißt, wie es geht.*«

So wie mein Schutzgeist auf meine Frage geantwortet hatte, spürte ich, dass auch er sehr ärgerlich war, dass ich schon wieder von meinem Urgroßvater belästigt wurde. Ich war fassungslos und fragte mich: *Was will er von mir?* Denn seit seinem letzten Besuch, damals war ich ein Kind von drei Jahren, war viel Zeit vergangen.

Da schaltete sich mein Schutzgeist ein und gab mir zu verstehen: »*Hast du es vergessen? Zeit ist relativ und spielt keine Rolle.*«

Um ihn auf seinen Platz zu verweisen, blieb mir nur eins: Ausräuchern, um mir Ruhe zu verschaffen. Ich zündete Weihrauch an – Weihrauch verabscheuen dunkle Wesen – und machte mich mit meinem Spruch an die Arbeit. Da er ein ziemlich dickköpfiges Wesen war, auch schon zu Lebzeiten, war es schon sehr schwierig, ihn zurückzuschicken, ich brauchte viel Energie.

Nun glaubte ich, ihn durch dieses Ausräuchern endgültig los zu sein, aber weit gefehlt. Es kam der dritte Besuch.

Der dritte Besuch

Ich war zu Bett gegangen, aber noch nicht eingeschlafen, als mich ein leichtes Unbehagen überkam. Ich glaubte, es sei noch jemand im Zimmer, aber wer sollte schon unbemerkt ins Zimmer kommen? Ich drehte mich zur Seite, um zu schlafen, streckte meinen Arm bequem auf der Bettdecke aus – und in diesem Moment fasse ich in etwas Festes. Erschrocken griff ich schnell noch mal nach, aber ich griff ins Leere. Jetzt wollte ich es genau wissen, stand auf und suchte das Bett ab, aber es war nichts zu finden. Ich überlegte, was es gewesen sein könnte, das so kompakt war, denn mir war, als hätte ich ein Handgelenk umfasst. Ich war noch nicht eingeschlafen, also konnte ich nicht geträumt haben. In mir kam eine Erinnerung hoch, hatte ich dies doch schon einmal als Kind im Alter von drei Jahren erlebt. Damals hatte mich das genau so erschreckt, auch da hatte ich etwas Festes umfasst.

Als Kind von drei Jahren, ich hatte mich wohl nicht gut benommen und wurde zur Strafe ins Bett gesteckt. Während ich mit meinem Bettzeug herumspielte, griff ich in etwas Festes. Erschrocken darüber rief ich laut schreiend nach meiner Mutter und erklärte ihr, dass ich einen Arm in meinem Bett hätte. Das Bett wurde abgesucht, finden konnte man aber nichts, also wurde das als kindliche Fantasie abgetan. Dieses Erlebnis blieb mir ein Leben lang in guter Erinnerung.

Da sich dieses Erlebnis ein zweites Mal zutrug, interessierte mich, ob beides miteinander zu tun hatte, und wandte mich an meinen Schutzgeist.

Seine Antwort war: »Ja, das hat miteinander zu tun. Es war dein Urgroßvater. Er kam diesmal mit dem Zeichen, wie du es als Kind erlebt hast. Räuchere alles aus und sage deinen Spruch, benutze die Jesus-Christus-Energie, schick ihn zurück. Er ist ein negatives We-

sen und hat großes Interesse an dir, er kennt deine Fähigkeiten und möchte dich an seiner Seite haben. Die Zeit aus deiner Kindheit spielt keine Rolle, denn Zeit ist relativ. Auch ist er ein sturer Genosse, ein Patriarch, er verfolgt beharrlich sein Ziel. Halte dein Haus sauber und schick ihn zurück, aber diesmal sehr energisch.«

Ich machte mich sofort an die Arbeit, nahm ein Kreuz, zündete Weihrauch an, mit dem Spruch, durchschritt alle Räume und schickte ihn zurück. Diesmal hatte ich es geschafft, ihn auf seinen Platz zu verweisen. Endlich hatte er begriffen, dass die Sache aussichtslos für ihn war und gab endgültig Ruhe.

Erdgebundene Wesen

Erdgebundene sind Wesen, die auf unserer Erde gelebt haben und nach ihrem Tod nicht ins Licht gegangen sind. Jede Seele die ins Jenseits geht, bekommt zur Orientierung das Licht gezeigt. Oft wird das Licht verweigert, die Gründe hierfür können vielseitig sein. Da gibt es Wesen, die ihrer Eifersucht frönen, dies war in ihrem Leben schon sehr ausgeprägt nun wollen sie ihren Partner beobachten, um ihre Eifersucht bestätigt zubekommen. Wieder andere sind sehr materiell eingestellt und können sich von den irdischen Schätzen nicht trennen, sie glauben, sie bewachen zu müssen, dies ist reine Gier. Dann gibt es Wesen, die eines plötzlichen Todes gestorben sind – es kann ein Herzinfarkt oder ein Unfalltod gewesen sein, der ihr Leben schnell beendete – und nun glauben sie nicht, tot zu sein. Auch ein gewaltsamer Tod kann zur Verwirrung führen. Wieder andere fürchten, ein schlechtes Leben geführt zu haben, nun können sie nicht vor Gottes Angesicht treten und verweigern sich dem Licht. Sind es Kinder, die den Heimgang ins Licht verweigern, wollen sie es nicht wahrhaben, dass ihr kurzes Leben schon vorbei ist und bleiben erdgebunden. Wurden sie misshandelt und hat dies zu ihrem Tod geführt, glauben sie sich vor ihrem Peiniger verstecken zu müssen und wissen nicht, dass ihr Peiniger ihnen nichts mehr anhaben kann, sie achten nicht auf das Licht.

Doch nach einiger Zeit (Zeit ist relativ) merken diese Seelen, dass sie nicht mehr hierher gehören, und halten sich hilfesuchend in unserer Nähe auf. Durch Geräusche oder Zeichen machen sie sich bei uns bemerkbar. Die wenigsten Menschen können dies einordnen und sagen dann *Bei uns spukt es*, obwohl sie sonst nicht an Spuk glauben. Klärt man sie über erdgebundene Wesen auf, die diesen Spuk verursachen, sieht man in erstaunte Gesichter, denn was sie nicht sehen, kann es nicht geben. Für all diese Wesen hat Gott Engel und Menschen eingesetzt, die die Aufgabe haben, diese verwirrten Seelen ins Licht zu bringen.

Es war kein Zufall, dass mir ein Buch in die Hände fiel, worin beschrieben wurde, wie man Erdgebundenen helfen kann. Nun erfuhr ich aus der Geistwelt, dass ich auf dieses Buch aufmerksam gemacht wurde und die darin beschriebene Energiearbeit meine Bestimmung ist, das heißt: Geistwesen ins Licht zu führen. Ich war erstaunt, dass ich es war, die diesen erdgebundenen Seelen ins Licht helfen sollte. Da ich mir nicht sicher war, ob ich das richtig verstanden hatte, fragte ich nach.

Da hieß es kurz und bündig: *»Mach dir einen Spruch und mach dich an die Arbeit. Du weißt, wie es geht, es ist alles in deinem Unterbewusstsein gespeichert.«*

Seltsam war, dass nach dieser Aussage viele Menschen auf mich zukamen, die Probleme in ihren Wohnungen, Häusern und Büros hatten und mir davon erzählten. Ohne zu zögern nahm ich die Sache in Angriff, säuberte Wohnungen, Häuser und Bürogebäude, um den *Spuk*, wie die Menschen es nannten, zu beseitigen.

Diese Energiearbeit ist keine einfache Sache. Bei dieser Arbeit kann viel Energie abgezogen werden, darum ist ein Schutz sehr wichtig. Dies geschieht, indem ich mir Schutz von den Engeln und meinem Schutzgeist erbitte, und einen schützenden Spruch sage. Auch sollte bei einer solchen Energiearbeit geistige Reinheit und Gesundheit im Vordergrund stehen.

Dann gibt es Wesen, die den Freitod gewählt haben, aus Verzweiflung und Hoffnungslosigkeit gingen sie aus dem Leben, sie bewegen sich in einer Grauzone, einem Ort von unendlicher Traurigkeit, fern vom Licht. Dort bleiben sie, bis ihre vorbestimmte Todeszeit eintritt. Nun wissen sie, dass sie nicht das Recht hatten Hand an sich zu legen. Doch sie bekommen die Chance, bei der nächsten Inkarnation wieder gutzumachen, was sie bei ihrem letzten Leben glauben ließ, es nicht bewältigen zu können.

Dann gibt es Wesen, die aus Rache und Bosheit aus dem Leben gingen, es sind dunkle Wesen; sie kommen nirgends an und treiben hier auf Erden ihr Unwesen. Für ihren Freitod machen sie ihre Mitmenschen verantwortlich, die hätten sie dahin getrieben; nun sind sie auf Rache aus. Sie versuchen, sich bei Menschen einzunisten, mit dem Ziel, den Menschen Energie abzuziehen. Sie selbst sind nicht in der Lage, Energie aufzubauen, denn die bekommen sie nur durch Liebe und nicht durch Rache. Diese Wesen inkarnieren in ihrer Boshaftigkeit sofort wieder, ohne Läuterung, ohne Geistführer, ohne Engel, ohne Frieden. Liebe liegt ihnen fern. Da kann man nur sagen: *Die arme Frau, die ohne ihr Wissen solch ein Wesen zur Welt bringt.*

Es sind dunkle Geistwesen, man kann sie auch *Untote* nennen, haben nur ein Ziel: Unfrieden, Zwietracht und Feindschaft unter die Menschen zu bringen, was zu Unfällen und Krankheiten führen kann. Wie viele Menschen haben unter solchen Wesen zu leiden und wissen nicht, dass es ein dunkles Wesen ist, von dem sie ständig belästigt werden? Hier kann man helfen, aber das muss erst von den Menschen begriffen werden, damit man helfen kann. Nur wenn die Menschen sich öffnen und erklären, dass bei ihnen etwas nicht stimmt, kann man ihnen helfen, denn jeder Mensch hat einen freien Willen.

Diese dunklen Wesen sind extrem hartnäckig, es erfordert großen Einsatz und viel Energie, bis sie bereit sind, ihre Besetzung aufzugeben.

Ein erdgebundenes Geistwesen

Ein Besuch bei einer bekannten Familie löste Unbehagen in mir aus. Betrat ich das Haus, machte mir die Schwere der Atmosphäre zu schaffen. Nach längerem Aufenthalt verflüchtigte sich dieses Gefühl, aber ich sagte mir: *Hier stimmt etwas nicht.* Sollten sich hier Erdgebundene, also Geistwesen aufhalten? Da bei jedem Besuch mein Unbehagen blieb, hielt ich es für angebracht, der Familie mein Unbehagen in ihrem Haus zu offenbaren. Vorsichtig erklärte ich ihnen, dass mit ihrem Haus etwas nicht stimme und hoffte, dass sie nicht erschrocken darauf reagierten. Zu meinem Erstaunen waren sie keineswegs erschrocken, sie vermuteten schon seit einiger Zeit, dass bei ihnen etwas nicht in Ordnung sei. Dann erklärte ich ihnen, es könnte eine erdgebundene Seele sein, die nicht ins Licht gegangen ist. Sie waren erstaunt, das es so etwas gibt, davon hatten sie noch nichts gehört. Ich erklärte ihnen, dass tot nicht gleich tot ist, dass die Seele weiterlebt und hier eine Seele sei, die noch unter uns weilt, aus welchen Gründen auch immer. Es könne ein Verstorbener sein, der hier schon einmal gelebt habe und sich nun gestört fühle. »Oder es ist ein Verstorbener aus eurer Familie, der noch etwas zu erledigen hat und keine Ruhe findet. Das müssen wir herauskriegen, damit diese Seele zur Ruhe und ins Licht kommt.«

Nun berichteten sie mir, dass sie das Gefühl hatten, dass nach meinem ersten Besuch die Unruhe schlimmer geworden sei. Für mich war klar: Ich war der Auslöser. Diese erdgebundene Seele hatte erkannt, dass ich Hilfe bringen konnte, und wartete auf Erlösung.

»Es war auch kein Zufall, dass wir uns kennenlernten, ich wurde zu euch geführt, Zufälle gibt es nicht.«

Nun berichteten sie mir von seltsamen Dingen, die in ihrem Haus vorgingen, und das meist des Abends. Zum Beispiel hörten sie, dass die Haustür aufgeschlossen wurde, und glaubten, eins von den Kindern sei gekommen, rief man nach ihnen, meldet sich aber niemand. Dann klapperte es in der Küche, als mache sich jemand am Küchenschrank zu schaffen, sah man nach, war auch hier keiner. Das ging nun schon eine ganze Weile so, in regelmäßigen Abständen. Immer wieder fragten sie sich, woher diese Geräusche kamen. Was sie mir erzählten, hörte sich nach einer erdgebundenen Seele an, was ich schon vermutet hatte.

»Um euch zu helfen, würde ich gerne einen Kontrollgang durch euer Haus machen.«

Sie waren sofort einverstanden.

Fast in jedem Raum war, wie man so schön sagt, dicke Luft, die ließ mich nur schwer atmen. Ich wurde mir immer sicherer: Es war ein erdgebundenes Geistwesen, das Hilfe suchte. Geheuer war es meinen Bekannten nicht, denn wer will schon einen Geist im Haus haben? Nun machten sie sich Sorgen, ob diese erdgebundene Seele ihnen Schaden zufügen könnte. Doch das hatte sie bisher nicht getan und würde es auch weiterhin nicht tun, das war nicht ihre Absicht. Dieses Geistwesen suchte Hilfe und machte so auf sich aufmerksam. Solange ich mich im Haus aufhielt, verhielt sich dieses Wesen ruhig, als warte es ab, was geschehe. Eins war mir klar geworden: Dieses Wesen hatte mit dieser Familie zu tun. Aber wer war es? Dann stellte sich heraus, dass in dieser Familie ein Familienmitglied tödlich verunglückte und durch den schnellen Tod war dieses Wesen wohl nicht ins Licht gegangen. Aber das war nicht der Grund allein, wie sich später herausstellte. Die Familie fand es seltsam, dass der Verunglückte sich all die Jahre als Geistwesen in ihrem Haus aufgehalten hatte. Ich schlug der Familie vor, das Haus zu reinigen, es auszuräuchern, damit wieder Ruhe einkehrt. Man war sofort einverstanden und ich machte mich an die Arbeit.

Langsam und konzentriert durchschritt ich mit Weihrauch und einem wirksamen Spruch alle Räume. Mir war, als habe sich die Atmosphäre noch mehr verdichtet. Die Bewohner des Hauses bemerkten die Schwere in den Räumen nicht. Mir war, als sei mir dieses Wesen immer ein paar Schritte voraus und ließ mich nur schwer atmen.

Nach getaner Arbeit ließ ich erst einmal Ruhe einkehren.

Nach einiger Zeit ging ich ohne Weihrauch und Spruch noch einmal durch alle Räume; die Luft war rein und klar, ich konnte ohne Beschwerden atmen. Das war für mich die Bestätigung: Dieses Wesen hatte meine Hilfe angenommen. Bei meiner Anfrage in der Geistwelt bekam ich gesagt, dass dieses Wesen gut bei ihnen angekommen sei.

Es war einige Zeit vergangen und ich machte erneut einen Besuch bei meiner Bekannten. Während wir bei einem Gespräch zusammen saßen, wurden wir durch ein Frösteln über dem Körper aus unserem Gespräch gerissen und wie aus einem Mund kam der Ausspruch: »Wir haben Besuch aus der Geistwelt.« Umgehend nahmen wir Kontakt zu unserem Jenseitsbesuch auf. Um sicher zu sein, dass dieser Besuch von der Lichtseite kam, fragten wir gleich nach dem Namen, der wurde uns genannt. Nun hatten wir die Sicherheit, dass es kein Foppgeist war. Meine Bekannte sah mich erstaunt an, denn sie wusste, wer es war, und ich hatte die Bestätigung, dass diese verlorene Seele zu diesem Haus gehörte. Für meine Bekannte war das unvorstellbar, dass sich diese Seele über 20 Jahre in ihrem Haus aufgehalten hatte, ohne dass sie etwas bemerkt hatten.

Freundlich begrüßten wir dieses Wesen und ich richtete gleich die Frage an ihn, ob er es war, der diese Unruhe im Haus verursacht habe.

Er sagte uns: *»Ja, ich habe so auf mich aufmerksam gemacht. Ich bin nach meinem Tod nicht ins Licht gegangen, sondern habe mich in der Nähe meiner Frau aufgehalten.«*

Ich fragte zurück: »Warum, man hat dir doch das Licht gezeigt?«

»Gezeigt schon, aber ich konnte mich nicht von meiner Frau trennen, ich habe sie sehr geliebt, das hat mich hier festgehalten. Nach einiger Zeit habe ich gemerkt, dass ich nicht mehr hier hergehöre, aber den Weg ins Licht habe ich nicht mehr gefunden. Doch dann spürte ich, es kam Hilfe, und das warst du, da habe ich mich bemerkbar gemacht. Du hast sofort gefühlt, dass ich Hilfe brauche und das tat mir gut. Ich danke dir, du hast mir sehr geholfen. Ich bin jetzt an meinem richtigen Platz und kann hier meine mir zugedachten Aufgaben erfüllen.«

Ich fragte, worin diese Aufgaben bestehen würden.

»Ich helfe den Neuankömmlingen, sich hier zurechtzufinden. Viele sind nach ihrem Tod verwirrt und wissen nicht, dass sie keinen Körper mehr haben, da darf ich helfen. Es ist eine sehr dankbare Aufgabe. Ich danke dir nochmals, dass ich durch dich meinen Weg gefunden habe.«

Ein Besuch von meinem Schutzgeist

Immer wieder sind die Menschen erstaunt und irritiert, erzählt man, dass es erdgebundene Geistwesen gibt, die sich noch bei uns aufhalten und auf Hilfe warten. Skeptisch wird man beobachtet, ob man noch ganz richtig tickt, denn was die Menschen nicht sehen, kann es auch nicht geben. Der naive Glaube ist, dass man nach dem Tod in den Himmel kommt und auch da bleibt. Wo auch der Himmel für sie sein mag, er ist mitten unter uns, gut einen Meter über dem Erdboden. Wir können es mit den Augen nicht erfassen, weil die Schwingung auf der anderen Seite weitaus höher ist als in unserer Dimension. Doch mein Schutzgeist hatte sich für einen kurzen Moment materialisiert und sich mir in meinem Garten an einer Brunnenlampe gezeigt, das geschah am helllichten Tag. Lesend saß ich auf der Terrasse und da sah ich aus meinem Augenwinkel heraus, dass sich um diese Lampe ein weißer Nebel bildete. Ich erkannte in diesem kurzen Moment, dass sich in diesem Nebel schemenhaft ein Kopf mit Gestalt zeigte. Als ich mir das genauer ansehen wollte, hatte sich der Nebel schon aufgelöst. Da es immer nur Sekunden sind, in denen man so etwas zu sehen bekommt, glaubte ich an einer Halluzination. Ich setzte mich sofort mit meinem Schutzgeist in Verbindung und bat ihn um Aufklärung, für dieses weiße Gebilde an der Brunnenlampe.

Er sagte mir: *»Das war ich, beinahe hättest du mich gesehen, es war nur ein Besuch von mir.«*

Hier musste mein Schutzgeist seine Schwingung soweit herab gesetzt haben, dass ich etwas erkennen konnte, wenn auch nur schemenhaft. Warum glauben die Menschen, dass nach dem Tod alles endgültig vorbei ist hier hatte ich den besten Beweis, dass wir als Geistwesen weiter leben. Da wir alle der Technik und der Wissenschaft verfallen sind und die Kirche ein Weiteres dazu tut, sind wir so weit abgestumpft, dass wir in Tod und Geistwesen eine Bedrohung sehen. Noch viele Bestätigungen sagten mir, dass das Leben nach dem Tod weitergeht.

Dann geschah es, dass sich eine nahe Verwandte bei mir meldete. Sie sagte mir: *»Hier ist es wunderschön, ich habe viele liebe Wesen um mich und möchte auch nicht wieder auf der Erde sein.«*

Das sind doch wundervolle Aussichten. Gehen wir doch alle denselben Weg und nichts ist uns sicherer als der Tod. Schon bei unserer Geburt ist der Tod vorherbestimmt und wir hören nicht auf zu existieren, das müsste uns doch die Angst vor dem Tod nehmen. Ich habe auch noch keinen Sterbenden gesehen, der sich gegen den Tod gewehrt hat, er war immer eine Erlösung und der Sterbende ging in Frieden heim.

Jeder der an ihn (Gott) glaubt, wird ein ewiges Leben haben.

Um an unseren Fehlern zu arbeiten, machen wir nur eine kurze Station auf der Erde, um dann wieder heimzukehren. Es wäre gut, wenn sich die Menschen mehr mit Reinkarnation beschäftigen würden, um sich über den Tod schlau zumachen. Wie heißt es? *Wissen ist Macht* und man ist nicht allem hilflos ausgeliefert. Aber hier spielt die Kirche ihre Macht aus und will uns in Abhängigkeit halten, indem sie den Menschen einredet, dass wir nur ein Leben hätten und nur sie den heißen Draht zu Gott. Doch Gott ist für alle da und nicht nur für Priester. Ständig reden sie uns ein, dass es Sünde sei, uns der Geistwelt zu nähern. Gott würde uns bestrafen und der Teufel uns holen. Immer wieder drohen sie mit dem Teufel. Es gibt keinen Teufel, der ist von Menschen erdacht, weil man das Böse nicht anders erklären konnte.

Weitere Besuche von Erdgebundenen

Durch flüsternde Stimmen wurde ich an einem Abend, ich war schon zu Bett gegangen, gestört. Ich horchte auf und konzentrierte mich auf dieses Flüstern, aber es war so leise, dass ich es als Einbildung abtat.

Der nächste Abend kam, da waren sie wieder, diese flüsternden Stimmen. Auch jetzt war es mir nicht möglich, sie zu verstehen. Ich war etwas irritiert, denn dasselbe zweimal zu hören, fand ich schon sonderbar, eine Einbildung konnte es nun nicht mehr sein. Dann fiel mir eine Botschaft aus der Geistwelt ein, darin hieß es, du wirst noch viel Arbeit bekommen. Aber sollte das mit diesen Stimmen zu tun haben? Doch wohl kaum?

Doch es kam noch mehr. Eine Woche war vergangen und es geschah wieder dieses seltsame Flüstern, diesmal wurde es lauter und ich konnte zu meiner Verwunderung etwas verstehen. Es wurde eine Unterhaltung geführt, nur bekam ich nicht allzu viel davon mit, nur den lauten Ausruf *»Ach da bist du ja«,* als habe man auf jemanden gewartet, dann war es still. Sogleich entstand ein Bild vor meinem geistigen Auge und ich sah mehrere Frauen in einem Kreis stehen, die eine Unterhaltung führten. Eine dieser Frau stand in der Mitte, hatte blonde Haare und trug eine rote Strickjacke, sie musste wohl die Gruppe anführen. Nach diesem lauten Ausruf wurden keine Gespräche mehr geführt. Ich horchte nach, ob nicht doch noch etwas zu hören war, aber es blieb still.

Neugierig geworden öffnete ich das Fenster und war erstaunt, dass ich niemanden zu sehen bekam, auch bei meinen Nachbarn war alles still. Da ich solch ein klares Bild vor meinem geistigen Auge hatte, überlegte ich: Sollte das etwas mit Hellsehen zu tun haben, wie die Geistwelt mir prophezeit hatte?

Da ich auf der Straße nichts zu sehen bekam, konnte es sich nur um Erdgebundene handeln. Ich hätte es wissen müssen, denn es war auch nicht das erste Mal, dass Erdgebundene bei mir Hilfe suchten. Da unser Ego immer nach einer realen Erklärung sucht, hätte ich es beinahe verpasst, diesen Seelen zu helfen. Zur Sicherheit sagte ich schnell meinen Spruch, der sie ins Licht führen sollte. Nach meinem Zögern hoffte ich, dass mein Spruch doch noch seine Wirkung getan hatte.

Ich nahm mal wieder die Geistwelt in Anspruch und die bestätigte mir: *»Es waren Erdgebundene, du hast richtig gehandelt, sie haben ihren Weg ins Licht gefunden.«*
Ich bekam aber gleich eine Rüge: *»Warum zweifelst du? Es ist deine Aufgabe.«*

Vierzehn Tage waren seit diesem Ereignis vergangen. An einem Abend, ich hatte mich schon schlafen gelegt, hörte ich Stimmen vor meinem Fenster. Dieses Mal waren es Männer, die eine Unterhaltung führten. Gleich hatte ich wieder ein Bild vor meinem geistigen Auge, wie beim ersten Mal. Ich sah, dass sie mit Fahrrädern unterwegs waren. Von einem dieser Männer bekam ich ein klares Bild. Dieser Mann stand in einem hellen Licht, war sehr groß, schlank und dunkelhaarig. Er trug eine Kappe auf dem Kopf. Ein Bein war hoch auf das Pedal von seinem Rad gestellt, er musste der Dominierende in der Gruppe sein. Wie beim ersten Mal bekam ich erst nur ein Gemurmel zu hören, bis dieser Mann plötzlich mit ziemlich lauter Stimme rief: *»Das darf doch nicht wahr sein?«* Ich horchte auf, um mehr zu hören, aber auch hier war es nach dem Ausruf still.
Dieser klare Ausruf, kam er tatsächlich von einem Erdgebundenen? Da auch dieses Gespräch vor meinem Haus stattfand, hätte es mir eigentlich klar sein müssen, wer mich hier besuchte. Und wieder zweifelte ich. Leise öffnete ich das Fenster, zusehen bekam ich jedoch nichts, die Straße war menschenleer, als seien diese Männer vom Erdboden verschluckt. Da ich nichts zu sehen bekam, sagte ich

schnell meinen Spruch, denn es konnten nur Erdgebundene sein, die meine Hilfe suchten.

Ich bemühte mal wieder die Geistwelt, ob ich richtig gehandelt hatte und die gab mir zum zweiten Mal fast ärgerlich eine Antwort: *»Ja, warum zweifelst du immer noch? Es war richtig, dass du deinen Spruch gesagt hast. Es waren Erdgebundene. Sie haben durch dein Ansprechen ihren Weg ins Licht gefunden und sind gut bei uns angekommen.* Dann wurde mit noch mitgeteilt: *»Du hast dich vor deiner Inkarnation für diese Arbeit entschieden. Du warst in mehreren Leben eine Schamanin und Heilerin und diese Kräfte hast du immer noch, wie viele andere mit dir. Ihr seid auf der Erde verteilt und werdet für Frieden und Heilung eingesetzt. Deine Bestimmung ist, zu helfen.«*

Ich war erstaunt, dass ich diese Kräfte in diesem Leben noch haben sollte, aber wenn ich so überlegte, reagierten alle Erdgebundenen direkt auf meine Aufforderung ins Licht zu gehen.

Erdgebundene Kinder

Wieder geschah etwas Seltsames in meiner Straße. Zu meiner Verwunderung hörte ich zu ungewöhnlicher Zeit, um halb zwölf Uhr nachts, Kinder auf der Straße spielen. Ich horchte nach draußen und stellte fest, dass diese Kinder sich mit einem Skatboard vergnügten und großen Spaß dabei hatten. Nur eins machte mich stutzig: dass es vor meinem Haus geschah. Diese Kinder benutzten genau meine Hausbreite für ihr Spiel. Dieses lustige Treiben ging eine ganze Weile, bis ich ein Auto kommen hörte – und das mit hoher Geschwindigkeit, mindestens mit 50 km/h statt mit Schrittgeschwindigkeit, wie es in unserer Straße erlaubt ist. Diese Straße ist als

Spielstraße ausgewiesen und hat keinen Bürgersteig. Genau vor meinem Haus ist eine Verengung, rechts und links sind Büsche, sodass ein Ausweichen kaum möglich war. Mein erster Gedanke war: *Jetzt erwischt er die Kinder.* Das Auto hatte mein Haus erreicht und fuhr mit dieser überhöhten Geschwindigkeit daran vorbei. Ich horchte nach draußen, doch es war alles still. Sollten die Kinder doch noch eine Möglichkeit gehabt haben, sich in Sicherheit zu bringen? Da mir das Ganze sehr rätselhaft war, fragte ich mich, ob dies erdgebundene Kinderseelen waren. So abwegig war das nicht, denn es gibt auch Kinder, die erdgebunden sind und das Licht verweigert haben. Sie glauben, dass sie nicht tot sind und verweigern das Licht, denn ihr Leben hat gerade erst angefangen, nun sollte es schon wieder vorbei sein?

Einen Augenblick zögerte ich noch dann sprach sie liebevoll an: *»Verzeiht mir, dass ich euch das sage, aber ihr seid tot. Ihr habt keinen Körper mehr. Geht nach Hause, geht ins Licht. Achtet auf das Licht, der Weg wird euch gezeigt. Man wartet auf euch, ihr werdet in Liebe empfangen. Ich wünsche euch eine gute Reise. Ich segne euch mit Licht, Liebe und Frieden. Nun geht.«*

Aus der Geistwelt bekam ich die Bestätigung: *»Es waren Kinderseelen, du konntest ihnen helfen. Sie haben ihren Weg ins Licht gefunden und sind gut bei uns angekommen.«*

Ich war erleichtert, dass ich diesen erdgebundenen Kinderseelen helfen konnte. Diese Kinder hatten sich vor ihrer Inkarnation für dieses kurze Leben entschieden, aus welchen Gründen auch immer, bewusst war ihnen das nicht mehr.. Nun war die Zeit gekommen und sie stellten fest, dass mit ihnen etwas nicht stimmte, dies konnte nicht ihr wahres Zuhause sein. Um Hilfe zu bekommen machten sie so auf sich aufmerksam. Wenn sie wollen, werden sie noch viele Leben auf Erden haben, aber erst müssen sie zurück in ihre geistige Heimat.

Tiergeräusche durch einen Erdgebundenen

In der Nacht wurde ich durch ein sehr lautes Geräusch aus dem Schlaf gerissen. Was ich zu hören bekam, war schon ungewöhnlich. Mir war, als laufe eine Ente schnatternd auf der Straße herum. Angespannt horchte ich nach draußen. Bildete ich mir etwas ein? Eine Ente des Nachts auf der Straße? Ich musste wohl geträumt haben.

Kurze Zeit später wiederholte sich das Ganze. Jetzt wurde ich neugierig und sah aus dem Fenster, doch zu sehen bekam ich nichts, nur das Schnattern blieb, als hätte ich es vor meiner Nase. Ganz allmählich wurde es leiser, als entferne es sich.

Das wiederholte sich noch an zwei Abenden und immer mit demselben Geräusch. Mit Einbildung konnte das nichts mehr zu tun haben. Sollte es eine erdgebundene Seele sein, die nicht aufgab, um Hilfe zu bekommen?

Manchmal war ich begriffsstutzig, wusste ich doch, dass Erdgebundene sowie Geistwesen sich durch Tiergeräusche bemerkbar machen können. Als der dritte Besuch kam, sprach ich diese Seele mit meinem wirkungsvollen Spruch an, um ihr ins Licht zu helfen. Doch zu meiner Sicherheit fragte ich in der Geistwelt nach, ob ich richtig gehandelt hatte.

Da wurde mir gesagt: »*Ja, du konntest dieser Seele helfen, es war ein Erdgebundener. Du hast richtig gehandelt. Dieses Wesen hat in deiner Straße gewohnt, lange vor deiner Zeit, und ist auf der Hauptstraße tödlich verunglückt. Der Tod war zu plötzlich, daher blieb er erdgebunden. Er hielt sich noch viel an seinem Wohnort auf. Dieses Geräusch war für dich bestimmt, damit wollte er auf sich aufmerksam machen, denn er hatte gemerkt, er gehöre nicht mehr hierher. Er suchte Hilfe und wusste, dass du ihm helfen kannst. Mit deinem Spruch und deiner liebevollen Zuwendung konntest du ihm helfen. Er hat es geschafft, er ist jetzt bei uns im Licht.*«

Obwohl ich wusste, dass sich Erdgebundene auf verschiedene Art bemerkbar machen können und ich schon vielen geholfen hatte, hatte ich immer noch Zweifel. Immer wieder holte ich mir eine Bestätigung aus der Geistwelt, was sie gar nicht gerne sahen. Dann hieß es immer: *»Vertrau dir und glaub es endlich.«*

Ein Besuch von meiner verstorbenen Schwester

Ich war damit beschäftigt, die Wohnung zu säubern. Irgendetwas störte mich und ich bekam das Gefühl, nicht allein zu sein, ich fühlte mich beobachtet. Ich sah mich im Haus um, zu sehen war niemand – wie auch, ich war ja allein im Haus und arbeitete weiter. Da nun alles ruhig blieb, dachte ich mir: *Du siehst sie auch schon kommen?*

Mit meiner Arbeit war ich fertig und machte mich zum Einkaufen bereit. Ich stand schon vor der Haustür, als ich mit einem »Guten Morgen!« begrüßt wurde. Erschrocken sah ich mich um, bekam aber nichts zusehen. Eilig lief ich auf die Straße. Hatte ich jemanden übersehen? Aber die Straße war leer, was hatte ich gehört? Das war doch ein Gruß und er wurde direkt vor meiner Nase ausgesprochen. Und: Diese Stimme kam mir sehr bekannt vor. Besuche aus der Geistwelt waren mir nicht fremd, aber vor meiner Haustür, vor meiner Nase, und das am helllichten Tag? Ich zweifelte schon an meinen Verstand.

Schnell kehrte ich um ging wieder ins Haus, dieser Sache musste sofort auf den Grund gehen. Ich nahm Verbindung zur Geistwelt auf mit der Frage, wer mich besucht hat?

Kaum hatte ich meine Frage gestellt, meldete sich meine Schwester: *»Das war ich, deine Schwester!«*

Ich hatte mit allem gerechnet, nur nicht mit meiner Schwester.

»Hat es einen besonderen Grund, warum du mich besuchst?«

»*Nein, ich bin gerne noch mal bei euch und habe dir nur einen Besuch abgestattet und dich mit einem Guten Morgen gegrüßt. Ich hoffe, es hat dich gefreut?*«

»Nun, da ich es weiß, freut es mich, aber du hast mich ganz schön erschreckt.«

»*Es war nicht meine Absicht, dich zu erschrecken, ich wollte dir nur eine Freude machen. Ich denke noch viel an meine Familie und habe euch schon oft besucht.*«

»Das freut mich, dass du an uns denkst, aber dein Besuch hat mich überrascht, damit habe ich nicht gerechnet.«

Kurz darauf erfolgte noch ein Besuch von meiner Schwester, und zwar bei ihrem Mann. Ich bekam einen Anruf von meinem Schwager, er berichtete mir, dass er etwas sehr Ungewöhnliches erlebt hatte: »Du wirst es nicht glauben! Ich hatte mich zu Bett gelegt, das Fenster hatte ich aufgelassen, aber die Jalousien waren heruntergezogen, als plötzlich, wie aus dem Nichts, sich ein Vogel in meinem Zimmer aufhielt. Dieser Vogel flog um meinen Kopf herum, und bevor ich feststellen konnte, woher er kam, verschwand er, wie er gekommen war.«

Die ganze Sache war schon sehr ungewöhnlich. Ich erklärte ihm, hier könnten wir nur eins machen: in der Geistwelt nachfragen.

Mir wurde gesagt »*Dieser Vogel war deine Schwester, die ihren Mann noch mal besucht hat, um von ihm Abschied zu nehmen.*«

Ihr Tod war zu plötzlich, mein Schwager konnte sich von seiner Frau nicht verabschieden. Es war ein Abschiedsgruß und sie hat ihren Frieden gefunden.

Geistwesen bei einer Bekannten

Eine Einladung von einer Bekannten war nicht so ganz ohne Hintergedanken. Sie ließ durchblicken, dass sie sich in ihrer Wohnung nicht mehr wohl fühle, irgendetwas stimme nicht mit dem Haus und der Wohnung. Mehr wollte sie mir dazu nicht sagen, sie wollte mich nicht beeinflussen.

Um was es ging, konnte ich mir schon denken. Ich packte zur Vorsicht mein Räucherwerkzeug ein. Sie wusste, dass ich schon mehrmals unerklärlichen Phänomenen auf die Spur gekommen war und helfen konnte, nun erwartete sie Hilfe von mir. Ich machte mich auf den Weg und war gespannt, was in diesem Haus und der Wohnung auf mich zukam.

Bei meiner Bekannten angekommen, ließ ich erst einmal das Haus auf mich wirken, zu spüren bekam ich nichts. Alle Antennen auf Empfang betrat ich das Haus und bekam ich sofort Atembeschwerden. Mein erster Gedanke war: Hoffentlich passiert mir das nicht in der Wohnung.

Es kam, wie ich es mir schon dachte: gleich bei der Begrüßung huschte ein Schatten an uns vorbei. Scherzhaft fragte ich meine Bekannte: »Wird dein Besuch immer so begrüßt?«

»Eigentlich nicht, das muss wohl an dir liegen, also hast du auch gemerkt, dass hier etwas nicht stimmt, denn keiner meiner Besucher hat bisher etwas gemerkt. Du bist die Einzige, mit der ich darüber sprechen kann, denn alle anderen würden mich für verrückt halten.

Nachdem ich eine Weile in der Wohnung war, fiel mir auf, dass sich hier nicht nur ein Erdgebundener aufhielt, es mussten mehrere sein. Meine Bekannte war nicht überrascht, dass es mehrere waren: »Ich habe auf dich gewartet, um Gewissheit zu haben.«

Mir wurde klar, hier mussten wir auf dem schnellsten Wege etwas unternehmen damit wieder Ruhe bei ihr einkehrte. Von der Fahrt ziemlich erschöpft, nahm ich mir das für den nächsten Tag vor.

Nun erzählte sie mir, was sie mir bis dahin verschwiegen hatte, dass diese Wesen nämlich auch oft als Schatten an ihrem Bett standen. »Du kannst dir vorstellen, dass ich erst einmal einen Schreck bekam, mehrere Wesen in riesigen Schatten an meinem Bett stehen zu sehen.«

Da meine Freundin sehr sensitiv war und sich mit Geistwesen auskannte, wusste sie sich zu helfen. Sie sprach diese Wesen an und forderte sie auf, das Zimmer und das Haus zu verlassen. Das half nur für kurze Zeit. Um sie ganz loszuwerden, brauchte sie meine Hilfe. Sie war sich sicher, es mussten Erdgebundene sein, vielleicht hatten diese Wesen hier mal gewohnt und fühlten sich durch die jetzigen Bewohner belästigt.

Von denen, die noch nie etwas über Erdgebundene gehört haben, dass dies Seelen sind, die nicht ins Licht gegangen sind, wird man mitleidig angesehen. Aber wie oft ist es schon vorgekommen, dass Menschen Häuser und Wohnungen verlassen und erklären: »Bei uns spukt es!« Obwohl diese Menschen nie an Spuk geglaubt haben. Aber nun passieren Dinge, für die sie keine reale Erklärung finden. Diese Wohnstätten müssen sauber gemacht werden, ausgeräuchert, um die Seelen, die sich dort aufhalten, ins Licht zu schicken.

Was war in diesem Haus meiner Bekannten, das so voller Erdgebundener war? Meiner Bekannten fiel ein, dass die älteren Mitbewohner ihr erzählt hatten, dass dieses Haus im Krieg durch eine Bombe stark beschädigt wurde. Diese Bombe ging quer durch das Gebäude und riss ein Viertel des Hauses mitsamt seinen Bewohnern mit. Also das war der Grund für die vielen Erdgebundenen, sie waren alle an diesem Ort geblieben. So plötzlich aus dem Leben gerissen, waren sie völlig orientierungslos sie hatten nicht begriffen, dass sie tot waren und keinen Körper mehr hatten. Sie fühlten sich belästigt, denn das war mal ihre Wohnstätte.

Im Laufe des Tages blieb alles ruhig, daher hatten wir unser Vorhaben, auszuräuchern, hinten angestellt. Wir machten erst einmal einen Stadtbummel, von dem wir ziemlich spät und erschöpft zurückkamen. Es war ein warmer schwüler Sommertag und wir überlegten, ob unsere Energie noch ausreichte, um diesen Seelen zu helfen? Da ich meine Bekannte so schnell nicht wieder besuchen würde, entschlossen wir uns, es einfach in Angriff zu nehmen. Mit Weihrauch und meinem Spruch ging ich ans Werk, jeder Raum wurde gründlich ausgeräuchert. Nach einer Viertelstunde überprüften wir alles noch einmal und der erste Eindruck war, dass wir nun freier atmen konnten. Aber irgendwie sagte uns unser Gefühl, dass es noch nicht so ganz in Ordnung sein konnte. Das Ganze an diesem Abend zu wiederholen, hätte nichts gebracht, denn unsere Energie war durch den Stadtbummel ziemlich aufgebraucht. In der Hoffnung, dass alles in Ordnung war, fuhr ich wieder nach Hause.

Doch schon am nächsten Abend bekam ich einen Anruf von meiner Bekannten:»Unsere Energie hat doch nicht ausgereicht, denn diese Geistwesen haben sich wieder bei mir eingestellt.«

Das hieß für uns, wir mussten noch einmal ausräuchern, aber wie? Ich war nicht vor Ort, meine Bekannte wohnte nicht in meiner Stadt.

Ich erklärte ihr:»Nun muss ich dir erst einmal etwas erzählen, was mir zu Hause passiert ist: Zu Hause angekommen, hatte ich mich mit einem Buch auf die Terrasse gesetzt. Während ich las, sah ich in meiner Küche am Ofen seitlich von meinem Gesicht einen Schatten. Ich drehte mich erschrocken um, konnte aber nichts sehen. Dann wiederholte sich das Ganze noch einmal, wieder drehte ich mich um, konnte auch diesmal nichts erkennen. Nun nahm ich mir vor, sollte das noch einmal passieren, sofort zu reagieren. Es geschah tatsächlich noch einmal. Ruckartig drehte ich mich um und sah in dem Schatten Umrisse einer Figur, in Kopfhöhe waren noch zwei Lichtpunkte zu sehen, die ich als Augen deutete. Das Ganze spielte sich in Sekunden ab.«

Meine Bekannte war sprachlos über das, was in meinem Haus passierte, und befürchtete, dass die Energien aus ihrem Haus mir gefolgt seien: »Nun hast du sie mitgenommen. Unser Ausräuchern hat nicht geklappt. Es kann nur damit etwas zu tun haben, was sollst du sonst im Haus haben. Sie warten auf deine Hilfe. Das Beste ist, du fragst bei deinem Schutzgeist Elias nach, er wird wissen, was du im Haus hast.«

Also fragte ich Elias. Er sollte mir Auskunft über den Schatten an meinem Ofen geben.

Er sagte mir: »*Wärt ihr ausgeruhter gewesen, dann hättet ihr mehr Energie gehabt, so fehlten euch die Konzentration und die Energie, um diesen Wesen zu helfen. Nun haben sie sich bei dir angehängt und du hast sie mitgenommen, weil sie sich von dir Hilfe versprechen. Schick sie erst einmal zurück, damit sie wieder an ihrem Ort sind. Du brauchst auch nicht bei deiner Bekannten zu sein, ihr könnt gemeinsam per Telefon ihre Wohnung noch einmal reinigen. Du sagst deinen Spruch von zu Hause und deine Bekannte räuchert in ihrer Wohnung, aber diesmal konzentrierter.*«

Ich berichtete meiner Bekannten über die Auskunft von meinem Schutzgeist, dass ich die Erdgebunden mitgenommen hätte, jetzt müssten wir alles noch einmal ausräuchern. Aber erst musste ich sie zurückschicken. »Ich werde ihnen sagen: *Bei mir seid ihr nicht richtig, geht zurück in eure Wohnstätte, ich werde euch helfen, euer wahres Zuhause zu finden.* Von Elias habe ich die Information bekommen, dass wir es per Telefon regeln können, ich brauche nicht bei dir zu sein. Ich werde meinen Spruch von zu Hause aus sagen und du räucherst deine Wohnung aus.« Begeistert waren wir nicht darüber, aber um Ruhe zu bekommen, machten wir uns ans Werk.

Nach dieser zweiten Reinigung und durch ein energisches Ansprechen dieser Wesen haben wir es geschafft; diese Seelen haben ihren Weg ins Licht gefunden und ihren Frieden.

Meine Bekannte war ihr Problem los, aber nun bekam ich Probleme. Bei der ersten Reinigung hatte ich den Fehler begangen, mich nicht ausreichend geschützt zu haben, und war noch dazu in Eile. Da sich diese Wesen Hilfe suchend an mich geheftet hatten, hatten sie mir sehr viel Energie abgezogen, dies bekam ich nun zu spüren. Mein Schwachpunkt ist mein Magen und dort bin ich angreifbar, prompt bekam ich da Schwierigkeiten. Bei solchen Sachen ist es sehr wichtig geschützt zu sein und keine Eile zu haben, Eile verfehlt immer ihren Zweck. Meine Magenbeschwerden waren sehr unangenehm, das Schlucken fiel mir schwer, ich hatte das Gefühl, als hätte ich einen riesigen Kloß im Magen und den behielt ich drei Tage.

Natürlich fragte ich wieder nach, woher meine Magenbeschwerden kämen, obwohl ich mir das sparen konnte und die Antwort war auch dementsprechend: »*Wie ein Anfänger. Wie du weißt, ist dein Magen dein Schwachpunkt und dort bist du angreifbar. Durch deine geschwächte Energie war ein konsequentes Ausräuchern nicht möglich. Auch hast du dich nicht ausreichend geschützt und diese Geistwesen haben dir viel Energie abgezogen. Warnungen sprichst du nur für andere aus und selbst beachtest du die Gefahren nicht. Das hast du dir selbst zuzuschreiben, nun weißt du es. Also sei vorsichtiger mit solchen Sachen und mache es nicht, wenn du nur noch wenig Energie hast.*«

Das war mir eine Lehre. Ich würde nie mehr ohne Schutz und so energielos an eine Energiearbeit herangehen.

Dies waren nun friedliche Geistwesen, die auf Erlösung warteten. Sie hatten sich hilfesuchend an mich geheftet. Wären es dunkle Geistwesen gewesen, hätte ich ein Problem bekommen, denn ungeschützt wäre ich sie so schnell nicht wieder losgeworden.

Ein Hilfe suchendes Geistwesen

Ein Anruf von einer Freundin machte mich besorgt. Sie erzählte mir, dass sie seit Tagen des Nachts belästigt werde, von einem Geistwesen: »Jedes Mal, wenn ich meinen Schlafraum betrete, weht mir ein kalter Hauch entgegen. Diesen kalten Hauch spüre ich auch während ich schlafe. Dann wurde ich des Nachts wach, irgendetwas störte meinen Schlaf. Erschrocken stellte ich fest, dass ein großer dunkler Schatten an meinem Bett stand. Er bewegte sich nicht, stand nur stumm da. Erst dachte ich, die Wesen, die in meinem Haus waren, seien wiedergekommen. Vorstellen konnte ich mir das aber nicht, denn es war ja nur ein Schatten. Mit einem strengen Ton sprach ich ihn an und forderte ihn auf, das Zimmer und das Haus sofort zu verlassen, was auch geschah. Aber er kommt immer wieder, was sehr unangenehm ist. Ich möchte, dass er verschwindet und nie wiederkommt. Ich weiß nicht, warum er da ist, aber auf meinen Rauswurf reagiert er.«

Wir zerbrachen uns den Kopf darüber und kamen zu keinem Ergebnis. Hier konnte ich nur eins machen: mal wieder die Geistwelt bitten, uns zu helfen. Ich bat meinen Schutzgeist Elias um Auskunft über diesen nächtlichen Besuch bei meiner Freundin.

Er erklärte: *»Es ist ein erdgebundenes Wesen und kommt aus einem vorherigen Leben deiner Freundin. Es hat mit einem nicht verarbeiteten Unglück zu tun. In dem vorigen Leben hat es einen Hausbrand gegeben, dabei ist deine Freundin ums Leben gekommen. Es ist ihre Mutter aus diesem Leben, die nicht zur Ruhe kommt. Sie macht sich Vorwürfe und glaubt, sie sei schuld am Tod ihres Kindes. Dies ist aber nicht so, es war ein Unglück, es hatte einen Brand im Haus gegeben, der wurde zu spät bemerkt, sie hat ihrem Kind nicht mehr helfen können. Wir konnten diesem Wesen die Schuld nicht ausreden, deshalb kommt es immer wieder und möchte, dass deine Freundin ihr* *verzeiht. Es wäre gut, wenn sie mal mit ihr sprechen würde und diesem Wesen erklärt, dass es nicht ihre Schuld war und ihr verzeiht. Dann soll sie ausräuchern und ihr sagen, dass sie ins Licht gehen soll, es wird ihr gezeigt.«*

Ich berichtete meiner Freundin von dieser Durchsage und gab ihr den Rat: »Mach es gleich heute Abend in aller Ruhe, dann kannst du wieder ungestört schlafen.«

Meine Freundin befolgte diesen Rat. Angenehm war es ihr aber nicht, mit diesem Geistwesen zu sprechen, das ihre Mutter gewesen sein sollte. Aber so ist es eben: Wenn wir inkarnieren, dann sind alle Erinnerungen aus vergangenen Leben gelöscht. Allen Mut zusammen nehmend zündete sie Weihrauch und eine Kerze an und ging zur Schlafzimmertür. Um allem Unangenehmen aus dem Weg zu gehen, ging sie nicht ins Zimmer, sondern blieb vor der Tür stehen und sagte ihren Spruch. »Wenn du meine Mutter bist, dann hör mir bitte zu. Bei diesem Hausbrand konntest du mir nicht mehr helfen, es war nicht deine Schuld, der Brand ist zu spät entdeckt worden. Du brauchst dir keine Vorwürfe zu machen, ich werfe dir nicht vor, dass du es nicht geschafft hast, mich zu retten. Geh ins Licht, man wartet schon auf dich, du wirst in Liebe empfangen werden. Ich segne dich mit Licht und Liebe und wünsche dir den ewigen Frieden.«

Nun hatte sie angenommen, dass dieses Ansprechen vor der Tür ausreichen würde, aber dieses Wesen reagierte nicht darauf und die Belästigungen fanden weiterhin statt. Nun bat sie mich, doch noch mal bei meinem Schutzgeist nachzufragen, denn der Spruch habe nicht gewirkt. Was ich nicht wusste war, dass sie vor der Tür stehengeblieben war.

Ich rief Elias und der erklärte mir: *»Deine Freundin muss das Zimmer betreten, um dieses Wesen anzusprechen. Bleibt sie vor der Tür, fühlt es sich nicht angesprochen.*

Dies sagte ich meiner Freundin und sie nahm noch einmal allen Mut zusammen und betrat mit ihrem Räucherwerk das Schlafzimmer. Tapfer hielt sie durch, sagte ihren Spruch und räucherte. Dieses zweite direkte Ansprechen zeigte Wirkung, sie schaffte es, dieses Geistwesen ins Licht zu bringen; es hat seinen Frieden gefunden.

Ohne es zu wissen, hatte meine Freundin durch ihr Verhalten diese Sache selbst heraufbeschworen. Sie war in einen Altbau umgezogen und dort wurde ein Großteil der Räume mit einem Kachelofen geheizt. Da es ein sehr kalter Winter war, hatte sie in ihrem Schlafraum das Bett in die Nähe des Kachelofens gestellt, somit war schon alles vorprogrammiert. Da Öfen bekanntlich mit Feuer zu tun haben, glaubte dieses Wesen, meine Freundin beschützen zu müssen. Das Tragische war, dass außerdem noch ein Bild in diesem Zimmer hing, das einen rauchenden Kamin zeigte und dadurch die Schuldgefühle dieses Geistwesens erheblich verstärkte. Da meine Freundin nun wusste was dieses Geistwesen angezogen hatte, entfernte sie sofort das Bild, ihr Bett stellte sie erst einmal weit weg von dem Kachelofen.

Noch eine Weile beobachtete sie ihr Schlafzimmer, aber dieses Wesen erschien nicht mehr, es hatte seinen Frieden gefunden und meine Freundin konnte wieder ruhig schlafen.

Die Priesterschaft und ihre Machenschaften

Meine Meinung über die kirchlichen Machthaber, die Priesterschaft, war noch nie die beste. Die ständigen Beschuldigungen, dass wir sündigen Menschen nur durch sie von unseren Sünden befreit werden und in das Himmelreich kommen, war mir von jeher schleierhaft. Glaubt die Priesterschaft tatsächlich, dass durch die Beichte, die von der Kirche eingeführt wurde, uns unsere Sünden vergeben werden? Hat Gott ihnen persönlich den Auftrag erteilt, uns unsere Sünden zu vergeben? Das ist schon anmaßend. Sie verfolgen nur ein Ziel, nämlich ihren Job zu sichern. Keiner kann uns unsere Fehltritte vergeben, auch nicht die Priester durch eine Beichte, dafür inkarnieren wir.

Diese Beichte gibt es nur im katholischen Glauben. Was ist mit den Menschen, die diesem Glauben nicht angehören? Lässt Gott sie ihrer Sünden wegen in der Hölle schmoren? Ich kann mir nicht vorstellen, dass Gott seine Kinder der Fehler wegen abweist und durch Feuer vernichtet. Dann müsste fast die ganze Menschheit in der Hölle schmoren, denn wer ist schon von Sünden frei?

Dass dies völliger Unsinn ist, müsste doch jedem einleuchten? Damit jagen die Priester den Menschen nur Angst ein und halten sie in Abhängigkeit. Sind sie nicht genauso geboren wie wir? Und was ist mit ihren Sünden? Warum sollte uns ein *liebender Gott* strafen? Das ist doch ein Widerspruch, erst ist es ein *liebender Gott*, dann gibt es harte Strafen. Sehen wir doch mal hinter die Kulissen, wie schwach diese Kirchenmänner sind und wie viele Sünden im Namen Gottes von ihnen begangen werden. Gott straft nicht, er gibt jedem die Gelegenheit, auch den Priestern, Verfehlungen wiedergutzumachen, und zwar durch eine Inkarnation. Gott ist es gleich, wie und wann wir unsere Fehler aufarbeiten, um zur Erleuchtung zu kommen, wichtig ist nur, *dass* wir sie aufarbeiten.

Mein persönlicher Schutzengel

Da ich die Kirche mit ihren Drohungen von Hölle und Satan ablehne, stellte ich zunächst auch Engel und Schutzengel infrage. Später stellte ich fest, dass es ein großer Fehler war, Engel mit Priestern gleichzustellen. Wie war doch die volkstümliche Redensart bei einem Unglück, das gut ausgegangen ist: *Da hast du aber einen Schutzengel gehabt.* Dies konnte doch wohl wenig mit Priester zu tun haben. Ich erinnerte mich, wie viel Glück ich schon im Unglück gehabt hatte, dass sonst vielleicht tödlich ausgegangen wäre. Dies hatte ich wohl meinem Schutzengel und Schutzgeist zu verdanken. Durch ein Ereignis bekam ich bestätigt, dass mein Schutzengel und mein Schutzgeist immer in meiner Nähe sind, um Schlimmeres zu verhindern.

Ich besuchte einen Keramikkurs. Weihnachten stand vor der Tür und die Weihnachtzeit brachte es mit sich, dass Engel gemalt wurden. Irgendwie fand ich Gefallen daran und ließ mich darauf ein, auch einen Engel zu malen. Als man sah, dass ich einen Engel malte, wunderte man sich, da ich doch ständig gegen die Kirche mit allem Drumherum wetterte. »Warum nicht«, konterte ich, »sie sehen doch zu Weihnachten sehr dekorativ aus.« Damit war die Sache für mich erledigt.

Kurz darauf besuchte ich eine Bekannte aus dem Malkurs. Wir führten eine Unterhaltung über unsere gemalten Engel. Nun geschah etwas, das mich vollkommen überzeugen sollte, einen persönlichen Schutzengel zu haben, denn mitten in unserer Unterhaltung geschah etwas, das sich mit dem Verstand nicht erklären ließ: Plötzlich spürte ich, dass sich etwas um meine Taille bewegte, es war wie ein Streicheln. Ich ging dem Gefühl nach: War es eine Einbildung oder sollte das ein Geistwesen gewesen sein? Ich kam zu dem Schluss, dass es Einbildung nicht sein konnte, dafür war es zu intensiv. Um dies aufzuklären, wandte ich mich an meinen Schutzgeist.

Ohne ihn groß zu rufen, war er gleich zur Stelle und er erklärte mir: *»Dies war dein persönlicher Schutzengel, um dir zu zeigen, dass Engel keine Fantasie sind. Dein Schutzengel ist ständig bei dir, so wie ich. Du wirst noch mehr über Engel erfahren.«*

Ich kam aus dem Staunen nicht heraus, dass mich mein Schutzgeist belehrte, dass Engel keine Fantasie seien. Nun wollte ich von meinem Schutzgeist wissen, ob es mir möglich sei, auch mit meinem Schutzengel zu sprechen.

»Selbstverständlich, das kannst du, so wie mit mir.«

Das ließ ich mir nicht zweimal sagen und wandte mich Ehrfurchtsvoll an meinen Schutzengel. Meine erste Frage war: »Wie darf ich dich ansprechen?«

»Du kannst mich Dolores nennen, ich bin genauso zuständig für dich, wie dein Schutzgeist Elias. Ich bin immer in deiner Nähe. Du kannst mich jederzeit rufen.«

Ich war erstaunt, dass ich zwei Wesen hatte, die für mich zuständig waren und die ich ansprechen konnte.

Da ich ein ungeduldiger Mensch bin, machte mich mein Schutzengel gleich auf meine Schwächen aufmerksam und gab mir den Rat.

»Es wäre gut, wenn du mal meditieren würdest, damit du deine innere Ruhe und Mitte findest. Du musst ruhiger werden, das fehlt dir zurzeit.«

Das war eine Äußerung, die ich schon zur Genüge zuhören bekommen hatte. Ich gelobte Besserung.

Wir führten noch ein kleines Gespräch, dann sagte sie mir: *»Hier ist noch jemand, eine Freundin von dir, die mit dir sprechen möchte.«*

»Eine Freundin, die in der Geistwelt ist, kenne ich nicht.«

»Doch, du kennst sie. Überlege.«

Angestrengt überlegte ich, wer das wohl sein könnte. Da fiel mir eine frühere Nachbarin ein, zu der ich ein sehr gutes Verhältnis hatte. Sie war vor einigen Jahren verstorben. Sie war eine gute Gesprächspartnerin und wir hatten viele Gespräche über die Geistwelt geführt. Ich bedankte mich bei meinem Schutzengel für sein Kommen und nahm Kontakt zu meiner Freundin auf. Ich war gespannt, was sie mir zu sagen hatte.

Die freute sich riesig, dass ich bereit war, mit ihr zu sprechen. Das Erste, was sie mir sagte, war: *»Ich habe dich immer sehr lieb gehabt.«*

Ihre Ausdrucksweise, die so herzlich und liebevoll war, erstaunte mich, da sie das nie zuvor so zum Ausdruck gebracht hatte. Da sie schwer krank von uns ging, war meine erste Frage, wie es ihr ging.

Sie gab mir zu verstehen, dass es ihr ausgezeichnet ginge, dann machte sie noch eine Anmerkung: *»Du musst aufpassen, es ist dein Bekannter, er ist uns wohlbekannt und hat keinen guten Ruf bei uns.«*

Ich war erstaunt, dass sie von dem Charakter meines Bekannten Kenntnis hatte und sich um mich sorgte.

Dann sagte sie mir: *»Du wirst noch mal ein Buch schreiben.«*

Darüber war ich sehr entrüstet und sagte ihr, das sei nicht mein Ding. Reichte mein Wissen für ein Buch überhaupt aus? Mir ging gleich durch den Kopf, um was es ging: Es waren meine spirituellen Erlebnisse, über die wir lange Gespräche geführt hatten.

Da ich nicht bereit war, ein Buch zu schreiben, meldete sich mein Schutzengel zurück: *»Schreib. Du weißt eine Menge und hast eine Menge erlebt, das gut für ein Buch reicht.«*

Aber ich schob das erst einmal weit von mir, bis ich einen zweiten Anstoß von meinem Schutzgeist bekam. Er sprach mich auf das Buch an.

Darüber war ich verärgert und sagte ihm: »Das habe ich schon lange aufgegeben.«

Prompt bekam ich gesagt: *»Das hast du nicht. Schreib.«*

Diese barsche Äußerung fand ich gar nicht gut, denn so schnell konnte man mich nicht überreden, auch die Geistwelt nicht. Aber irgendwie ließ mich der Gedanke nicht mehr los. Sollte ich wirklich ein Buch schreiben? Nach einiger Zeit ich ließ mich darauf ein. Das Vorliegende Werk ist nun das Ergebnis und ich hoffe, den Menschen damit zu dienen.

Schutzgeister und Schutzengel

In der Sekunde, in der wir die Erde betreten, haben wir einen Schutzgeist und einen Schutzengel an unserer Seite. Wäre dem nicht so, wären wir wie Kinder ohne Eltern und hätten es schwer, unser Leben zu meistern. Die Aufgabe des Schutzengels ist es, über uns zu wachen und unsere Seele zum Wachstum anzuregen. Auch bewahren uns unser Schutzengel und unser Schutzgeist vor einem tödlichen Unglück, das nicht vorherbestimmt ist, denn alles ist festgelegt, bevor wir inkarnieren. In bedrohlichen Lagen haben wir zu unserem Schutz noch tausende Hilfsgeister zur Seite.

Dazu erklärte mir mein Schutzgeist: *»Trotz der vielen Helfer bleibe ich dein Schutzgeist, so wie Dolores dein Schutzengel. Diese Hilfsgeister treten nur in ganz prekären Lagen mit uns in Aktion.«*

Das erstaunte mich, so viel Schutz zu haben, und ich war dankbar dafür.

Nun haben Engel noch nie inkarniert, sie leben ewig im Jenseits und sind Zeugen Gottes, aber sie können, wenn sie wollen, die Aufgabe als Schutzengel übernehmen. Entschließt sich ein Engel dazu, Schutzengel zu werden, muss er eine kleine Ausbildung in Sachen *Mensch* machen. Dazu begleitet er einen ausgebildeten Engel, der schon für die Betreuung der Menschenseelen zuständig ist – wir sind keine Versuchskaninchen. Hat sich dieser Engel qualifiziert, sucht er sich seinen Schutzbefohlenen aus. Nun wird er erst einmal Schutzengel eines einzelnen Menschen und diesen begleitet er von Geburt an bis zum Tod. Mit unserem Schutzgeist verhält es sich anders, dieser hat schon mal inkarniert und kann sich gut in die Bedürfnisse seiner Schützlinge einfühlen. Auch ist ein qualifizierter Schutzgeist in der Lage, viele Menschenseelen gleichzeitig zu betreuen, dies erfuhren mein Mann und ich bei einem Kontakt mit unserem Schutzgeist. Wir stellten ihm die Frage, wie viele Schützlinge er zu betreuen habe.

Da gab er uns zum Scherz ein Rätsel auf: *»Zehn mal so viel, wie eine Hand Finger hat. Nun rechnet mal schön.«* Auch so kann ein Schutzgeist reagieren und ist auch zum Scherzen aufgelegt.

Nun wollten wir wissen, wie er das schafft, so viele Schützlinge zu betreuen.

Seine Antwort kam umgehend: *»Warum fragt ihr? Ihr wisst doch, dass sich Energie teilen kann. Somit werde ich allen gerecht.«*

Hierüber hatten wir uns schon einmal schlaugemacht und das ausgerechnet bei unserem Schutzgeist, darum wurden wir gleich zurechtgewiesen.

Wenn Engel auch noch nie inkarniert haben, kann es in Zeiten der Not geschehen, wenn bei uns alles im Chaos versinkt, dass Engel zu uns herüberwechseln. Ohne dass wir es wahrnehmen, arbeiten sie mit uns. Sie kommen, um uns Kraft zu geben, und stehen uns hilfreich zur Seite. Wir Menschen können uns gar nicht vorstellen, für was Engel alles zuständig sind.

Da gibt es Engel, die nur für unsere Geburt zuständig sind. Naht unsere Geburt, tritt der Engel in Aktion und verschafft uns die Energie, die wir brauchen, um den Wechsel aus der schützenden Dimension auf die andere Seite, die Erde, zu überstehen. Aber bis es soweit ist, gehen wir an den Hüterengeln des Vergessens vorbei, damit wir ohne Vorbelastung unser Leben meistern können.

Unsere Geburt ist schon ein abenteuerliches Ereignis: Von einem Moment auf den anderen werden wir von der sicheren Versorgung abgeschnitten und das ist der Zeitpunkt, an dem wir unserem Schutzgeist und Schutzengel übergeben werden. Sie sind von nun an für uns zuständig und das ein Leben lang. Egal was wir tun oder wie wir uns verhalten, unser Schutzengel und Schutzgeist bekommen alles mit. Hier geht es um geistiges Gedankengut und geistige Einstellung, unsere Beschützer sind keine Voyeure, die sich in die intimsten Dinge unseres Lebens einklinken.

Außer durch unserem Schutzgeist und Schutzengel haben wir Schutz durch unsere Aura. Sollten wir uns mit anrüchigen Sachen abgeben, verunreinigt das unsere Aura. Sie wird löchrig. Dadurch leben wir in ständiger Gefahr, der dunklen Seite Tür und Tor zu öffnen. Unser Fehlverhalten gibt ihnen die Macht, in unser Leben einzugreifen, wir sind dann Freiwild für sie. Sie manipulieren uns dahin, dass wir nach Geld, Macht und Besitz gieren, weit über das Maß hinaus, so verlieren wir den Kontakt zu Gott und beten den Götzen *Geld* an. Uns ist dann nur noch das Materielle wichtig, es ist wie der Tanz um das Goldene Kalb, Sorgen unserer Mitmenschen interessieren uns wenig.

Sollten Pornografie oder sonstige abartige Dinge im Spiel sein, was abscheulich ist, dann haben wir uns der dunklen Seite vollends in die Hand gegeben, unsere Aura ist dann verschmutzt und bietet uns keinen Schutz mehr. Treten wir mit dieser verschmutzen Aura unsere Heimreise an, dann können wir sicher sein, mit keiner anderen Seele in Berührung zu kommen. Diese Seelen werden separat gehalten und einer extra Behandlung unterzogen, sie bedürfen einer Reinigung ihrer Aura. In der Geistwelt nennt man das eine *Energiedusche*, es ist ein Reinwaschen. Geläutert bekommen diese Seelen dann die Gelegenheit, ein neues Leben ohne Vorbelastung aus vorigen Leben zu beginnen. Für diese Wesen mag es in ihrer Vorstellung die Hölle sein ein neues Leben zu beginnen, denn sie sind sich ihrer Missetaten bewusst.

Keine Seele ist ohne Fehler hierhergekommen, es gibt viele Gründe, warum wir gekommen sind. Es kann Eifersucht, Neid, Hass, Gier, Falschrederei und vieles mehr sein, woran wir arbeiten wollen, es ist eine große Herausforderung. Bewusst sind uns unsere Vergehen aus anderen Leben nicht mehr, da der Engel des Vergessens alles gelöscht hat. Das wäre nur hinderlich bei einem Neustart.

Eine Bestätigung zur Reinkarnation

Wenn viele Menschen auch nicht an Reinkarnation glauben, so bekam ich durch eine Bekannte wieder die Bestätigung. Ihre Neugierde war groß, ob sie schon mal gelebt hatte. Ich machte ihr den Vorschlag, sie in Trance zu versetzen, dann würden wir sehen, ob sie etwas zu erzählen hätte. Sie war sofort einverstanden.

Dann erklärte ich ihr, wie ich sie wieder aus der Trance holen würde: »Ich werde die Zahlen Eins, Zwei und Drei aussprechen, dann du bist wieder im Hier und Jetzt. Merke dir die Zahlen gut.«

Sie war ein hervorragendes Medium, ohne jeglichen Widerstand war sie sofort in der Trance. Mit ein paar Handbewegungen über ihre Augen überprüfte ich, ob sie noch ansprechbar war. Es kam keine Reaktion, da wusste ich, es hatte geklappt.

Nun erklärte ich ihr, dass sie jetzt zehn Jahre alt sei, gespannt beobachtete ich ihre Reaktion. Ihre Augen gingen unter ihren Augenlidern suchend hin und her, als wollte sie sich orientieren. Nun forderte ich sie auf, mir zu berichten, wo sie sich aufhielt.

»Ich bin in einem Haus.«

»Was siehst du da?«

»Das kann ich nicht sagen.«

»Warum kannst du das nicht sagen?«

»Ich bin blind und mein Bruder sorgt für mich.«

»Wo sind deine Eltern?«

»Meine Mutter und mein Vater arbeiten im Wald und ich bin viel alleine. Ich höre auch andere Kinder, aber die wollen nicht mit mir spielen, sie ärgern mich, weil ich nicht sehen kann. Das macht mich sehr traurig. Mein Bruder hat ein Baumhaus gezimmert, worin ich mich mit ihm vor den Kindern verstecke. Ich liebe meinen Bruder sehr, wir sind uns sehr verbunden.«

Durch einen Besuch wurden wir unterbrochen, da war ich gezwungen, meine Bekannte schnellstens aus der Trance zu holen. Eilig sprach ich die drei magischen Zahlen, was gar nicht gut war, durch die Eile war sie ziemlich benommen und brauchte einige Zeit, um sich im Hier und Jetzt zurechtzufinden.

Nachdem mein Besuch gegangen war, erzählte ich meiner Bekannten, was sie mir in der Trance erzählt hatte. Sie konnte es fast nicht glauben, dass sie ein Leben in Blindheit zugebracht hatte. Durch ihre Blindheit war dies ein besonderes Leben und gut in ihrem Unterbewusstsein abgespeichert, es war sofort abrufbar. Hier bekam ich für eine Reinkarnation den besten Beweis. Ich glaube kaum, dass man sich so etwas ausdenken kann, denn auch sie war sprachlos, solch ein Leben geführt zu haben. Dieses Leben in Blindheit hatte sie sich vor der Inkarnation ausgesucht, da sie behinderte Menschen verachtet hatte. Nun erfuhr sie in diesem Leben, wie es ist verachtet zu werden.

Die Reinkarnation gibt uns die Gelegenheit, diese irdische Schule immer wieder zu besuchen, um uns vorwärts zu kämpfen, bis wir unsere Vergehen aufgearbeitet haben. Wo können wir besser lernen, als in dieser Dimension *Erde*? Es ist unser Schulplanet, eine harte Schule. Die Schwierigkeit liegt oft darin, ob wir die Ignoranz besitzen, uns für unfehlbar zu halten und für unsere Fehler ständig andere verantwortlich zu machen, statt daran zu arbeiten, dann ist unser Herkommen eine Fehlinkarnation. Bei der nächsten Inkarnation kommen wir wieder in die gleiche Situation, die wir selbst anstreben, um unsere Verfehlungen aufzuarbeiten. Keiner zwingt uns dazu. Unser Bestreben ist es, nicht mehr inkarnieren zu müssen.

Ein Versuch, die Plejaden in Trance zu erreichen

Mit der Geistwelt in Kontakt zu treten, war für mich kein Problem. Nun hatte ich gehört, dass es außer unseren Schutzgeistern und Schutzengeln auch noch die Plejaden gibt. Es ist ein Siebengestirn, das schon seit Jahrtausenden bekannt ist, wir können es mit bloßem Auge sehen. Diese Plejaden sind auch für uns zuständig. Nun kam mir der Gedanke, es wäre doch interessant mit ihnen in Kontakt zu treten. Wenn sie für uns zuständig sind, müsste ich sie doch erreichen können? Das sollte in einer Trance sein, dazu hatte ich mir meinen Mann ausgesucht. Wir besprachen die Sache und er meinte: »Ich werde mir das noch überlegen.«

So verging einige Zeit, denn ich wollte ihn nicht bedrängen, es sollte sein freier Wille sein.

Zwei Wochen waren vergangen, da griff mein Mann das Thema *Trance* wieder auf: »Das könnte interessant werden, machen wir den Versuch.«

Wir hatten uns nicht die geringsten Gedanken darüber gemacht, auf was wir uns einließen. Denn mein erster Versuch mit meiner Freundin, verlief völlig unproblematisch. Es sollte ein Wochenende sein, da wollten wir es wagen.

Das Wochenende kam, mein Mann machte sich bereit und legte sich auf das Sofa. Ich hatte mir Bleistift und Papier zurechtgelegt; sollte uns der Kontakt gelingen, wollte ich bei einer Durchsage alles notieren. Meinem Mann erklärte ich, wie er sich zu verhalten hatte, wenn ich ihn wieder aus der aus der Trance holen würde: »Ich werde dich mit den Zahlen Eins, Zwei und Drei wieder ins Hier und Jetzt holen, merke sie dir gut.« Mit einer ruhigen monotonen Stimme sprach ich meinen Mann an: »Du bist ganz entspannt, du bist ruhig … ganz ruhig. Du gehst tief in dein Unterbewusstsein.«

Kaum hatte ich meinen Spruch gesagt, fiel sein Kopf auch schon zur Seite und er war in Trance. Zu meiner Sicherheit machte ich noch ein paar Handbewegungen über seinen Augen, aber es kam keine Reaktion. Ich legte los und rief die Plejaden. Gespannt, was da kommen würde, saß ich mit Bleistift und Papier neben meinem Mann. Zur Vorsicht sah ich noch mal zu ihm rüber – war er wirklich in einer Trance? Da stellte ich erschrocken fest, dass er sehr unruhig wurde, dann stöhnte er vor sich hin und hielt sich den Kopf. Ein beklemmendes Gefühl stieg in mir hoch, da stimmte doch etwas nicht? Ich musste ihn aus der Trance holen und zählte: »Eins.« Ich machte eine kleine Pause. »Zwei.« Er bewegte sich noch nicht. Ich geriet fast in Panik und sagte mir: *Du hast noch eine Zahl.* Als ich dann die Zahl Drei nannte, wurde er ruckartig wach. Ich war erleichtert.

Fragend sah er mich an. »Was ist passiert? Warum tut mir mein Kopf so weh?«

»Ich weiß es nicht, du hast gestöhnt und dir den Kopf gehalten, da musste ich dich so schnell wie möglich aus der Trance holen.«

»Das war auch gut so, mir war, als würde mein Kopf platzen.«

Wir suchten nach Gründen für seine Schwierigkeiten, denn mein Mann kannte keine Kopfschmerzen. Nun war er der Meinung, es könnte etwas mit dem Wetter zu tun haben, dass er nicht so gut drauf war.

»Überleg mal, du hast doch noch nie Kopfschmerzen gehabt, es muss einen andern Grund haben.«

Doch mein Mann wollte nicht aufgeben. Wir könnten es zu einem späteren Zeitpunkt noch einmal versuchen, meinte er. Ich war erstaunt, dass er es trotz seiner Beschwerden noch einmal versuchen wollte.

Drei Wochen waren vergangen und mein Mann sprach mich auf die Trance an.

Erstaunt fragte ich nach: »Willst du es wirklich noch einmal versuchen?«

»Warum nicht, es muss doch nicht jedes Mal etwas passieren?«

Wir suchten wieder ein Wochenende aus und alles begann von vorn. Mein Mann legte sich hin, war ruhig und entspannt und ich sagte ihm, dass ich wie beim ersten Mal bis drei zählen würde, um ihn aus der Trance zu holen, er sollte sich die Zahlen gut merken. In aller Ruhe sagte ich meinen Spruch und sah, dass sein Kopf leicht zur Seite fiel. Wie beim ersten Mal machte ich ein paar Handbewegungen über seinen Augen; da keine Reaktion kam, wusste ich, er war in Trance. Ich rief die Plejaden, denn sie sollten mir über meinen Mann meine Fragen beantworten.

Dann fing mein Mann an zu sprechen, es war mehr ein Murmeln. Ich verstand nur: … du … du … du … Dann bäumte er sich auf und hielt seine Hand auf sein Herz. Was war passiert? Da gab es nur eins: Ich musste ihn wieder schnellstens aus der Trance holen. Da gab es einen furchtbaren Krach in unserem Haus. Die Zimmerdecken, die aus Holz waren, gaben klopfende Geräusche von sich, ungewöhnlich laut knackte die Standuhr. Da wusste ich: Das konnte nur eine Warnung aus der Geistwelt sein. Ich musste schnell handeln, mein Mann befand sich vermutlich in höchster Gefahr. Ich fing langsam an zu zählen. »Eins … zwei …«, immer mit kleinen Pausen, bloß nicht zu schnell. Dann kam die Zahl Drei und wie beim ersten Mal reagierte er sofort. Erleichtert sah ich, das mein Mann wach wurde, aber er war total benommen.

Was er mir dann sagte, jagte mir einen Schrecken ein: »Mein Herz schlägt zum Zerspringen.«

Diesmal war es sein Herz, das ihm zu schaffen machte. Wir hatten keine Ahnung, was sein Herz so heftig schlagen ließ. War er herzkrank? Über sein Herz hatte er sich nie beklagt. Ich war erleichtert, dass ich ihn nach seinem Stöhnen sofort aus der Trance geholt hatte und somit Schlimmeres verhindert wurde.

Langsam erholte sich mein Mann. Wir wollten Elias, unseren Schutzgeist fragen, warum er dieses Problem mit dem Herz hatte.

Wir warteten den nächsten Tag ab und baten unseren Schutzgeist um Aufklärung.

Er war sofort zu Stelle und sagte uns mit strengem Ton: *»Seid gewarnt. In einem Leben hat dein Mann sich für solche Sachen zur Verfügung gestellt, bis sein Herz nicht mehr mitmachte und er ist in einer Trance geblieben. Wir haben uns mit allen uns zur Verfügung stehenden Mitteln bei dir bemerkbar gemacht, dass du deinen Mann sofort aus der Trance holst. Es war ein großes Risiko, das ihr eingegangen seid. Seine Zeit ist noch nicht gekommen, überlegt was ihr macht. Seid gewarnt.«*

Mit so etwas hatten wir nicht gerechnet und waren ganz erschüttert, es hätte sein Tod sein können. Da mein Mann in der Trance immer wieder *Du* gesagt hatte, wollten wir wissen, was das bedeutete.

Unser Schutzgeist erklärte uns: *»Das vollständige Wort ist Dukan, dies ist sein Name bei uns in der Geistwelt.«*

Wir waren erstaunt, dass man in der Geistwelt einen anderen Namen bekommt. Aber eins war uns jetzt klar, dass es ein großes Risiko war, sich an solche Sachen heranzuwagen. Trotz allem, was uns passiert war, blieb mein Interesse an den Plejaden jedoch bestehen.

Der erste Kontakt mit den Plejaden

Die Plejaden sind unsere Sternenbrüder, ein sichtbares Siebengestirn am Himmel, eine uralte Rasse. Sie wachen über uns Menschen und die Erde. In der griechischen Mythologie sind sie die sieben Töchter von Atlas und Pleione. Die Ureinwohner Australiens und die alten Ägypter sahen sie als weibliche Gottheiten. Vor Tausenden von Jahren haben sich die Plejaden von zersetzenden dunklen Elementen entmachten lassen und diese negativen Elemente nahmen Einfluss auf uns Menschen und raubten uns unseren freien Willen. Dieser gewaltsame Wechsel einer Führerschaft hat nichts Gutes gebracht. Nun fühlen sich die Plejaden verpflichtet, die Menschen wieder dem freien Willen und der Liebe zuzuführen. Aber diese negativen Elemente sind nicht bereit, ihre Macht abzugeben. Es sind Religionskriege, Machtkämpfe jeglicher Art, die von diesen Elementen gegen das Gute geführt werden. Tagtäglich bekommen wir es zu spüren, darum ist der Schutz der Plejaden für uns unentbehrlich. Um dem Ganzen entgegenzuwirken, ist es für uns Menschen wichtig, in Liebe zu leben, unsere Gier nach Macht und Geld zu reduzieren und nicht jeden und alles beherrschen zu wollen; dann sind wir für ihre Machenschaften nicht mehr manipulierbar.

Die negativen Elemente wissen, dass der Planet Erde wegen des Gleichgewichts im Universum erhalten bleiben muss, Menschen sind für sie bedeutungslos, die müssen eliminiert werden. Sie wollen ihr eigenes Imperium hier auf Erden aufbauen, darauf arbeiten sie hin. Zuhauf treiben sich diese dunklen Elemente auf unserer Erde herum, zetteln Kriege an, rauben uns unsere Energie und zersetzen unseren Geist, was zu Krankheiten führt und schon geführt hat. Ihr Bestreben ist es, uns unseren Glauben an Gott zu nehmen, dass wir nur noch dem Götzen *Geld* dienen. Zurzeit erleben wir die schlimmsten Religions- und Machtkriege, um uns gegeneinander auszuspielen. Was bringen uns die Glaubenskriege? Was bringen uns die Streitereien um einen noch besseren Gott? Nur Krieg, Krankheit und Elend.

Es gibt nur einen Gott, aber jeder glaubt einen noch viel besseren zu haben, aber egal, welchen Namen man ihm gibt, wir haben alle den gleichen Gott. Wie stellen die Menschen sich das vor? Warten im

Jenseits all diese Götter auf ihre Schäfchen und reißen sie dann an sich? All die Streitereien, die um den Glauben herrschen, sind töricht und gefährlich. Jeder, der sich einer Sekte oder einer religiösen Organisation (Kirche) unterordnet, verliert seinen freien Willen. Jede Sekte hat ein Oberhaupt, das unvollkommen ist, und missbraucht unsere Kräfte, in dem sie uns Energie abzieht.

Wir sollen frei und unabhängig in der Liebe Gottes leben, aber die Menschen lassen sich einreden, dass sie einen Fürbitter brauchen. Brauchen wir das? Sind wir nicht souverän genug, um Entscheidungen selbst zu treffen? Wir wissen doch selbst, ob wir Fehler begangen haben, die wir so gerne verdrängen? Dafür sind wir hergekommen: um daran zu arbeiten. Unser größter Fehler ist die Gier nach Macht und Geld, die uns rücksichtslos werden lässt; wir sind alle Egoisten, von Nächstenliebe keine Spur.

Nun hatte ich erfahren, dass die Plejaden in Menschengestalt zu uns gekommen sind und hier auf der Erde die Aufgabe haben, die Menschen in Frieden und Liebe anzuleiten, um all den Machtkämpfen entgegenzuwirken. Diese Hilfe ist dringend nötig, um dem Chaos auf der Erde ein Ende zu machen. Darum war mein Interesse groß, mit den Plejaden in Kontakt zu treten. Ich war mir aber nicht sicher, auf was ich mich da einließ und zog meinen Schutzgeist zurate.

Der gab mir zu verstehen: *»Zur Zeit sind sie nicht erreichbar, sie arbeiten noch auf anderen Planeten, bis jetzt reiche ich dir noch.«*

Verwundert über diese schroffe Aussage zog ich mich beleidigt zurück, hatte ich doch sonst keine Schwierigkeiten, mit Energien, sprich *Geistwesen*, Kontakt aufzunehmen. Oder sollte ich den Energien der Plejaden nicht gewachsen sein? Die Antwort blieb offen.

Ein Jahr war vergangen und ich griff die Angelegenheit erneut auf, ich war nicht bereit, die Sache so ohne Weiteres aufzugeben. Ich wandte mich noch einmal an meinen Schutzgeist und war gespannt, welche Meinung er jetzt zu meinem Vorhaben hatte.

Zu meinem Erstaunen erklärte er mir: *»Du kannst sie rufen, zur Zeit halten sie sich in der Nähe der Erde auf. Sie sind bereit, mit dir zu sprechen.«*

Ich war erfreut, keine Absage bekommen zu haben, und versuchte mein Glück. Zu meiner Überraschung meldeten sie sich sofort. Freundlich begrüßten wir uns. Nun wollte ich wissen, mit wem ich sprach, ob man mir einen Namen nennen konnte.

Da teilten sie mir mit: *»Wir sind sieben Energien und eine Einheit, wenn du das verstehst. Namen brauchen wir nicht, das ist Sache der Menschen, aber du kannst mich mit Morgan ansprechen.«* Ich wollte mich vorstellen, da bekam ich gesagt: *»Wir wissen, wer du bist, du kommst von uns. Es sind deine Gedanken, die direkt zu uns kommen und die kommen einem Fingerabdruck gleich.«*

Das haute mich um, dass ich von den Plejaden sein sollte. Wenn ich von ihnen kam, dann wurde die Erinnerung daran bei meiner Inkarnation gelöscht. Irgendetwas musste in meinem Unterbewusstsein gespeichert sein, dass ich immer wieder den Wunsch, hatte mit den Plejaden in Kontakt zu treten. Nur auf ihr schnelles Kommen war ich nicht vorbereitet, dementsprechend waren meine Fragen sehr dürftig. Doch eins interessierte mich sehr: meine Zukunft. Wie sollte es auch anders sein, denn hier war ich immer noch Mensch und neugierig dazu. Mir lag viel daran, einen Blick in die Zukunft zu werfen. In meiner Einfalt glaubte ich, die Plejaden würden mir eine genaue Auskunft darüber geben, aber weit gefehlt. Ich hätte es wissen müssen, alles untersteht einer höheren Ordnung, so auch die Plejaden. Auch sie durften nicht in mein Leben eingreifen.

Die Antwort, die ich bekam, war auch so: *»Lebe dein Leben ohne Vorbehalte, du wirst noch viel Arbeit bekommen.«*

Neugierig fragte ich zurück, wie diese Arbeit aussehen würde. Nun glaubte ich, sie würden mir hierauf eine Antwort geben.

Aber ihre Antwort war wieder kurz und bündig: »*Warte es ab.*«
Durch diesen unvorbereiteten schnellen Kontakt, war mein Potenzial an Fragen erschöpft und ich brach das Gespräch ab. Nun nahm ich mir vor, sollte ich noch mal die Gelegenheit haben, wollte ich gut vorbereitet sein.

Inzwischen war ein halbes Jahr vergangen, ich hatte gerade mit meinen bekannten Geistwesen Verbindung aufgenommen, als ich merkte, dass sich noch andere Energien meldeten. Dieser fremde Besuch, so fand ich, macht sich sehr energisch bemerkbar. Ein starkes Frösteln lief über meinen ganzen Körper und ich fragte, wer mich da besuchte.

»*Wir, die Plejaden.*«
Ich konnte es nicht glauben, ohne sie gerufen zu haben, einen Besuch von ihnen abgestattet zu bekommen. Ich erkundigte mich, was der Anlass sei.

Da erklärten sie mir: »*Du bist der Anlass, wir sind zu deinem Schutz da, wir beobachten und bewachen dich schon eine ganze Weile. Du kannst uns zu jeder Zeit rufen, wenn du Hilfe brauchst.*«
Ich war erstaunt, wieder zu hören, dass ich Hilfe und Schutz brauchte. Wozu brauchte ich Hilfe? Wozu brauchte ich Schutz? Dies sollte mir erst viel später klar werden. Erst mal interessierte mich, wo sie sich zurzeit aufhielten.

Da bekam ich zu hören: »*Unser Standort ist zurzeit direkt über euch, in einem, wie ihr es nennt, Raumschiff, für euch nicht sichtbar. Die Rotation ist so schnell, dass eure Augen es nicht erfassen. Wir können dir das nur so erklären, in dem du dir einen Propeller vorstellst, in voller Rotation. Was siehst du dann?*«
»*Nichts, ich sehe hindurch.*«

»Genau so ist es mit uns. Also mach dir keine Gedanken, wo wir uns aufhalten. Auch wird es von den Menschen bestritten, dass wir als intelligente Wesen existieren, es wird als Hirngespinst abgetan. Aber das sollte dich nicht stören, in deinem Unterbewusstsein weißt du, wer wir sind und wer du bist. Wir sind auch keine Monster, die dem Menschen schaden, wir sind Lichtwesen, so wie du. Wir sind zum Wohle der Menschheit da. Unsere Absicht ist, euch aus eurem Chaos in eine bessere Zukunft zu helfen. Mit eurem Raubbau an der Natur und allen Lebewesen geht ihr einer totalen Vernichtung eurer Rasse und allem Leben auf der Erde entgegen. Wir brauchen jeden, der mit freiem Willen in Liebe und Frieden mit uns arbeiten will. Nur Liebe, bedingungslose Liebe und Anerkennung aller Rassen, Tiere und der Natur kann euch retten. Schließt euch keiner Sekte oder religiösen Organisationen an, man missbraucht eure Kräfte und schmälert euer Gedankengut und euren freien Willen. Es ist anmaßend, sich Oberhaupt zu nennen. Im Moment gibt es keinen, der euch führen könnte. Ihr sollt frei und unabhängig den Willen Gottes und das Gesetz der Liebe leben. Ihr kennt nur Vernichtung und Ausbeutung, die Erde wird sich wehren. Wir beobachten euch, stellt euch darauf ein, dass die Zeit reif ist für Veränderungen. Ihr Menschlein macht das ganze Universum kaputt, mit Atom- und Umweltschmutz. Ihr zerstört auch unsere Atmosphäre. Wir gestatten euch das nicht mehr, es ist schon zu viel zerstört. Wenn das nicht aufhört, werden wir eingreifen, macht euch darauf gefasst. Ist euch schon mal aufgefallen, dass nur wenige genug Geld besitzen, um in Saus und Braus zu leben? Ihr lasst andere euer Geld verwalten, auch lasst ihr euch einreden, dass nicht für alle ausreichend da sei. Es ist für alle ausreichend da, nur euer negatives Denken, eure Gier und euer Neid bringen euch Mangel, das müsste euch zu denken geben. Auch wird es eine weltweite Finanzkrise geben, ihr habt aus Bequemlichkeit wenigen Menschen euer Geld und eure Macht über-

tragen. Jeder Einzelne von euch muss wieder lernen für sich selbst Verantwortung zu übernehmen und für alles, was ihr tätigt, selbst geradezustehen. Das befreit euch aus eurer Abhängigkeit. Wir lieben euch.«

Damit war die Durchsage beendet, sie verabschiedeten sich und ich bedankte mich für ihr Kommen.

Aber das sollte nicht der letzte Besuch sein, sie gaben mir zu verstehen: *»Wir werden dich noch mal besuchen.«*

Der vorausgesagte Besuch der Plejaden

Dieser angekündigte Besuch kam auf ungewöhnliche Weise. Mein Bekannter hatte sich eine Kamera gekauft und die wurde erst einmal getestet. Es war Sommer, im Garten standen die Blumen in voller Blüte. Die beste Gelegenheit, um das Farbenspiel mit der Kamera zu testen. Nachdem er einige Bilder gemacht hatte, zog er sie auf den Computer und sah sie sich an. Sie waren hervorragend geworden, keine Anzeichen von Unkorrektheiten; auch die Farben waren naturgetreu.

Am nächsten Tag sah er sich die Bilder noch einmal an und machte gleich beim ersten Bild eine Entdeckung. Was er zu sehen bekam, machte ihn sprachlos.

Aufgeregt rief er nach mir und sagte: »Sieh dir mal dieses Bild an!«

Mir sprang sofort eine goldfarbene Kugel ins Auge und die befand sich genau am Fenstersturz über dem Terrassenfenster. Wie kam diese goldfarbene Kugel an den Fenstersturz und auf das Bild? Wir waren verblüfft, denn bei der ersten Betrachtung der Bilder war nichts von einer Goldkugel zu sehen gewesen. Wir waren überrascht, dass wir sie erst einen Tag später zu sehen bekamen. Keiner hatte in der Zwischenzeit den Computer benutzt, um solch ein Zeichen darauf zu retuschieren.

Wir grübelten, ob es vielleicht doch eine Reflexion von einem Gegenstand aus dem Garten sein könnte. Wir sahen uns im Garten um, aber zu finden war nichts. Da fiel mir ein, dass dies der angekündigte Besuch von den Plejaden sein könnte, aber in dieser Form fand ich das schon ungewöhnlich.

Ich musste meinen Schutzgeist zurate ziehen und der erklärte mir: *»Es war ein Besuch von den Plejaden, zu deinem Schutz. Auch sind nicht alle gekommen, es waren nur vier. Alle Energien wären zu stark für dich gewesen. Sie werden weiterhin in deiner Nähe bleiben.«*
Diese Mitteilung verschwieg ich meinem Bekannten, ich war nur überrascht schon wieder die Aussage zu hören, zu deinem Schutz? Es musste mit meinem Bekannten zu tun haben. Was mir nicht verborgen geblieben war, war seine Lebensweise die war nicht zum Besten bestellt.

Diese Goldkugel auf dem Bild ließ meinem Bekannten keine Ruhe. Wie war sie auf das Bild gekommen? War die Kamera nicht in Ordnung? Er testete sie noch einmal. Es wurden Bilder von der Garagenauffahrt und der Terrasse gemacht und er zog sie wieder auf den Computer. Diesmal hatte er besonders darauf geachtet, ob irgendwelche Unregelmäßigkeiten an der Garagenauffahrt oder der Terrasse zu sehen waren. Alle Bilder waren wieder einwandfrei.
Zwei Tage später er sah sich die Bilder noch einmal an und staunte nicht schlecht. Er rief nach mir. Mir sprang sofort eine kleine Goldkugel ins Auge, die war an der Garagenauffahrt in einem Strauch und nicht zu übersehen. Dann kam das Bild von der Terrasse, auch hier war noch mal eine goldene Kugel an der Mauerecke zu sehen. Mein Bekannter fragte sich, wie diese goldenen Kugeln auf die Bilder kamen. Ich spielte die Ahnungslose, denn jetzt wusste ich, dass

es die Plejaden waren, um mir zu zeigen: *Wir sind bei dir, du bist geschützt.*

Ich wandte mich noch mal an die Geistwelt, da meldete sich mein Schutzgeist: *»Ja, das waren wieder die Plejaden, sie werden vorläufig in deiner Nähe bleiben, zu deinem Schutz, du bekommst auch sonst noch Unterstützung aus der Geistwelt.«*

Diese Aussage machte mich sehr nachdenklich und mir war klar geworden, es ging um meinen Bekannten. Sein ganzes Verhalten zielte darauf ab, mir Energie abzuziehen, um Macht über mich zu bekommen, das wollten die Plejaden verhindern. Nach diesen Warnungen hieß es für mich wachsam zu sein, mich auf keine Streitgespräche einzulassen, denn das gab ihm die Möglichkeit, mir Energie abzuziehen. Es kostete schon viel Energie, es nicht eskalieren zu lassen, was ihm sehr gefallen hätte.

Ein Besuch von einem Plejaden: Upasu

Mit meiner Bekannten führte ich Gespräche mit uns bekannten Geistwesen, als wir merkten, dass sich außer unseren Gesprächspartnern noch ein Geistwesen meldete. Neugierig fragten wir nach, wer uns besuchte, er sollte uns den Namen nennen. Wir wollten sicher sein, dass dieser Besuch von der Lichtseite kam.

Da wurde uns gesagt: *»Mein Name ist Upasu, ich komme von den Plejaden und bin ein Lichtwesen.«*

Das beruhigte uns und wir fühlten uns auf der sicheren Seite, denn dunkle Wesen vermieden es, Namen zu nennen. Ich gab ihm zu verstehen, dass mir der Name seltsam vorkam.

Die Retourkutsche kam umgehend, indem er mir sagte: *»Ihr habt doch auch sehr seltsame Namen.«*

Kleinlaut gab ich das zu. Dann sagte er, dass er ausschließlich mit mir sprechen wollte, ich ging auf seinen Wunsch ein. Nachdem wir uns eine Weile unterhalten hatten, bekam ich ein Gefühl, als sei mir dieser Plejade sehr bekannt und horchte dem Klang seines Namens nach. Sollte ich mit diesem Plejaden Upasu schon einmal Kontakt gehabt haben? Aber wo und wie? Da er aus der geistigen Welt kam, konnte das mit meinem jetzigen Leben nichts zu tun haben.

Ich unterbrach unser Gespräch und fragte nach: »Wo haben wir schon mal miteinander zu tun gehabt? Du kommst mir sehr bekannt vor.«

Die Antwort, die ich bekam, hörte sich schon fast beleidigt an: »*Da kommst du aber spät drauf. Wir waren ein Paar, du hattest mit mir in der Geistwelt ein hohes Amt inne. Ständig haben wir unser Wissen ausgetauscht und unsere Arbeit damit bereichert. Die Erde hast du noch mal betreten, um den Menschen zu helfen. Deine Aufgabe ist, die Menschen in Liebe aufzuklären, damit ihr Zerstörungswerk gestoppt wird. Wenn du nur einen Menschen überzeugst, hast du schon viel geleistet. Wir sind zu eurem Wohle da. Die Menschen sind träge und gleichgültig, nur auf ihren Vorteil und Profit bedacht, sie merken nicht, wie sie von der dunklen Seite manipuliert werden, somit hängen sie in ihren Blockaden fest. Es sind ihr Neid, Geiz, Gier, Macht und Lieblosigkeit ihren Mitmenschen gegenüber, das lässt sie nicht frei werden, aber hierfür haben sie inkarniert. Sich Einschränkungen aufzuerlegen, der Geldgier abzusagen, ist für sie wie ein Weltuntergang, es ist fast alles aussichtslos. Es ist schwer, die Menschen aus ihrer Bequemlichkeit zu reißen, somit gehen sie einer totalen Vernichtung entgegen.*«

Dies war die zweite bedeutungsvolle Aussage, die mich sehr nachdenklich machte. Schaffen wir Menschen es, etwas daran zu ändern?

Plünderungen in Spanien, stagnierte Energien

Es gibt Orte mit stagnierten Energien, das heißt, es sind Seelen, die nicht ins Licht gegangen sind. Diese Energie hängt nun an diesen Orten fest; wer sensitiv ist, bekommt sie zu spüren.

In einem Urlaub an der spanischen Küste suchten mein Mann und ich eine Ruinenstätte auf, ein Relikt aus dem Mittelalter. Ahnungslos, ohne zu wissen, was auf uns zukam, betraten wir diesen Ort. Durch Mauern geschützt lag er auf einer kleinen Anhöhe mit Blick aufs Meer. Dadurch hatten die früheren Bewohner die Möglichkeit, feindliche Angriffe rechtzeitig auszumachen und abzuwehren. Dies ist einmal nicht gelungen, mit verheerenden Folgen: der Ort war total zerstört.

Die ersten Schritte, die ich auf diesem Boden machte, lösten Unbehagen in mir aus und mir wurde etwas schwindelig. Es musste gravierend gewesen sein, was hat sich hier zugetragen hatte, dass ich diese negativen Energien noch heute zu spüren bekam. Langsam schritt ich das Gelände ab, neugierig, was sonst noch auf mich zukommen würde. Manche Stellen ließen mich erschauern, rasch ging ich an diesen Stellen vorbei, um nicht von diesem grauenhaften Gefühl, das mir entgegenschlug, übermannt zu werden.

Dann kamen wir zu einer Ruine, von der fast nur noch Fragmente übrig waren. Das Dach fehlte und die Mauerreste ragten wie Finger in den Himmel. Es war zu erkennen, dass es mal ein herrschaftliches Haus war. Der Eingang war erhalten geblieben und mit einem reich verzierten Metallgitter verschlossen, der Fußboden bestand aus Mosaiksteinen. Ein grauenvoller Schauer überlief mich, als ich vor dieser Ruine stand, selbst das helle Sonnenlicht, welches die Ruine durchflutete, konnte das nicht beschönigen. Um meinen Solarplexus baute sich ein Druckgefühl auf, dass mir schlecht wurde, und ich hatte einen dicken Kloß im Magen. In mir kam ein Gefühl hoch, als erwarte man Hilfe von mir und ich glaubte Stimmen zu hören, als flehten die Seelen um Hilfe. Um meine Beine herum bekam ich ein Kribbeln zu spüren, als hefte sich irgendetwas an mich. Schnell wandte ich mich von dieser Ruine ab und mir wurde klar, hier mussten ein schreckliches Gemetzel und Folterungen stattgefunden haben, hier waren Menschen gewaltsam zu Tode gekommen, die Seelen waren noch nicht im Licht, sie schrien nach Erlösung. Sie befanden sich im Niemandsland, ohne zu wissen, dass sie tot waren, und hingen an diesem Ort fest. Mich überkam nur noch das Verlangen schnell weiter zu gehen und den Ort zu verlassen.

Wer sensitiv ist, spürt die Trauer, die über diesem Ort liegt und man ist deprimiert. Zu dieser Zeit fehlte mir das Wissen, das ich heute habe, um diesen Seelen zu helfen, um sie aus ihrer erdgebundenen Gefangenschaft zu befreien, damit sie den Weg ins Licht antreten können. Das bedaure ich sehr, denn so schnell komme ich nicht wieder in dieses Land.

Häuser oder Wohnungen mit schlechter Energie

Die wenigsten Menschen wissen, dass es in Häusern und Wohnungen schlechte Energien gibt. Sie beziehen Häuser und Wohnungen, beschäftigen sich mit dem Preis, der Zimmerzahl und der Aussicht aus ihrer neuen Wohnstätte, was durchaus berechtigt ist. Es wäre aber gut still zu werden und in ein Haus oder eine Wohnung hineinzuhorchen. Fühlt es sich angenehm an? Fühlt man sich wohl? Es könnten extreme Streitereien, Misshandlungen oder Gewalttaten stattgefunden haben und zurück bleiben immer schlechte Energien. Diese Energien kleben wie Leim an den Wänden, der nächste Bewohner bekommt alles ab. Unangenehme Gefühle werden jedoch in den meisten Fällen beiseitegeschoben, denn man möchte unbedingt dieses Haus oder diese Wohnung haben. Man greift dann zu Ausreden, wie: *Wenn erst einmal die Räume gereinigt sind und alles auf Vordermann gebracht ist, sieht alles anders aus.* Aber das ändert nichts an den negativen Energien, die darin festsitzen. Hier hilft nur eins: eine energetische Reinigung, das heißt ausräuchern. Hier ist professionale Hilfe gefragt, die alles reinigt und segnet.

Auch wäre es gut herauszufinden, auf welchem Boden ein Haus steht. Gibt es dort Grabstätten aus vergangenen Zeiten, hat man einfach alles zugebaut? Oder sind hier Menschen eines gewaltsamen Todes gestorben und wurden in dieser Erde verscharrt? In den meisten Fällen ist dies schwer herauszubekommen, denn Menschen, die darüber Auskunft geben könnten, gibt es meist nicht mehr. Aber hierfür kann man Menschen beauftragen, die aufspüren können, was sich in der Erde befindet, dann kann alles gereinigt und gesegnet werden, nur so ist ein angenehmes Wohnen möglich. Die nicht gereinigte Erde und nicht gesegneten Gebeine bringt immer Unruhe, denn die ihnen anhaftenden Energien suchen bei jedem neuen Bewohner Hilfe.

So abwegig ist das nicht, wir haben Kriege und Glaubenskriege gehabt, in denen viele Menschen gewaltsam zu Tode kamen. Diese Menschen befinden sich nun in dieser Erde und finden keine Ruhe. Klärt man die Menschen darüber auf, heißt es: Tot ist tot. Es ist die Angst der Menschen, die sie so reagieren lässt. Sie wollen nichts mit Toten zu tun haben, aber wohnen oder bauen auf ihnen. So einfach ist es nicht zu sagen *tot ist tot*, die Seele lebt ewig und ist noch an diesem Ort gebunden, sie wartet auf Hilfe. Ein liebevolles Ansprechen und ein Gebet können sie ins Licht führen. Betrete ich solch ein Haus oder Wohnung, überfällt mich gleich eine starke Beklemmung. Äußere ich mich darüber, dass mit dem Haus oder der Wohnung etwas nicht stimmt, kann ich mir sicher sein, dass man mich für eine Spinnerin hält. Es wird ins Lächerliche gezogen, oder man witzelt darüber. Dem kann ich nur entgegensetzen: »Ich muss hier nicht wohnen.« Denn die Menschen glauben, dass es das, was sie nicht sehen, nicht geben kann. Die Menschen müssen immer etwas sehen oder anfassen können, sonst existiert es für sie nicht.

Solch ein Haus ist mir bekannt. In diesem Haus gab es extreme Streitereien und Alkohol spielte eine große Rolle. Die Bewohner verließen das Haus und ihre schlechten Energien blieben zurück. Die nächsten Bewohner bekamen das zu spüren und hatten beachtliche Geldschwierigkeiten. Sie fragten sich, warum, das hatten sie vor ihrem Einzug in dieses Haus nicht. Sie verließen dieses Haus und es ging wieder aufwärts, sie fanden an einem anderen Ort ihr Glück. Dann kam der nächste Mieter, dieser hatte schon vor dem Einzug mit gesundheitlichen Problemen zu kämpfen, somit konnte er den schlechten Energien nichts entgegensetzen. Hier sah es mit der Gesundheit ganz arg aus, es ging immer weiter bergab. An dem schlechten Einfluss des Hauses wird sich erst etwas ändern, wenn die jetzigen Mieter sich helfen lassen, um das Haus von schlechten Energien zu befreien, es muss ausgeräuchert werden. Dieses Ausräuchern man kann auch *Saubermachen* nennen. Aber das spricht immer etwas Negatives in den Köpfen der Menschen an, es wird mit Schwarzer Magie, Aberglaube oder Hexerei gleichgesetzt. Selbst in unserer aufgeklärten Zeit besteht dieser Aberglaube immer noch. Was gräbt sich tiefer in das Unterbewusstsein ein als das Negative?
Die Kirche ist sich der schlechten Energien bewusst und hält ihre Räume sauber, sie räuchert ständig aus. Das hat einen Grund: Nicht jeder, der die Kirche besucht, ist gut. Darum wird viel negative Energie mitgebracht. Auch ist es heute nicht mehr üblich, einen

heiligen Raum nicht mit Alltagskleidung zu betreten, also ist räuchern immer angesagt. In der Kirche wird räuchern akzeptiert, nur weiß keiner warum. Es ist nichts anderes als das, was mit Häusern und Wohnungen geschehen sollte, um sie von schlechten Energien zu befreien, um ein angenehmes Wohnen möglich zu machen.

Unsere Familie bezog ein Reihenhaus und wir waren die ersten Mieter, schlechte Energien von Vormietern waren also nicht vorprogrammiert, trotz allem war es ein sehr unruhiges Haus. Was ich zu dieser Zeit nicht wusste: Es hatte mit dem Boden zu tun, auf dem das Haus gebaut wurde. Wir besaßen einen Hund und zur Nachtzeit wurde dieser oft sehr unruhig, heulte wie ein Wolf oder bellte ununterbrochen und ich musste ihn beruhigen. Da dies sehr oft geschah, fragte ich mich, was ihn störte. Seinen Schlafplatz hatte er im Flur. Da wir ländlich wohnten, nahm ich an, es könnten wohl Katzen oder Hasen sein, die sich vor der Haustür aufhielten und er vertrieb sie mit seinem Bellen. Aber was hatte es für einen Grund, wenn er wie ein Wolf heulte? Da das alle paar Nächte passierte, konnte es nicht jedes Mal mit einem Tier zu tun haben. Sein Verhalten hielt ich nicht für normal. Wie sich später herausstellte, war sein Bellen nicht grundlos, es hatte mit den Gebeinen in dieser Erde zu tun.
Dann machte mich noch etwas unruhig: Unsere Schlafräume waren in der ersten Etage und des Nachts, wenn alles schlief, hörte ich Schritte auf der Treppe. Sah ich nach, war alles ruhig. Ich wurde skeptisch. Da es immer wieder passierte, sagte ich mir: *Mit diesem Haus stimmt was nicht.* Ich fragte mich, ob nur ich es war, die diese Unruhe im Haus mitbekam. Nach einiger Zeit sprach ich mit meiner Familie darüber, ob sie des Nachts im Haus schon mal etwas gehört hätten. Nun erzählte mir eine meiner Töchter, wenn sie zu Bett gehe, habe sie ständig das Gefühl, es sei jemand in ihrem Zimmer, dann gucke sie unter das Bett, gucke in den Schrank, aber alles sei

in Ordnung. Wenn sie einschlafe, habe sie oft ein Brausen um ihren Kopf, es höre sich an wie ein Ventilator. Diese Geräusche wären nicht immer, aber kämen in gewissen Abständen immer wieder. Dann wurde mir erzählt, dass oft an der Zimmertür gekratzt würde, man glaubte es sei unser Hund, wenn man nachsah, lag er jedoch brav in seinem Korb.

Diese Störungen hatten sich nun über Jahre hingezogen und keiner sprach mit dem anderen darüber, jeder machte sich so seine Gedanken und glaubte, sich etwas einzubilden. Da ich nun die Unruhe im Haus angesprochen hatte, ging das Rätselraten los: Wer stört unseren Hausfrieden? Da wir uns ausgetauscht hatten, wussten wir, dass diese nächtliche Störung keine Einbildung war. Dieses *Geisterhaus,* so nannte ich es, ließ mich nicht los. Ich hörte mich in der Nachbarschaft bei den älteren Einheimischen um, für was dieses Stück Land genutzt wurde, bevor es bebaut wurde? Da erzählt man mir, dass dieser Grund und Boden ein Moorgebiet war, das später trocken gelegt wurde. Dann wurde es für lange Zeit zur Feldarbeit genutzt, danach wurde es als Wohngebiet ausgewiesen. Darin konnte ich nichts Außergewöhnliches erkennen, doch ich gab nicht auf und fragte mich weiter durch. Mir war aufgefallen, das einige Einheimische spanische Namen trugen, das machte mich neugierig und ich traf auf Leute, die sich mit der Geschichte der Gegend auskannten. Was ich dann zu hören bekam, ließ mich erschauern: Sie erzählten mir, dass vor langer, langer Zeit, als dieses Land noch Moorgebiet war, spanische Krieger diesen Ort erobern wollten. Die Einheimischen hatten den Landweg versperrt und so mussten diese Krieger durch das Moor. Da keiner der Krieger davon Kenntnis hatte, kamen viele darin um. Nun lagen seit Jahrhunderten deren Gebeine in dieser Erde und nun hatte man es einfach zugebaut. Darum flehten diese Seelen um Erlösung. Nun wusste ich, was sich in unserem Haus herumtrieb. Diese Erde und Gebeine hätten gesegnet werden müssen, um den Seelen den Weg ins Licht freizumachen. Darum hätte sich die Kirche kümmern müssen, aber es waren Feinde und Feinde zählen nicht als Menschen, von Nächstenliebe keine Spur. Unlängst bekam ich die Bestätigung, dass in der Erde noch Gebeine lagen und die Unruhe in dem Haus keine Einbildung war, denn in einem Nachbarort wurde bei Ausgrabungen ein Römerlager entdeckt, das Gebeine und Gebrauchsgegenstände aus jener Zeit enthielt. Dies war der beste Beweis, dass noch Gebeine von spanischen Kriegern in dieser Erde lagen und sich in unserem Haus Hilfe suchend herumtrieben. Zu dieser Zeit hatte ich noch nicht das Wissen, um diesen erdgebundenen Wesen zu helfen. Durch einen Umzug hatten wir das Geisterhaus verlassen.

Inzwischen hat sich mein Wissen über erdgebundene Seelen beträchtlich erweitert und heute könnte ich diesen Seelen helfen, aber dazu werde ich wohl keine Gelegenheit mehr bekommen. Ich glaube, die neuen Mieter würden mich nicht für normal halten, wenn ich ihnen erzählte, dass in dieser Erde noch Gebeine liegen. Es ist auch nicht jeder feinfühlig genug, um Störungen zu bemerken. Hier geht es nicht nur um die Menschen, die darauf wohnen, sondern um die Seelen, die in dieser Erde liegen, damit sie ihren Frieden finden.

Die erste Begegnung mit meinem Mann

Zufälle gibt es nicht es war auch kein Zufall, dass ich meinem Mann begegnete, da alles vorherbestimmt ist. Schon bei der ersten Begegnung kam in mir eine gewisse Vertrautheit auf. Ich fragte mich, woher ich diesen Mann kannte. Eins wusste ich mit Sicherheit: In diesem Leben waren wir uns noch nicht begegnet.

Heute weiß ich, dass die geistige Welt ihre Hand im Spiel hatte. Vor unserer Inkarnation hatten wir beschlossen, unser Leben auf dieser Erde zusammen zu verbringen. Fast hätte sich das durch meinen Stolz zerschlagen, denn ich war nicht bereit, auf seine Annäherung zu reagieren. Doch die Geistwelt sorgte dafür, dass unser Versprechen eingehalten wurde und daraus wurde eine Verbindung bis zu seinem Tod.

Die Begegnung mit meinem Mann und diese Vertraut kamen mir immer wieder in den Kopf. Da ich mich mittlerweile mit dem Spirituellen auskannte, überlegte ich, ob es wohl sein könnte, dass ich ihn aus einem vorigen Leben kannte. Um das herauszubekommen, wandte ich mich an meinen Schutzgeist, der musste es wissen.

Die Antwort, die ich bekam, war eine Bestätigung, dass wir uns nicht fremd waren. Mein Schutzgeist erklärte mir: *»Mit deinem Mann hast du schon einige Leben verbracht und dein Unterbewusstsein reagierte darauf. In einem Leben habt ihr als Paar zusammengelebt, eine Heirat, wie es heute üblich ist, mit kirchlichem Segen oder Standesamt, kannte man zu jener Zeit nicht. Dann wart ihr in einem Leben Vetter und Cousine, in einem anderen Leben habt ihr als Bruder und Schwester zusammengelebt. Nun habt ihr vor eurer Inkarnation beschlossen, noch mal zusammen zu inkarnieren.«* Dann teilte er mir noch mit: *»Dein Mann ist im Jenseits Schutzgeist und für die Zeit, die ihr zusammen auf der Erde verbracht habt, hat er sein Amt an mich abgegeben, dieses Amt hat er wieder inne. »Außerdem hat sich dein Mann nach seinem Tod bereit erklärt, außer mir und deinem Schutzengel dein Begleiter zu sein.«*

Das ließ mich staunen. Ich wollte den Grund wissen, bekam aber nur eine kurze Antwort: *»Du wirst es noch sehen.«*

Mir gab das Rätsel auf, dass ich noch zusätzlich meinen Mann als Begleiter brauchte? Wie sich später herausstellte, ging es um meinen späteren Bekannten. Auch meine Mutter spielte hierbei eine Rolle. Da mein Bekannter nicht astrein war, genau wie meine Mutter, waren beide meine größte Herausforderung in meinem Leben und ich brauchte meinen Mann als zusätzlichen Begleiter. Beide, meine Mutter sowie mein Bekannter, hatten durch mich die Möglichkeit, noch einiges aufzuarbeiten. Es war keine leichte Aufgabe, auf die ich mich eingelassen hatte, hierbei bestand immer die Gefahr, mir selbst Schuld aufzuladen. Aber ich musste alles gut durchgestanden haben, denn in einer Durchsage teilte mir Erzengel Haniel mit: *»Du brauchst nicht noch mal inkanieren.«* Das war eine Nachricht, die mich sehr beruhigte.

Lichtwesen

Die Aufgabe der Lichtwesen ist es, Licht und Liebe auszusenden, um das allzu Materielle in unserem Leben abzubauen, das uns nur belastet. Ein Lichtwesen hat einen hohen spirituellen Wissenstand und soll sein Wissen mit größter Behutsamkeit weitergeben. Das darf nur an die geschehen, die spirituell interessiert sind. Wenn der andere nicht begreift, um was es geht, stiftet man nur Verwirrung und Angst und das würde vollkommen seinen Zweck verfehlen. Auch sollte ein Lichtwesen sich mit seinem Wissen nicht aufspielen, denn das ist Arroganz und wirkt unehrlich. Hier greift die Geistwelt ein und man muss damit rechnen, zurechtgewiesen zu werden. Denn hier geht es nicht darum besser zu sein, sondern sein Wissen mit Vorsicht weiterzugeben. Und das immer nur, wenn ein Unwissender neugierig wird, nur dann kann man ihn behutsam aufklären. Man gibt nur so viel weiter, wie Fragen gestellt werden, alles andere hieße, mit einem Holzhammer daran zu gehen.

Dementsprechend verhielt sich auch mein Schutzgeist bei meinen ersten Kontakten mit ihm. Seine Antworten bezogen sich nur auf die Fragen, die ich gestellt hatte, um mich nicht zu überfordern. Später änderte sich das. Da mein Wissen sich beträchtlich erweitert hatte, hieß es nicht mehr *Du musst fragen.* Seine Erklärungen gingen weit über meine Fragen hinaus und er wusste, dass er mich nicht überforderte.

Als Lichtwesen ist es wichtig, in losen Gruppen zusammenzuarbeiten, um keinem Zwang zu unterliegen, nur so kann man sich austauschen, Kraft und Stärke holen. Keiner ist besser oder schlechter, jeder hat seine Aufgabe, sein Potenzial. Ein Lichtwesen vermag zu heilen, kann hellsehen und sollte Frieden stiften, es hat dafür zu sorgen, dass alles in Liebe und Harmonie abläuft. Jeder Streit schwächt die Energie und lässt uns nicht zu unserem Ziel kommen. Lichtwesen sind hierhergekommen, um uns zu selbstständig denkenden und verantwortungsvollen Menschen zu machen, damit wir nicht auf jeden Schönreder hereinfallen und wie Herdenvieh hinterherlaufen. Denn dies tun wir gerne, wenn wir auf Menschen mit hoher Intelligenz und hohen materiellen Werten treffen, diese stellen wir auf ein Podest und bewundern sie wie einen Gott. Intelligenz und materielle Werte haben nichts mit spirituellem Wissen zu tun. Wir sind hierhergekommen, um in allen Bereichen zu arbeiten, vom Bankkaufmann bis zur Putzfrau, und jeden zu achten; kein Beruf ist besser oder schlechter. Wir wissen nicht, welch hohes spirituelles Wesen sich hinter einer Putzfrau oder einem Bettler verbirgt. Unsere Aufgaben oder Berufe haben wir uns selbst ausgesucht, denn wir wollten auf allen Gebieten arbeiten, lernen und wachsen.

Immer wieder treffen wir auf Menschen, die uns mit ihrer Intelligenz übertreffen wollen, um uns dumm erscheinen zu lassen, sie spielen sich gerne rhetorisch auf. Diese Menschen kommen niemals von der Lichtseite und sind uns auf keinen Fall wohlgesonnen. Ihr

Wissen benutzen sie dazu, um ihre Macht auszuspielen, ihr Vorhaben ist, die Menschen zu unterdrücken, zu manipulieren und auszubeuten. Sollten wir solchen Menschen begegnen, sollte uns nichts daran hindern, sie bloßzustellen, um sie von ihrem hohen Sockel zu holen. Wir geben gerne unsere Verantwortung ab und das nur, um bei einem Fehlverhalten sagen zu können: *Das waren die anderen.* Wir können nur aus unseren Fehlern lernen, wir müssen sie erkennen und nicht verdrängen, dann machen sie uns stark. Unsere Bequemlichkeit und Gleichgültigkeit verschaffen der herrschenden Klasse ihre Macht, denn vor dem Götzen *Geld* geht jeder in die Knie. Sehen wir uns die Banken an, wie gewissenlos sie unser Geld verschwendet und mit unserem Geld pokern, der Crash ist schon vorprogrammiert. Es gibt keinen, der ihnen Einhalt gebietet, darauf wollen uns die Lichtwesen aufmerksam machen.

Für uns sind Autoritäten, Politiker, Päpste und Gurus nicht lebenswichtig, sie drängen uns nur ihre Glaubenssätze auf und ziehen uns das Geld aus der Tasche. Die herrschende Klasse, ob Kirche, Politik oder der Geldadel, versucht uns ständig in Angst und Abhängigkeit zu halten, nur so können sie weiterhin unser Geld und unsere Energie verschwenden. Die Banken erklären uns, dass sie uns durch ihre Geldverwaltung Sicherheit bieten. Diese Verschwendung von Geld soll unsere Rettung und Sicherheit sein? Woraus und wovor wollen sie uns retten? Sind wir nicht mündig genug? Für diese Rettung bezahlen wir wieder, es geht doch immer nur um unser Geld und das wird immer weniger. Der Geldadel hat bisher mit unserem Geld nur zu seinem eigenen Nutzen gearbeitet. Nur wir selbst können uns retten, indem wir mehr Selbstbewusstsein und Durchsetzungskraft an den Tag legen. Wir müssen aufhören, neidisch auf andere zu blicken, damit setzen wir uns selbst herab und laufen wie räudige Hunde hinter dem Geldadel her, glauben, es fiele auch für uns etwas ab. Wenn wir das begriffen haben und mehr Selbstbewusstsein an den Tag legen, dann lassen wir uns nicht mehr manipulieren. Lichtwesen sind bereit, uns hierbei zu unterstützen. Wir müssen begreifen, dass auch wir Macht haben, indem wir uns zusammenschließen, eine Lobby bilden, aber dazu ist keiner bereit, es könnte ja sein, dass ein anderer seine Vorteile daraus zieht. Durch dieses negative Denken ziehen wir uns selbst herunter, die dunkle Seite zieht ihre Vorteile daraus und behält uns so in der Hand.

Hier wäre positives Denken angebracht, in Liebe, ohne Hass und Neid, nur so können wir den Geldadel zu Fall bringen. Wir sitzen alle in demselben Boot, aber der Mensch neigt dazu, statt positiv zu denken, sich mit negativen Sachen besonders intensiv zu befassen um das in Gesprächen auszuschlachten. Hiermit schickt er sein negatives Gedankengut an seine Mitmenschen, die wiederum negativ beeinflusst werden, weil keiner weiß, welche Kraft Gedanken haben. Es reicht, wenn Zeitungen und Fernsehen uns tagtäglich Negatives Übermitteln, als seien wir dem Weltuntergang nahe. Es wird bald so sein, wenn wir alles nur im negativen Licht sehen und nicht etwas Positives in unser Gedankengut einfließen lassen, das allen zugutekommt.

Was wir vor allem gut können ist, unsere Mitmenschen zu beobachten, ob es ihnen besser geht als uns: Wie oft fährt unser Nachbar in Urlaub, was für ein Auto fährt er und so weiter. Schon ziehen wir uns wieder runter und erreichen unser Ziel für ein besseres Leben nie, weil wir uns gegenseitig niedermachen. Die herrschende Klasse, die Kirche, Regierung, der Geldadel, behält somit die Macht. Lichtwesen sind dazu da uns zu zeigen, dass wir selbstständig denken und handeln können und unser eigener Herr sind. Aber die Menschen wollen betrogen werden, erst dann wachen sie auf. Sie lieben ihre Bequemlichkeit, überlassen anderen das Sagen und beklagen sich dann, wenn sie hintergangen werden. Wir leben hier in einer Zone des freien Willens, darum ist jedem freigestellt, seinen freien Willen zu leben. Das sollte natürlich in dem Pflichtbewusstsein geschehen, anderen Lebewesen und der Natur nicht zu schaden. Das vergessen die Menschen gerne, wenn sie andere Menschen zu ihrem Nutzen übervorteilen können. Wie immer spielt hier die dunkle Seite ihre Macht aus und spielt uns gegeneinander aus. Wie weit sie schon eingegriffen hat, das sehen wir an dem Chaos, das zurzeit auf unserem Planeten herrscht. Naturvölkern, die genügsam mit der Natur in Einklang leben, wird die Lebensgrundlage entzogen, indem man ihr Land enteignet, das sie seit Generationen besitzen, und überlässt sie sich selbst. Arm und Mittellos stürzen sie ins Elend, verfallen Alkohol und Drogen und sind dann Menschen zweiter Klasse auf dem untersten Niveau. Das interessiert die herrschende Klasse wenig. Dies alles wollen uns die Lichtwesen aufzeigen. Wir sind es, die etwas ändern können und müssen.

Unsere Tiere werden missachtet, sie haben keine Lobby, sie werden von der Pharmaindustrie missbraucht, gequält und verstümmelt. Am abscheulichsten ist, dass sie für die Kosmetik gequält werden. Sind sie nicht Geschöpfe Gottes wie wir? Sie sind unsere Begleiter. Es ist alles miteinander verbunden, ob Mensch, Tier oder Natur, das müsste in der heutigen Zeit doch schon jedem aufgegangen sein. Lichtwesen bringen uns die Information, mehr Achtung vor der gesamten Schöpfung zu haben, denn eins greift ins andere. Durch unseren Raubbau, den wir betreiben, wird alles unwiderruflich zerstört. Meere werden durch Überfischung ausgebeutet, die Havarie der Öltanker zerstört die Meere. Hier geht es nur um Profit. Die Unterwasserwelt wird durch den Tauchsport zerstört, denn es ist schick, in den Meeren zu tauchen; es gibt fast kein Fleckchen Erde, wo der Mensch nicht eingegriffen hat. Wir sind alle eins und jeder für sich ein Tropfen in dem großen Meer; alles was wir tun, trifft auch den anderen.

Immer wieder lassen wir uns gängeln, indem wir uns sagen lassen: *Tu dies, tu das, tu jenes.* Wir werden des eigenen Willens beraubt.

Die Werbung redet uns ein, was wir alles für unsinniges Zeug brauchen. Dass dies auch mit Manipulation zu tun hat, ist noch keinem aufgegangen. Wenn wir die Natur und den Menschen wieder mehr achten, erhöhen wir unsere Lebensqualität erheblich, ansonsten zerstören wir uns selbst. All die Autoritäten unsere Kirche und unsere Regierung, die uns sagen, was wir tun oder lassen sollen, machen uns unmündig und wollen verherrlicht werden wie ein Gott. Es gibt nur einen Gott und das ist *Urschöpfer*, von ihm werden wir nicht manipuliert und des freien Willens beraubt.

Auf dieser schönen blauen Kugel Erde gibt es noch außerirdische negative Wesen, die großes Interesse an ihr zeigen. Sie möchten hier ihr Imperium errichten, der Mensch interessiert sie nicht, der muss eliminiert werden. Diese dunklen Wesen manipulieren unsere Staatsoberhäupter und Kirchenmänner, die werden willenlos, lassen sich mit Geld und materiellen Dingen ködern, was wir tagtäglich zu spüren bekommen. Es geht nicht mehr darum, dem Volk zu dienen, sondern darum, Macht zu haben. Unsere sogenannten *Führer* merken nicht, wie sie manipuliert werden, oder wollen es nicht merken, weil hier das Materielle im Vordergrund steht. Alles, was im Übermaß benutzt wird – Computer, Fernsehen und Handy –, bringt uns in eine Abhängigkeit. Unterschwellig werden wir in die Unselbstständigkeit gelenkt und entfernen uns von unseren Mitmenschen, dies ist von der negativen Seite gewollt. Was zeigt uns das Fernsehen, was berichten uns die Zeitungen? Nur Negatives. All das zieht uns runter und wir ziehen das gierig in uns rein, dabei nehmen wir unsere Mahlzeiten ein und das Negative gleich mit.

Das Handy zerstört unsere persönlichen Kontakte und nimmt uns unsere Freiheit, wir sind immer und überall erreichbar. Durch Facebook und Twitter lässt man uns glauben, überall Freunde zu haben und mit der ganzen Welt verbunden zu sein. Wie viel Leid ist dadurch schon geschehen? Aber das stört niemanden, man will ja kein

Außenseiter sein. Wo bleibt unser Selbstbewusstsein? Dies hat wieder mit Manipulation zu tun und um sich dagegen zu wehren, braucht es viel Selbstbewusstsein – was der Jugend in den meisten Fällen fehlt; auch sie merkt nicht, wie sie manipuliert wird. Immer wieder lassen wir uns runterziehen, jammern und klagen, wie schlecht doch die Welt ist. Sagt man den Menschen, dass Fernseher und Zeitungen uns nur Negatives berichten und wir es gierig in uns aufnehmen, dann heißt es: *Man muss doch informiert sein.* Da kann man nur staunen und fragen: *Warum muss ich mir grauenvolle Bilder ansehen?* In diesem Moment unterstützen wir die dunkle Seite. Die wartet darauf, dass wir in tiefe Traurigkeit verfallen und wieder haben sie Macht über uns. All das müssen wir begreifen.

Meine Mutter, das dunkle Wesen

Bei einer Reinkarnation suchen wir mit beiderseitigem Einverständnis die Wesen aus, die wir um uns haben wollen, auch das Land und den Ort. Es sind immer die Orte und die Wesen, bei denen wir am besten lernen können, und das ist nie eine einfache Sache. Ich hatte mir eine schwere Aufgabe gestellt, indem ich mir meine Mutter und meine Familie aussuchte. Das größere Problem war meine Mutter. In mir kamen Zweifel auf: Hatte ich mir wirklich so eine Mutter ausgesucht? Um meine Zweifel aus dem Weg zu räumen, bat ich meinen Schutzgeist um Aufklärung.
Seine Antwort war kurz: *»Ja, das hast du. Es war dein Wunsch. Es war ein beiderseitiges Einverständnis.«*
Eine große Herausforderung und doch ... mit wem konnte ich besser nicht bewältigte Themen aufarbeiten, als mit diesem Wesen?
Betreten wir wieder die Erde, sind alle Vergehen aus vorigen Leben aus unserem Bewusstsein gelöscht. Wüssten wir um unsere Verge-

hen, würde uns das im aktuellen Leben stark behindern, ein normales Leben wäre nicht möglich.

Mit wem wir zusammenleben, wen wir lieben, wen wir kennenlernen, bleibt nicht dem Zufall überlassen. Es gibt keine Zufälle, es ist alles vorherbestimmt, das haben wir in unseren Lebensplan geschrieben. Um ihn zu erfüllen, bekommen wir Hilfe aus der Geistwelt. Immer wieder werden wir angestoßen, damit wir unseren Plan erfüllen. Sollte trotz aller Hilfe unser Lebensplan nicht erfüllt werden, dann ist unser aktuelles Leben eine Fehlinkarnation und bei der nächsten Inkarnation werden wir uns für dieselben Aufgaben entscheiden. Keiner zwingt uns dazu, aber es ist unser Bestreben, vorwärts zu kommen.

Nun hatte ich mich für diese Frau, die meine Mutter war, entschieden, ein ständig unzufriedenes Wesen. Immer wieder fragte ich mich: *Was ist meine Mutter für ein Mensch?* Ihre Launen waren oft nicht auszuhalten, mal wollte sie vor Mitleid zerfließen, dann wieder konnte sie alles verfluchen, was ihr nicht passte.

Fluchen war bei ihr an der Tageordnung. Bei ihren Flüchen rief sie ständig Gott an, er sollte alle bestrafen, die ihr nicht zu Willen waren. Sie fand auch Gefallen daran, Menschen gegeneinander auszuspielen; dies bereitete ihr kein schlechtes Gewissen. Stellte man sie zur Rede, war sie zutiefst beleidigt, dann hatte man sie ungerecht behandelt oder dazu gereizt. Man konnte auch sagen: *Wenn sie dich ersticht, dann bist du ihr ins Messer gelaufen Dein Fehler.* Ich durchschaute ihre Spielchen und widersetzte mich ihrem Willen, das war ihr ein Dorn im Auge. Für sie hieß das, ich untergrub ihre Autorität, sie wollte mich in der Hand behalten, sie brauchte meine Energie. Mit der Zeit erkannte ich, so traurig es war, dass ich mich von meiner Mutter fernhalten musste, denn all meine Unternehmungen in ihrer Nähe waren vom Pech verfolgt. Oft fragte ich mich, warum.

Viel später, durch mein spirituelles Wissen, beschlich mich die Befürchtung: *Sollte sie ein dunkles Wesen sein, sollte ich mir solch eine Mutter ausgesucht haben?* Ich wandte mich noch mal an meinen Schutzgeist, ich wollte es nicht glauben, dass ich mir solch eine Mutter ausgesucht hatte.

Nun bekam ich es zum zweiten Mal bestätigt, dass es mein Wille war: *»Du warst damit einverstanden, dass dieses Wesen deine Mutter sein sollte, ihr habt euch selbst ausgesucht.«*

Da half kein Jammern und Klagen, das war hier fehl am Platz, ich wollte lernen und das ging am besten mit diesem Wesen. Im Jenseits sieht alles anders aus.

Nun ergab es sich, dass ich in eine andere Stadt zog und glaubte, das Problem gelöst zu haben. Das passte meiner Mutter gar nicht, sie nahm mir das sehr übel, als hätte ich ihr den Krieg erklärt. Nun hatten wir für Jahre keinen Kontakt mehr miteinander, den sie selbst unterbrochen hatte. Dadurch war mir nicht bekannt, dass sie ein Hüftleiden hatte und sich einer Operation unterziehen musste. Die Operation verlief nicht ganz einfach, sie wäre fast daran verstorben. Bei ihrem nahen Tod beschäftigten sich ihre Gedanken stark mit mir, ihrer Tochter. Sie akzeptierte nicht, dass sie keinen Kontakt mehr zu mir hatte, denn ihre Meinung war, ich hätte mich als Kind zu unterwerfen, das sah sie als ihr Recht. Selbst ihr naher Tod ließ sie nicht zur Einsicht kommen und sie stieß Verwünschungen gegen mich aus. Da sie mich im Leben nicht zwingen konnte, wollte sie mich auf diesem Weg bestrafen, ihr Zorn machte sie gewissenlos. Auf dem Weg ins Jenseits rief sie ihre Mutter zu Hilfe, diese sollte mich zwingen, mit ihr Kontakt aufzunehmen. Diese Hilfe meiner Großmutter war grotesk:

Ich setzte mich an einem sonnigen Sommermorgen auf die Terrasse, um ein Buch zu lesen. Diese Terrasse war mit einem durchsichtigen

Dach versehen. Während ich lesend dort saß, bekam ich plötzlich laut krächzend einen Vogelschrei zu hören. Dem Schrei nach, so glaubte ich, müsste es eine Krähe sein. Sie überflog mehrere Male dieses Dach, was mich irritierte. Da ich durch dieses Dach nichts erkennen konnte, auch keinen Schatten von einem Vogel, stand ich auf, um nachzusehen. Zu sehen bekam ich nichts, nur der Schrei blieb, das machte mich stutzig. Ich suchte den Himmel ab, bekam aber nichts zu sehen. Kaum hatte ich mich gesetzt, da wurde ich wie aus dem Nichts von einer Krähe angegriffen. Mit weit aufgerissenem Schnabel und einen Schrei loslassend flog sie unter dem Dach her, direkt auf mein Gesicht zu, um sich im selben Moment aufzulösen. Sie war einfach weg. Mein erster Gedanke war: *Die Krähe hatte sich verirrt, aber warum konnte ich sie nicht wegfliegen sehen?* Da geschah auch schon der nächste Angriff und dieser kam von einer Regentonne. Die Entfernung betrug höchstens drei Meter. Wieder flog sie laut krächzend auf mein Gesicht zu und bevor ich reagieren konnte, war sie nicht mehr zusehen. Ich konnte es nicht fassen, dass ein so großer Vogel sich in Luft auflöste. Ich hatte mich noch nicht ganz von dem Schreck erholt, da griff sie wieder an. Ich sah, dass sie aus einem nahegelegenen Busch kam, die Entfernung betrug höchstens fünf Meter. Sie flog wieder auf mich zu. Es war jedes Mal dasselbe: Hatte sie mein Gesicht fast erreicht, war sie nicht mehr zu sehen. Da ich kein ängstlicher Mensch bin, blieb ich erst einmal sitzen und wartete ab, ob es noch einmal geschah. Da kam ihr letzter Angriff, laut schreiend flog sie an meinem Kopf vorbei, direkt in die Hausecke. Erschrocken sah ich hin und glaubte, jetzt sei sie an der Wand zerschmettert, aber sie hatte sich wieder in Luft aufgelöst. Das konnte ich nun gar nicht fassen, dass ein so großer Vogel in eine Hausecke fliegt und nicht mehr zu sehen war. Dass sie sich verirrt hatte, konnte ich nun nicht mehr glauben. Ich überlegte, ob das ein Geistwesen war, aber welches Geistwesen versuchte, mich in Angst und Schrecken zu versetzen? Bekannt war mir, dass sich Geistwesen materialisieren können, aber dieser Angriff kam niemals von der Lichtseite. Wer war es dann? Was wollte man von mir?

Nach diesen Attacken war ich viel zu unkonzentriert und durcheinander, um Kontakt mit der Geistwelt aufzunehmen, um die Sache aufzuklären. Da es auch für meinen Mann kein Problem war, mit der Geistwelt in Kontakt zu treten, erzählte ich ihm von diesen Angriffen und bat ihn, bei unserem Schutzgeist nachzufragen. Da mein Mann nicht im Haus war, musste ich bis zum Abend auf eine Aufklärung warten.

Mein Mann kam nach Hause, sah sehr bedrückt aus, sagte kein Wort und legte mir einen Zettel auf den Tisch, auf dem zu lesen war: *Verrecke,* und das dreimal, dies hatte ihm unser Schutzgeist durchgegeben. Jetzt wusste ich, wem ich diese Attacken zu verdanken hatte: Es war meine Mutter! Was war passiert, dass sie mir Angst einjagen wollte und mich durch eine Krähe attackierte? Später erfuhr ich, dass genau zu diesem Zeitpunkt, als sie diesen Fluch aussprach, sie sich in einer Hüftoperation befand, die nicht ganz einfach war – sie war auf dem Weg ins Licht. Sie hatte meine Großmutter um Hilfe gerufen und die war sofort bereit gewesen, ihr beizustehen. Meine Großmutter hatte im Jenseits, wie ich später von unserem Schutzgeist erfuhr, eine gute Bekannte von mir dazu überredet, sich als Krähe zu materialisieren, sie sollte mich auf meine Mutter aufmerksam machen. Über diese Aktion und den Fluch meiner Mutter mussten mein Mann und ich uns erst einmal beruhigen und nahmen später Kontakt mit der Geistwelt auf.

Was wir da zu hören bekamen, machte uns sprachlos. Mein Schutzgeist erklärte uns: *»Deine Mutter musste sich einer Hüftoperation unterziehen, die nicht so einfach war. Während der Operation war sie auf dem Weg zu uns, da tat sie diesen Fluch. Der Grund war,* *dass sie keinen Kontakt mehr zu dir hatte. Wie kann man noch so voller Hass sein, wenn man auf dem Weg ins Licht ist? Wir haben sie wieder zurückgeschickt, dass sie sich eines Besseren besinnt.«*

Sie kehrte zurück, blieb aber in ihrem Hass und Zorn und dachte nicht daran, sich zu ändern. Ihre Meinung war, dass sie das vollkommenste Wesen und die beste Mutter war, so wie sich alle dunklen Wesen für vollkommen halten.

Zwei Tage später ich hatte mich zu einer Meditation hingesetzt, da überraschte mich ein ungewöhnlicher Krach im Haus. Ich wurde durch sehr laute knackende Geräusche aus meiner Meditation gerissen. Ich horchte ins Zimmer: Woher kamen diese Geräusche? Sie wurden immer lauter, es war, als habe sich alles, was aus Holz war, in Bewegung gesetzt: Schränke, Deckenvertäfelungen … alles gab Geräusche ab, es war ein fürchterlicher Krach. Da ich kein ängstlicher Mensch bin, blieb ich erst einmal sitzen und wartete ab, wie sich die Sache entwickelte, aber der Krach blieb, wurde noch heftiger. Da wurde mir klar, dies konnte nur aus der Geistwelt kommen, aber warum?

Nach einer Weile wurde mir das zu viel und ich versuchte, mir schimpfend Ruhe zu verschaffen. Ich sagte der Geistwelt: »Ich bleibe hier sitzen, und falls jemand von euch glaubt, mir Angst einjagen zu können, dann hat er sich geirrt.« Etwas wartete ich noch, aber es hörte nicht auf und wurde auch nicht leiser. Nun wandte ich mich noch mal an die Geistwelt und sagte: »Ich verlasse diesen Raum und werde erst wiederkommen, wenn sich alles beruhigt hat.«

Ich verließ das Haus, setzte mich auf die Terrasse und stellte fest, dass der Krach blieb, als seien mir alle Geister nachgelaufen.

Eine Weile dauerte der Spuk noch, dann wurde es still. Ich horchte in den Raum und tatsächlich: Es blieb still. Nach dieser Aufregung musste ich mich erst einmal beruhigen, denn so etwas hatte ich bisher noch nicht erlebt. Besuche aus der Geistwelt waren mir nicht fremd nur liefen die sonst viel dezenter ab. Meldete sich die Geistwelt, dann hatte ich das nie als Belästigung empfunden, es war dann ein leises Klopfen oder Knistern und nicht solch ein Getöse.

Diese Unruhe im Haus musste ich aufgeklärt haben und rief meinen Schutzgeist.

Der sagte mir: *»Eine Schwester deiner Großmutter und eine Schwester deiner Mutter hatten eine Auseinandersetzung mit deiner Großmutter, und die war sehr heftig. In dem Streit ging es darum, dass deine Großmutter sich angemaßt hatte, dir eine Krähe zu schicken, um dich auf deine kranke Mutter aufmerksam zu machen, dazu war sie nicht berechtigt. Dieser Streit war mit viel negativer Energie besetzt und diese negative Energie drang bis zu dir durch, das waren die lauten Geräusche in deinem Haus. Diesen Streitigkeiten wurde durch ein sehr hohes Geistwesen ein Ende gesetzt, dies musste von allen akzeptiert werden. Deine Großmutter wurde für ihr Handeln gerügt und von ihrer hohen Position zurückgesetzt, sie muss wieder ganz vorn anfangen. Das Geistwesen, das im Leben deine Bekannte war und sich als Krähe materialisiert hatte, musste von ihrer hohen Position zurück in die dritte Dimension.«*

Nun hatte ich eine Erklärung für diesen fürchterlichen Krach im Haus. Es gibt nichts Niederträchtigeres in der Lichtwelt, als Menschen in Angst und Schrecken zu versetzen. Meine Großmutter sowie meine Bekannte wurden zurechtgewiesen, da sie sich nicht an die Gesetze gehalten hatten. Meinem Schutzgeist gab ich zu verstehen, dass es mir leidtat, dass meine Großmutter und meine Bekannte zurückgesetzt wurden, mir war ja kein körperlicher Schaden entstanden. Da erklärte mir mein Schutzgeist sehr energisch: *»Das hat dir nicht leidzutun, das sind Gebote, die einzuhalten sind.«*

Meine Mutter kehrte ins Leben zurück und es lag mir fern, nach dieser Attacke Kontakt zu ihr aufzunehmen.

Dann geschah es, dass mir ständig Schauer über den Körper liefen, für mich hieß das: Hier meldet sich die Geistwelt. Aber wer? Ich nahm Kontakt zu meinem Schutzgeist auf, aber statt meines Schutzgeistes kam mehrmals das Wort *Mutter* zu mir durch. Das verwirrte mich. Sollte sie tot sein? Trotz allem, was geschehen war, löste es schon Schuldgefühle in mir aus, es hätte mich schon belastet, sie vor ihrem Tod nicht noch mal gesprochen zu haben. Da ich bei der Durchsage nicht konzentriert genug war und nur das Wort *Mutter* zu mir rüberkam, stellte ich bei einer Nachfrage fest, es sollte *Großmutter* heißen: Sie hatte sich bei mir gemeldet. Ich richtete meine Frage an meine Großmutter, ob meiner Mutter etwas passiert sei.

Ihre Antwort war: *»Nein.«* Zu meinem Erstaunen erklärte mir sie mir: *» Hier meldet sich noch jemand, der möchte Verbindung mit dir aufnehmen, es ist Erzengel Gabriel. Du musst sofort Verbindung zu ihm aufnehmen. Er ist in einer Dimension, die wir nur kurz halten können, wir halten sie für dich aufrecht.«*

Ich war erstaunt, dass ein so hoher Engel mit mir Verbindung aufnehmen wollte. Ehrfürchtig fragte ich nach, was er mir mitteilen wollte.

Die Antwort war kurz und knapp: *»Ihr sollt Frieden schließen.«*

Ich hatte mit allem gerechnet, aber nicht damit, dass ich mit meiner Mutter Frieden schließen sollte, nach allem, was sie mir angetan hatte. Da fiel mir ein Spruch aus der Bibel ein: *Liebet eure Feinde.* War es das, warum ich inkarniert hatte? Zu vergeben, zu lieben, keinen Hass und keine Rachegedanken zu haben? Wurde ich geprüft? Es konnte nur dieser eine Grund sein, wenn Erzengel Gabriel mit dieser Bitte zu mir kam.

Das rüttelte mich wach. Ich war bereit zu vergeben, keinen Hass und keine Rachegedanken mehr zu haben. Da ich über 20 Jahre keinen Kontakt mehr zu einer Mutter gehabt hatte, entschloss ich mich, das Kriegsbeil zu begraben, und besuchte sie. Ich war erstaunt, wie leicht es mir fiel, Gabriels Rat zu befolgen.

Nun hatte ich erwartet, dass meine Mutter über diese Kontaktaufnahme erfreut wäre, aber sie griff mich sofort wieder an. Ich blieb ruhig, ließ es nicht eskalieren und warf ihr nicht ihre schlechten Taten vor. Da fiel mir auf: Ich hatte keine Wut in mir; ich hatte gelernt und konnte vergeben.

Nun erkrankte meine Mutter ein zweites Mal und das nach einem Sturz, davon erholte sie sich nicht mehr richtig. Ich entschloss mich, sie bei mir aufzunehmen, um ihr das Leben zu erleichtern. Das ging aber nur kurzfristig gut. Sie war in ihrem Hass und Zorn geblieben. Ihr Alter brachte es mit sich, dass sie leicht dement war und vieles nicht mehr wusste, nur eins hatte sie nicht vergessen: mich zu unterdrücken. Nach einiger Zeit fiel mir auf, dass es ihr körperlich immer besser ging und ich glaubte, das läge an meiner guten Pflege, nur mit mir selbst ging es immer mehr bergab. Mein Fehler war, wie sich herausstellte, dass ich sie mit in mein Schlafzimmer genommen hatte, um ihr so besser helfen zu können. Das nutzte sie voll aus. In der Nacht, wenn ich schlief, zog sie mir permanent Energie ab, ich war wie eine Zapfsäule für sie.

Da kam mir mal wieder die Geistwelt zu Hilfe und erklärte mir:
»Geh aus dem Schlafzimmer, das ist nicht gut für dich, du verlierst zu viel Energie.«
Nun wusste ich, was bei mir diese Müdigkeit und Antriebslosigkeit ausgelöst hatte.

Da sie so nicht zu ertragen war, sorgte ich dafür, dass sie in einem Altenheim untergebracht wurde. Das passte ihr gar nicht. So viel geistiges Vermögen hatte sie noch, um diesen Wechsel mitzubekommen. Nun setzte sie aus dem Altenheim ihre Belästigungen fort, dazu war sie fähig. Ihre negative Energie geisterte nachts durch mein Haus, dies machte sich durch flüsternde Stimmen und feste Schritte, man könnte auch sagen *wütende Schritte* bemerkbar. Ich überlegte, wer dieses Gepolter in meinem Haus verursachen könnte. Ich wandte mich mal wieder an meinen Schutzgeist.

Da bekam ich von ihm gesagt: *»Diese Unruhe in deinem Haus kommt von deiner Mutter, wir haben das schon mitbekommen. Ich bin mit deiner Großmutter bei dir, um diese negative Energie von dir fernzuhalten und dich zu schützen. Es wäre gut, wenn du ausräuchern würdest, um diese schlechte Energie zu entfernen.«*

Warum war ich nicht schon eher darauf gekommen auszuräuchern, nachdem meine Mutter aus dem Haus war? Wusste ich doch, dass dunkle Wesen schlechte Energien zurücklassen. Zu ihrem Ärger hatte ich sie aus meinem Haus entfernt, nun bekam sie keine Energie mehr von mir, worüber sie sehr wütend war. Ich befolgte den Rat von meinem Schutzgeist, räucherte aus und es kehrte wieder Ruhe ein.

Nun sah ich es als meine Pflicht an, Besuche bei meiner Mutter im Altenheim zu machen. Die verliefen immer sehr dramatisch und endeten mit Beschimpfungen, wie: »Du hast mich abgeschoben.« Um den Beschimpfungen aus dem Weg zu gehen, hatte ich mir vorgenommen, sie nicht allzu oft zu besuchen, denn außer ihren Beschimpfungen zog sie mir jedes Mal Energie ab. Aber was war mit dem Anliegen von Erzengel Gabriel, Frieden zu schließen?

Ich geriet in eine Zwickmühle und fragte mich, was ich mir für eine Mutter ausgesucht hatte. Ich musste wohl nicht ganz bei Verstand gewesen sein. Aber vor meiner Inkarnation wusste ich genau, auf was ich mich einließ. Hier sprang nun wieder mal die Geistwelt ein und ich bekam Hilfe von meinem Mann. Der gab mir einen Spruch, um mich zu schützen. Mit diesem Spruch sollte ich mich an die

Geistwelt wenden, wenn ich meine Mutter besuchte. Der Spruch war einfach aber wirksam: *Schützt meine Energie, schützt meinen Körper.* Das sollte ich dreimal sagen. Ich befolgte den Rat und sagte ihn vor jedem Besuch. Auch vermied ich es, ihr in die Augen zu sehen, denn die Augen sind Ausdruck der Seele, hierüber holte sie sich Energie.

Da ich nun alles genau einhielt, kam sie nicht mehr an meine Energie. Aus ihrem Unterbewusstsein heraus erkannte sie, dass ich ihr ein Verbot ausgesprochen hatte und sie nun auf Widerstand stieß. Von nun an war sie besonders freundlich zu mir, mit der Absicht, dass ich dieses Verbot wieder aufheben sollte, aber ich dachte nicht daran. Da ihr nun meine Energie verwehrt war, versuchte sie es bei ihren Mitbewohnern im Altenheim. Sie schaffte es immer wieder, Menschen in ihren Bann zu ziehen, um an Energie zu kommen. Erkennen konnte ich das daran, dass alles, was in ihrer Nähe war, krank wurde.

Schließlich starb sie. Aber selbst nach ihrem Tod glaubte sie, ein guter Mensch gewesen zu sein und der hellen Seite anzugehören.

In einem Gespräch mit Erzengel Michael sagte er mir: *»Deine Mutter sieht es nicht ein zu lernen, sie glaubt, der hellen Seite anzugehören. Immer wieder versucht sie, dort hinzukommen, aber man schlägt ihr die Tür vor der Nase zu.«* Manchmal konnte ich es nicht glauben, wie menschlich sich Erzengel Michael ausdrückt, um sich uns Menschen verständlich zu machen.

Vorstellen konnte ich mir gut, dass meine Mutter keine Einsicht hatte zu lernen. Sie wollte ihren Willen durchsetzen, bei ihr hieß es immer *Ich will.*

Dann bekam ich von Erzengel Haniel eine Durchsage, in der hieß es: *»Diese kleine Gewitterhexe.«* Damit war alles gesagt.

Da sie auch im Jenseits mit ihrem sturen Kopf nirgends ankommen konnte und Lernen für überflüssig hielt, trieb sie sich zeitweise wieder in meinem Haus herum und erschien mir.

Ich betrat mein Wohnzimmer und wollte meinen Augen nicht trauen, da stand sie vor meinem Wohnzimmertisch. Es sind immer nur Sekunden, dann löst sich das Bild in Nebel auf. Hier bekam ich wieder die Bestätigung, dass unsere Verstorbenen nicht irgendwo im Himmel sind, sondern einen Meter über dem Erdboden, mitten unter uns. Genau in dieser Höhe bekam ich sie zu sehen. Um mir sicher zu sein, dass ich keiner Illusion aufgesessen war, erkundigte ich mich in der Geistwelt.

Da wurde mir von Erzengel Michael gesagt: *»Sie fühlt sich bei dir wohl. Da sie noch nirgends angekommen ist und nicht lernen will, möchte sie sich bei dir einnisten. Das hast du doch schon mitbekommen. Mache dein Haus sauber.«*

Ich konnte es nicht fassen, dass sie nun versuchte, sich bei mir einzunisten. Da war wieder Ausräuchern angesagt. Ich schickte sie aus sie aus dem Haus.

War die erste Herausforderung, meine Mutter, nicht schon genug, hatte ich mir noch eine zweite aufgeladen, und die war noch gravierender. Dieses dunkle Wesen hat es verstanden, sein wahres Gesicht gut zu verbergen. Obwohl ich sonst immer Schlechtigkeit oder Hinterlistigkeit in einem Menschen erkenne, blieb mir das hier verborgen. Sollte ich nichts erkennen? War das meine zweite Aufgabe, die ich mir gesellt hatte? Viel später erfuhr ich, dass dieses Zusammenkommen mit meinem Einverständnis vor unserer Inkarnation ausgesucht war. Wir hatten schon mehrere Leben miteinander verbracht, er war kein unbeschriebenes Blatt und hatte eine Menge aufzuarbeiten. Aber dieses Wesen hat es nicht geschafft, es hat versagt. Für mich war das keine einfache Sache, es war eine Prüfung: *Halte ich*

stand oder lasse ich mich auf seine üblen Machenschaften ein?
Aber ich blieb konsequent auf meiner hellen Seite.

Ich spreche hier von *dunklen Wesen*, aber es ist gar nicht so einfach herauszufinden, wer ein dunkles Wesen ist. Man kann nicht auf jeden, der stiehlt, betrügt, lügt oder andere hintergeht mit dem Finger zeigen und dann sagen: *Dies ist ein dunkles Wesen.* Auch nicht alle Mörder müssen dunkle Wesen sein. Das ist zwar verabscheuungswürdig, aber es müssen immer ganz bestimmte Merkmale zusammenkommen, um dies zu sagen. Trifft man aber auf ein Wesen, in dessen Gegenwart man sich müde, unsicher und ausgelaugt fühlt oder es wird alles ins Negative gezogen, dann hat das mit Energieabzug zu tun, dann könnte es ein dunkles Wesen sein. Hier heißt es aufpassen; man zieht sich besser zurück. Hinter einer überfreundlichen Fassade können sie sich gut verstecken und täuschen uns über ihre wahre Absicht. Diese Wesen warten nur darauf, auf einen unbedarften Menschen zu treffen, um sich Energie zu holen; davon leben sie.

Heute ist mir klar: Vor meiner Inkarnation hatte ich mir vorgenommen, Vergebung zu üben, Wut, Zorn und Rachegelüste abzulegen, Liebe zu verbreiten. Eine schwere Aufgabe, wenn man Unrecht erfahren hat, aber dies war mein Karma. *Karma* heißt *Aktion* und *Reaktion.* Im Alten Testament steht: *Auge um Auge, Zahn um Zahn.* Das heißt nicht *zurückschlagen,* das müssen wir begreifen, sondern es ist das Gesetz von Ursache und Wirkung: Alles, was wir anderen angetan haben, fällt auf uns zurück und umgekehrt. Also beklagen wir uns nicht über Ungerechtigkeiten und glauben, uns rächen zu müssen, das ist die Falle, in die wir tappen, das müssen wir begreifen. Jede Ursache hat ihre Wirkung, die zu uns zurückkehrt, wenn wir Rache üben. Wir sind hierhergekommen, um Vergeben und Verzeihen zu lernen, keine Rachegedanken, keinen Neid, keinen Hass zu haben, sondern um Liebe zu verbreiten. Wann lernen wir schon mal aus guten Tagen? Die machen uns phlegmatisch. Es ist immer das Negative, auf das wir reagieren. Dann sollten wir uns fragen: Was habe ich getan, dass mir das passiert? Das wäre ein Anfang, um über Widerwärtigkeiten im jetzigen Leben nachzudenken.

Nun geschah etwas Ungewöhnliches in meinem Garten. Dort hielten sich über längere Zeit unzählige Dohlen in einer Rotbuche auf. Durch ihr lautes Krächzen wurde ich darauf aufmerksam. Einen Reim konnte ich mir nicht darauf machen. Eine Weile hörte ich mir das an, dann wandte mich an die Geistwelt und bat um Aufklärung. Es meldete sich Erzengel Michael. Der erklärte mir: »*Diese Dohlen sind wir, zu deinem Schutz. Die dunkle Seite plante einen Angriff auf dich. Auch deine Mutter hält sich mit uns dort auf.*«
Überrascht fragte ich nach: »Meine Mutter? Habe ich das richtig verstanden?«
»*Ja, das hast du, deine Mutter hat es geschafft, sie hat sich eines Besseren besonnen. Sie hat gelernt und ihre Fehler eingesehen. Somit hat sich die Tür zum Licht für sie aufgetan. Auch sie will dich beschützen und bittet dich, ihr zu verzeihen.*«
Ich war gerührt, so etwas über meine Mutter zu erfahren, nahm das sofort in Angriff und sprach sie direkt an: »Mutter, hör mir bitte zu. Ich verzeihe dir alles, was du mir angetan hast, und bitte dich, auch mir zu verzeihen. Es war unser Weg. Ich freue mich für dich, dass du den Weg ins Licht gefunden hast, und wünsche dir den ewigen Frieden.«
Dies war eine große Erleichterung für meine Mutter.

Schamanen

Das Wort *Schamane* kommt aus dem Sibirischen von den Tungusen und kann mit *Weiser* übersetzt werden. Schamanismus ist keine Religion, der Schamane hat auch keine Führer, für ihn gibt es keine Hierarchien, seine Kraft und sein Wissen bekommt er aus der Geistwelt, die ihn unterrichtet. Er ist kein esoterisch Suchender, der der realen Welt entrückt ist, er steht mit beiden Beinen in Leben. Er vermag körperliche und seelische Krankheiten zu heilen, ist aber kein Arzt oder Psychiater. Unerklärliche Pechsträhnen können durch ihn beendet werden, böse Flüche werden durch ihn aufgelöst. Der Schamane ist von der geistigen Welt ausgesucht, er wird von ihr geführt, unterstützt und beschützt; sein Leben ist gesegnet. Schamanismus gibt es in allen Ländern und Kulturen und ist an kein Land gebunden. In unserer westlichen Welt ist es zur Unsitte geworden, Spiritualität und Schamanismus in den großen Topf der Esoterik zu werfen, wo sich alles herumtreibt, was glaubt, spirituell zu sein. Das führt dazu, dass sich Sektenführer *Schamanen* nennen und ihr Unwesen treiben; die haben nur eins im Sinn: den Menschen Energie abzuziehen und das Geld aus der Tasche.

In unserer Dimension *Erde* gibt es auch Schamanen in geistiger Form, diese Erfahrung machten mein Mann und ich. Unserem Gefühl nach mussten sich im Haus noch unsichtbare Mitbewohner aufhalten, denn an bestimmten Stellen war ein Lispeln und Rumoren zu hören. Nun geschah das nicht immer und wir fragten uns, ob wir uns etwas einbildeten. Um mir sicher zu sein, nahm ich mein Pendel und testete an mehreren Tagen diese unruhigen Plätze aus. Ich bekam jedes Mal eine sehr starke Energie zu spüren. Diese Energie gab es in der Nähe des Fernsehers, an der Stehlampe in der Garderobenecke und in unserem Schlafzimmer am Fußende unserer Betten. Sollten das Energien aus der Geistwelt sein? Angst machte uns das nicht, aber man fühlt sich ja nicht wohl, wenn man nicht weiß, wer oder was sich im Haus aufhält. Um dem Rätselraten ein Ende zu machen kamen wir zu dem Schluss: Fragen wir doch unseren Schutzgeist, er muss ja wissen, ob wir fremde Energien im Haus haben.

Er hatte schon mitbekommen, dass wir eine Aufklärung von ihm erwarteten und erklärte uns: *»In eurem Haus halten sich vier Schamanen auf, es sind Lichtwesen. Du hast die Ecken schon richtig ausgetestet. Sie haben ihre festen Plätze, sie schaden euch nicht, sie bewachen euch. Zwei sind für deinen Mann bestimmt, zwei für dich.«*

Was ich zu dieser Zeit nicht wusste: Mein Mann stand kurz vor seinem Heimgang in die geistige Welt, dies war sein besonderer Schutz. Diese Schamanen hatten die Aufgabe, negative Wesen von meinem Mann fernzuhalten, denn die waren an seiner Energie interessiert. Da wir nun wussten, dass die Schamanen zu unserem Schutz da waren, waren wir beruhigt. Lichtwesen waren uns immer willkommen.

Inzwischen war mein Mann schwer erkrankt und mir fielen die heilenden Kräfte der Schamanen ein. Hier könnte vielleicht ein Schamane helfen. Aber wo gab es in unserer Stadt einen Schamanen? Ich wandte mich an meinen Schutzgeist. Der erklärte mir, dass sich ein Schamane in meiner Nähe in einem Kloster aufhielt und nannte mir den Namen. Ich suchte dieses Kloster auf, denn ich zweifelte nicht an den Kräften der Schamanen. Da mir bekannt war, dass die Kirche Schamanen nicht gut gesonnen ist, musste ich es schon geschickt anfangen, um diesem Mönch, der ein Schamane war, keine Schwierigkeiten zu machen.

Im Kloster angekommen brachte ich mein Anliegen vor. Da ich den Namen von diesem Mönch wusste, bat ich darum, ihn sprechen zu dürfen. Mir wurde gesagt, dass er zurzeit nicht im Haus sei, aber man war bereit, mir einen anderen Mönch zu Verfügung stellen. Das lehnte ich ab. Man wurde misstrauisch, warum es gerade dieser Mönch sein sollte. Ich gab keine weitere Erklärung dazu ab und bat nur darum, dass dieser Mönch meinen Mann am Krankenlager aufsuchen möge.

Zu meinem Erstaunen kam man meiner Bitte nach. Der Mönch besuchte meinen Mann und führte ein langes liebevolles Gespräch mit ihm. Was ich nicht wahrhaben wollte, hatte er gleich erkannt: dass hier nicht mehr zu helfen war. Die Zeit meines Mannes auf dieser Erde war um.

Es wäre gut, wenn wir den Schamanen eine Daseinsberechtigung in unserem Leben geben würden. In unserer so verhafteten materiellen Welt haben nur noch Technik wie Fernseher, Computer oder das Handy und das Geld Vorrang. Wir müssen wieder lernen, nach alten Werten zu leben und zu der Erkenntnis kommen, dass das Materielle nicht alles ist, das unser Leben bestimmen darf. Wann wird uns bewusst, dass alles miteinander verbunden ist, dass auch ein Schamane kein Utopist ist? Unser materealistisches Denken lässt uns verrohen. Bei unserer Jugend ist es üblich, dass Kontakte nur noch über Computer und Handy geknüpft werden, zwischenmenschliche Beziehungen bleiben auf der Strecke. Man kümmert sich nicht um anderer Leute Sorgen, man lebt in seiner kleinen Welt und glaubt, alles im Griff zu haben.

Bei uns war es die Kirche, die alles unterdrückte, in Russland war es lange Zeit der Kommunismus, der strikte Verbote gegen den Schamanismus aussprach. Es war gefährlich, ihn zu praktizieren, selbst eine Trommel zu besitzen stand unter Todesstrafe. Das Volk hilflos und machtlos zu sehen war das Bestreben der Oberhäupter. Doch es gab Menschen, die unter Geheimhaltung unter Lebensgefahr die alten Bräuche weiter pflegten.

Mein war Mann verstorben, aber dieses Lispeln und Raunen bekam ich immer noch zu hören, es waren noch dieselben Stellen. Aber warum hielten sich noch alle vier in meinem Haus auf. Meinen Mann gab es doch nicht mehr? Ich wandte mich noch mal an meinen Schutzgeist, mit der Bitte, er möge mich aufklären, warum sich noch alle vier Schamanen in meinem Haus aufhielten.

Er sagte mir: *»Ein Schamane hält sich in deinem Schlafzimmer auf, einen hast du vor dem Haus. Die sind zu deinem Schutz da, lass sie an ihrem Platz. Die anderen zwei werden nicht mehr gebraucht, die schick in die Geistwelt zurück.«*

Ich fragte: »Aber wie?«

»Warum fragst du? Mach es wie immer, mach dir einen Spruch und sag ihnen, dass sie ins Licht gehen sollen.«

Ich nahm das sofort in Angriff, denn wenn vier Schamanen bei mir herumwuselten, war mir das doch ein bisschen viel. Ich sprach sie an: »Ich danke für eure Hilfe und Liebe. Eure Aufgabe hier auf Erden ist erfüllt, geht ins Licht. Ich segne euch mit Licht, Liebe und Frieden und wünsche euch eine gute Reise.« Nach diesem liebevollen Ansprechen testete ich die Ecken noch einmal aus, nun war nichts mehr zu spüren.

Mein Schutzgeist erklärte mir: *»Sie sind gut bei uns angekommen.«*

Der Schamane ist kein Fantast, er ist auch kein selbst ernannter Guru, der alle paar Monate seine Meinung ändert, wie das bei Sektenführern gängig ist. Lange Zeit bezichtigte man die Schamanen der Hexerei, den Menschen war das nicht geheuer, daher lebten die Schamanen zurückgezogen. Seine Kraft bekommt der Schamane bei einer Meditation aus der Geistwelt, die Seele verlässt dann seinen Körper. Diese geistige Reise hat nichts mit einem Tod zu tun. Auch uns ist es möglich, in einer Meditation unseren Körper zu verlassen, nur machen wir es unbewusst im Schlaf, dann erholt sich unsere Seele in der Geistwelt von den täglichen Strapazen.

Für den Schamanen ist alles heilig, denn für ihn lebt alles. Er hält Zwiesprache mit Bäumen, Pflanzen, Tieren und Steinen, so ist es bis zur heutigen Zeit. Die Menschen halten das für überspannt und verschroben, aber daran gibt es nichts Überspanntes und Geheimnisvolles; auch wir können mit Blumen, Pflanzen und Bäume sprechen, sie verstehen uns gut, sie danken es uns mit gutem Wachstum und Blütenpracht. Der Wissenschaft ist bekannt, das Bäume und Pflanzen bei liebevoller Ansprache und guter Musik zu Prachtexemplaren werden, schlechte Musik hindert sie jedoch am Wachstum. Wir brauchen doch alle auch die Natur, Zuneigung und Liebe, doch geht es um die Natur, wird es lächerlich gemacht und als Hokuspokus abgetan.

Reinkarnation

Bis zum Jahr 451 nach Christus war Reinkarnation Bestandteil des Christentums, auch Hellsichtigkeit war zu dieser Zeit weit verbreitet. Das änderte sich im Jahre 527 mit der Thronbesteigung von Kaiser Justinian und seiner Frau Theodora, die später zur Kaiserin gekrönt wurde. Sie war ein dunkles Wesen mit schlechter Energie. Sie sorgte dafür, dass Reinkarnation aus allen Schriften, Büchern und der frühen Bibel gelöscht wurde. Dies hatte eine tief greifende Auswirkung, noch bis in unsere Zeit. Der Kirche war das recht, nur so konnte sie ihre Macht behalten und redete den Menschen ein, nur ein Leben zu haben. Erwähnte man die Reinkarnation, war das eine Gotteslästerung, so konnten die Priester den Menschen erzählen, dass sie nur von ihnen von ihren Sünden befreit werden, und das durch eine Beichte, um nicht in die Hölle zu kommen.
Theodora hatte als Tochter eines Bärenbändigers mit dem ältesten Gewerbe der Frau einen ungeheuren sozialen Aufstieg erreicht: Sie

wurde zur Kaiserin gekrönt. Aber das reichte ihr nicht, sie hatte den glühenden Ehrgeiz, noch eine Stufe höher zu steigen, das hieß, sie wollte ihre Vergöttlichung. Denn als Göttin, glaubte sie, nicht wiedergeboren zu werden und ihren Sünden zu entgehen, also unfehlbar zu sein.

Bis zur Thronbesteigung von Kaiser Justinian und seiner Frau Theodora war den Menschen bewusst, dass sie ihre Missetaten in einem kommenden Leben, also bei einer Reinkarnation aufarbeiten konnten. Theodora war nun Kaiserin und hatte die Macht Mönche, denen ein Kirchenbann auferlegt war, davon zu befreien, die machte sie zu ihrem willigen Werkzeug. Sie ließ diese Mönche nach und nach die Kirchenführung übernehmen mit dem Vorhaben, das die Reinkarnation aus den Köpfen der Menschen gestrichen wurde. Auch sorgte sie dafür, dass auf den Besitz der Bibel die Todesstrafe stand.

Diese Lüge von einem einzigen Leben kam den machthungrigen Kirchenfürsten sehr gelegen. So konnten sie den Menschen von ewiger Verdammnis und Hölle erzählen und wer nicht an Jesus glaubte, das hieß für sie: Wer nicht an die Kirche glaubte, war ein Ketzer. Die Kirche nahm sich das Recht heraus, auf Jesus Christus das alleinige Monopol zu haben.

Da nun von Reinkarnation und Hellsichtigkeit in der Bibel und in vielen anderen Schriften nichts mehr zu finden war, schwand dieses Wissen es aus dem Bewusstsein der Menschen und die Kirche behielt ihre Macht. Viele Menschen glauben auch heute noch, dass Reinkarnation teuflisches Werk sei, das steckt noch sehr tief in den Köpfen drin. Es gibt aber keinen Teufel, der uns holt, dies wird uns von der Kirchenmännern nur eingeredet. Wir sind alle Kinder Gottes und Gott verdammt seine Kinder nicht. Sind wir wieder im Jenseits, bekommen wir die Gelegenheit unsere Missetaten zu erkennen und wir sind wieder bereit, uns in das Abenteuer Erde zu stürzen, um an unseren Defiziten zu arbeiten. Das ist unser eigener Wille, niemand zwingt uns dazu. Verlassen wir wieder unser geliebtes Zuhause, das Jenseits, distanzieren sich unsere Lieben und Freunde von uns – dies ist nur zu unserem Besten. Wir sind in so viel Liebe eingebettet, dass es uns schwerfällt, unser geliebtes Jenseits zu verlassen. Gott verlangt auch nicht, dass wir unsere Fehler in einem einzigen Leben bewältigen, er wägt auch nicht ab, ob wir in den Himmel oder in die Hölle kommen. Eine Hölle gibt es nicht das ist eine Lüge der Kirchenfürsten, es sind unsere Fehler, die uns wie eine Dunkelheit erscheinen, das lässt uns wieder inkarnieren. Wir sind alle Gotteskinder, warum sollte er uns durch Höllenfeuer vernichten?

Heilung durch einen Schamanen

In einem Urlaub lernten wir ein Ehepaar kennen, was nach einiger Zeit zu einer Freundschaft führte. Bei den vielen Gesprächen, die wir führten, wurde auch das Spirituelle angesprochen, dem brachten sie großes Interesse entgegen. Die Vertrautheit, die sich zwischen uns aufgebaut hatte, ließ sie über ein spirituelles Erlebnis berichten, das ihnen widerfuhr, worüber sie aber sehr selten sprechen würden, aus Angst, man könnte sie für Spinner halten. Dieses Ereignis sei schon außergewöhnlich gewesen und sie könnten es immer noch nicht fassen, was ihnen geschehen war. Die Frau unserer Bekanntschaft wagte es, uns über eine Wunderheilung zu berichten, die ihrem Mann widerfahren war:

»Mein Mann war an einem Leberleiden erkrankt, immer wieder brauchte er eine Krankenhausbehandlung, danach trat eine leichte

Besserung ein. Schon über Monate zog sich seine Krankheit hin. Er war kurz vor seinem Ruhestand und wir hatten uns für diese Zeit eine Menge vorgenommen. Wir wollten mit einem Wohnmobil fremde Länder bereisen, und nun waren all unsere Träume zerplatzt. Kein Arzt machte meinem Mann Hoffnung auf eine Genesung. Das Einzige, was ihm bei seinem Gesundheitszustand geblieben war, waren leichte Einkäufe oder Spaziergänge.

Nun stand mal wieder ein Einkauf an, den mein Mann erledigen konnte, und er fuhr zu einem Kaufhaus. Als er das Kaufhaus betrat, kam ihm ein junger Verkäufer entgegen, so um die dreißig Jahre. Er begrüßte meinen Mann wie einen alten Freund und fragte erst gar nicht nach seinen Wünschen, sondern sagte ihm auf dem Kopf zu, dass er nicht gesund sei. Mein Mann dachte, das weiß ich schon lange, und war irritiert und verärgert. Erst wollte er sich abwenden, wurde aber neugierig und wartete auf eine Erklärung. Der junge Mann sagte meinem Mann, dass er auf ihn gewartet habe. Wie vom Donner gerührt stand mein Mann nun da. Der junge Mann ließ sich nicht beirren und erklärte meinem Mann: *Dies ist eine Botschaft aus der Geistwelt.* Mein Mann hatte sich noch nie mit spirituellen Sachen oder der Geistwelt beschäftigt und glaubte, der Verkäufer hätte einen Vogel. Nun teilte er meinem Mann noch mit, dass sie beide in einem früheren Leben schon einmal zusammengelebt hätten. Mein fragte sich natürlich, an wen er da geraten war. Unbeirrt fuhr der junge Mann fort, in diesem Leben habe er meinen Mann schon einmal vor dem Tod bewahrt und würde ihm auch jetzt helfen. Er klärte ihn auf, was damals geschehen war: *Du hast einen Ausflug ans Meer gemacht und zu nah an einer Klippe gestanden, du verlorst das Gleichgewicht und stürztest ab. Bevor du abstürztest, war ich bei dir und konnte dich im Fallen abfangen. Es war meine Energie, die die Geschwindigkeit bei deinem Fall bremste, um einen tödlichen Absturz zu verhindern.* Es war schon verrückt, was mein Mann da zu hören bekam. Doch so ganz verrückt konnte dieser junge Mann ja eigentlich nicht sein, denn er hatte ja die Krankheit richtig erkannt. Nun gab sich der Mann zu erkennen: *Ich bin ein Schamane und habe die Kraft dir zu helfen, dies hat die Geistwelt mir zur Aufgabe gemacht*, erklärte er meinem Mann. Dem fiel nun ein, dass er schon viele Male Gott um Hilfe gebeten hatte, sollte das die Hilfe sein? Ein Schamane? Er wusste nicht, was er davon halten sollte. Beharrlich fuhr der Schamane in seinen Erklärungen fort: *Dein Kommen wurde mir angekündigt, ich habe dich sofort erkannt. Das mag für dich unwirklich klingen, doch dein Schutzgeist hat dir den Anstoß gegeben und dich zu mir geführt.* Mein Mann erwiderte, von solchen Dingen habe er noch nie etwas gehört, daran glauben könne er nicht. *Das brauchst auch du nicht, es muss nur dein Wille sein, wenn es dein Wille ist kann ich dir helfen, dann wird es geschehen es ist meine Aufgabe.* Dem Schamanen war wohl bewusst, dass seine Aussage Verwirrung stiftet und er ließ meinem Mann Zeit, das alles zu verarbeiten. Dann erklärte er meinem Mann: *Ich gebe dir jetzt meine Telefonnummer, sollte es dir wieder schlecht gehen, ruf mich an, ich stehe dir zur Seite, mit meiner Hilfe wird alles gut. Obwohl ich weiß, dass es dir schlecht geht kann ich nur mit deinem Einverständnis helfen, ich darf nicht gegen deinen Willen handeln.* Nachdenklich kam mein Mann nach Hause und erzählte mir von seinem Erlebnis. Ich hatte mir schon Sorgen gemacht, dass sein Einkauf so lange dauerte. Von Schamanen hatte ich schon einiges gehört und gelesen, aber gab es so etwas noch, in unserer so materiell verhafteten Welt? Trotz unserer Zweifel kam mein Mann zu dem Schluss, man könne es ja versuchen und legte die Telefonnummer erst einmal beiseite.

Doch diese Hilfe musste schon in kurzer Zeit in Anspruch genommen werden. Mit akuten Beschwerden wurde mein Mann ins Krankenhaus eingeliefert, keine Behandlung schlug an, die Ärzte wussten sich keinen Rat mehr. Als ich von der Aussichtslosigkeit erfuhr, in der mein Mann steckte, fiel mir die Telefonnummer ein. Ich überlegte nicht lange, holte sie hervor und rief den Schamanen an. Ich erklärte ihm den Zustand, in dem mein Mann steckte und war überrascht, wie ruhig und gelassen er mir zuhörte, denn er hatte den Zustand meines Mannes schon mitbekommen. Er versprach, all seine Kräfte einzusetzen, um zu helfen, so konnte ich nur noch abwarten.

Schon nach einer Woche trat eine Besserung ein, was sonst vierzehn Tage dauerte, und das Wunder geschah. Nach mehreren Untersuchungen wurde mein Mann unter Vorbehalt als gesund entlassen.

Nach seiner Entlassung zerbrach er sich den Kopf, was mit ihm geschehen war. War das eine Wunderheilung? Er ahnte, es musste etwas mit dem Schamanen zu tun haben. Ich klärte meinen Mann auf, dass ich den Schamanen um Hilfe gebeten hatte, er war unsere letzte Rettung. Die Ärzte sprachen von einem Wunder, das hatte es noch nicht gegeben. Die Zweifel meines Mannes, eine Heilung durch einen Schamanen zu bekommen, waren beseitigt, es musste etwas zwischen Himmel und Erde geben, das man nicht erklären konnte. Sein Wunsch, in andere Länder zu reisen, konnte nun verwirklicht werden«, beendete sie ihre Erzählung.

Schamanismus ist der älteste Heilberuf der Erde. Ein Schamane ist ein Mensch, der in allen Lebensbereichen und Berufen zu finden ist: als Arzt, Priester, Sozialarbeiter oder wie hier als einfacher Verkäufer; er ist von der Geistwelt ausgesucht.

Unter dem Namen *Schamanismus* wird leider sehr viel Scharlatanerie betrieben, darum steht man den Schamanen skeptisch gegenüber. Dann gibt es noch die Möchtegern-Schamanen: Dilettanten, die vorgeben heilen zu können, um Einfluss auf die Menschen zu nehmen und ihnen das Geld aus der Tasche zu ziehen. Vor diesen Menschen sollte man sich in Acht nehmen, sie können großen Schaden anrichten und haben mit einem Schamanen nichts gemeinsam.

Einen seriösen Schamanen zu finden ist nicht einfach, da er nie groß an die Öffentlichkeit tritt. Ich ließ mich mal im guten Glauben auf einen Dilettanten ein. Obwohl ich in der Lage bin, ein gutes von einem schlechten Wesen zu unterscheiden, war mir in meiner erbärmlichen Verfassung der Scharfblick verloren gegangen, das ließ mich dieses Wesen nicht erkennen und ich wurde ausgenutzt. Man hatte sich hinter einer überfreundlichen Fassade versteckt. Meine Absicht war, von den schlechten Energien und Belästigungen meines Bekannten befreit zu werden, stattdessen zog man mir permanent Energie ab und das Geld aus der Tasche, beides konnte man gut gebrauchen. Mein Glück war, dass mich die Geistwelt beobachtete und warnte, ich zog mich daher zurück. Da man nun nicht mehr an meine Energie kam, wurde man sehr zornig das ließ mich erkennen, dass es hier nur um Geld ging.

Der schützende Schamane

Ich war gerade zu Bett gegangen, da hörte ich vor meinem Haus Schritt. Konzentriert lauschte ich nach draußen: Es war ein dumpfes Treten, genau an der Hausfront entlang, ein Auf und Ab. Ich fand das merkwürdig, denn vor meinem Haus befand sich ein Beet mit Sträuchern. Hier Schritte zu hören war unmöglich, wenn da jemand lang ging, wurden die Geräusche praktisch vom Erdboden verschluckt. Da ich allein im Haus war, machte mich das unruhig. Aufmerksam lauschte ich weiter. Waren das wirklich Schritte, oder bildete ich mir etwas ein? Aber sie waren nicht zu überhören, dieses dumpfe Treten hielt an. Da erschien ein Bild vor meinem geistigen

Auge. Ich sah ein kleines männliches Wesen, wie ein Gnom oder Kobold. Bekleidet war er mit einem Kasack, auf dem Kopf trug er einen Hut wie ein Clown. Die Arme waren auf dem Rücken verschränkt, der war Körper leicht nach vorn gebeugt. Mit energisch großen Schritten sah ich dieses Wesen auf und ab gehen. Was hatte das zu bedeuten? Drohte mir Gefahr? Wollte man bei mir einbrechen? Dann war es mit einem Mal still. Wenn ich auch keine Angst hatte, machte mich das doch unruhig, nicht zu wissen, was sich vor meinem Haus herumtrieb. Einen Augenblick lang war ich versucht, aus dem Haus zu gehen, aber irgendwie war mir nicht wohl dabei und ich riskierte es nicht, das sichere Haus zu verlassen. Sollte es etwas sein, das mir gefährlich werden konnte, dann musste ich der Gefahr nicht auch noch in die Arme laufen.

Am anderen Morgen sah ich sofort nach, ob irgendwelche Fußabdrücke im Beet zu finden waren, aber es war nichts zu sehen. Da blieb mir nur eins, ich musste Verbindung zu meinem Schutzgeist aufnehmen. Ich rief meinen Schutzgeist, aber bevor er mich aufklärte, machte er eine lange Pause. Ich wurde das Gefühl nicht los, dass er überlegte, wie er mir die Sache erklären sollte. Es war wohl, um mir keine Angst zu machen.

Dann kam die Antwort: *»Wie du weißt, hast du zu deinem Schutz einen Schamanen im Haus, zusätzlich steht noch ein Schamane vor deinem Haus. Sie kommen aus der geistigen Welt und sind Lichtwesen. Diese Geräusche und diese Schritte, die du gehört hast, stammten von einem Kampf, den der Schamane in geistiger Form mit viel Energie gegen das Böse geführt hat. Es haben sich negative Wesen vor deinem Haus herumgetrieben und der Schamane hat die Gefahr von dir abgewendet. Mach dir keine Sorgen, du wirst bewacht.«*
Nun war ich froh, dass ich trotz meiner Neugier das sichere Haus nicht verlassen hatte, sonst wäre ich diesen Individuen in die Arme gelaufen.

Wesen aus einer fernen Dimensionen

Für uns Menschen ist es unvorstellbar, dass es auf anderen Planeten Leben geben soll. Wir sind so selbstherrlich zu glauben, dass wir die einzigen intelligenten Wesen im Universum sind. Noch zu Lebzeiten meines Mannes, es war an seinem Krankenlager, bekamen wir bestätigt, dass es auf anderen Planeten Leben in vielfältiger Weise gibt.

Vor unserer Inkarnation bekommen wir einen kurzen Einblick in unser nächstes Leben gewährt und wir können entscheiden, wo wir ein neues Leben beginnen. Mein Mann hatte sich in einem Leben für einen Planeten entschieden, auf dem es keine Liebe gab, dort lebten kleine grobklotzige Wesen. Diesen Planeten hatte er sich als Lernaufgabe gestellt. Diesen Wesen war bekannt, dass mein Mann in Kürze unsere Dimension verlassen würde und so machten sie einen Besuch bei ihm. Ihr Anliegen war, dass er sich wieder für ihren Planeten entscheiden sollte, sie waren immer noch daran interessiert, die Liebe zu erfahren. Sie hatten es wohl beim ersten Besuch von meinem Mann nicht geschafft.

Es war in der Nacht. Ich wurde durch ein Murmeln und Stöhnen meines Mannes aufgeweckt, zu der Zeit war er schon erkrankt. Ich glaubte, er träume oder habe Schmerzen. Besorgt fragte ich nach.

Beides verneinte er und sagte: »Ich träume nicht und habe auch keine Schmerzen, ich bin hellwach, bei mir sind unangenehme Wesen, die ich noch nie im Leben gesehen habe. Sie belästigten mich und huschen um mich herum, dann soll ich sie anfassen, was ich widerlich finde. Ich komme nicht zur Ruhe und möchte sie loswerden, weiß aber ich nicht wie.«

Ich sagte, er solle sie mir doch mal beschreiben.

»Es sind kleine hässliche Kobolde, sie sehen verrunzelt aus und schwirren um mich herum, ich finde sie abscheulich.«

Tausend Gedanken jagten mir durch den Kopf. Was waren das für Wesen, wo kamen sie her und wie wurden wir sie wieder los? Ich wusste mir keinen Rat und holte mir Hilfe von unserem Schutzgeist. Er war sofort zur Stelle und sagte: *»Diese Wesen kommen aus einer Dimension, in der dein Mann ein Leben verbracht hat, auf eigenem Wunsch. Seine Absicht war, zu erfahren, was es heißt, ohne Liebe zu leben. Es sind gefühlskalte Wesen, Arbeitstiere, stumpf vor sich hin lebend. Sie suchen immer noch nach Wesen, die ihnen zeigen sollen, was Liebe ist. Diese Wesen wollen deinen Mann überreden, wieder zu ihnen zu kommen, aber dazu ist er nicht mehr bereit, das ist endgültig abgeschlossen. Dein Mann ist für sie ein begehrtes Wesen. Schick sie weg, du weißt, wie.«*

Also gab es nur eins: ausräuchern. Ich bat meinen Schutzengel und meinen Schutzgeist mir beizustehen, um diese Wesen auf ihren Platz zu verweisen. Meinem Mann erklärte ich, wie er sich zu schützen habe: »Als Erstes musst du das Zimmer verlassen, dann machst du beide Hände zu einer Faust, die Daumen legst du in die Faust, die Zunge legst du unter den Gaumen, das ist dein bester Schutz.« Ich steckte Weihrauch an und mit bestimmenden freundlichen Worten begann ich zu räuchern und sprach diese Wesen an: »Den Wesen, die sich in unserem Haus aufhalten, befehle ich, sich daraus zu entfernen, dies ist nicht euer Platz. Mögt ihr im Einklang mit der Erde und dem Kosmos leben, geht ins Licht. Ich segne euch mit Licht, Liebe und Frieden und wünsche euch eine gute Reise.« Dies sagte ich dreimal, die Zahl Drei ist eine magische Zahl, sie eignet sich gut für einen Schutz.

Um alles wirken zu lassen, wartete ich eine Viertelstunde ab, danach fragte ich zu unserer Sicherheit bei unserem Schutzgeist nach.

Der sagte mir: *»Du hast es geschafft, sie sind wieder an ihrem Platz, ihr könnt ohne Sorgen weiter schlafen.«*

Bei uns kehrte wieder Ruhe ein und ich bedankte mich für die Unterstützung aus der Geistwelt.

Lichtzeichen im Garten

An einem späten Sommerabend, mein Mann saß allein im Garten auf der Terrasse, da geschah etwas Seltsames: Er bekam rätselhafte Lichtzeichen zu sehen. Während er sich die Bäume in unserem Garten ansah, wollte er seinen Augen nicht trauen: Plötzlich erschien ein weißes Licht, wie ein Nebel, in der Zierpflaume. Erst war es nur schwach zu sehen, dann wurde es heller. Gebannt starrte mein Mann auf diesen Nebel. Bei genauem Hinsehen glaubte er, in dem Nebel schwach eine Figur zu erkennen. Das verwarf er sofort wieder, so etwas konnte es nicht geben, es musste eine Täuschung sein. Da dieser Baum zwischen zwei Häusern steht, hätte man annehmen können, es käme von einem Autoscheinwerfer. Neugierig geworden stand mein Mann auf, um nachzusehen, woher das Licht kam, aber weit und breit war nichts von einem Auto oder Scheinwerfer zu sehen. Sein Blick fiel wieder auf den Baum, aber das Licht war nicht mehr da. Nun kam er ein zweites Mal ins Staunen. Da tauchte das Licht in der Buche auf, es war inzwischen mannsgroß geworden. Ein paar Sekunden blieb es dort stehen. Und während mein Mann noch überlegte, was das wohl sein könnte, sah er, wie das Licht aus dem Baum verschwand und sich in der Magnolie aufbaute; in diesem Licht war wieder schemenhaft eine Figur zu erkennen. Von einem Scheinwerfer konnte hier nun gar keine Rede mehr sein, denn unser Haus verdeckte an dieser Stelle die Straße und verhindert jeglichen Lichteinfall, Vollmond war auch nicht. Da sprach mein Mann ohne Angst dieses Licht an: »Wer bist du, der mich besucht? Gib dich zu erkennen?« Da verschwand das Licht. Er kam zu dem Schluss, dass dies nur ein Besucher aus einer anderen Dimension gewesen sein konnte.

Ich kam von meinem Besuch nach Hause und mein Mann erzählte mir gleich von dem seltsamen Ereignis. Ich war sprachlos, fragte noch mal nach: »Ein Licht in den Bäumen? Bist du dir sicher?«

»Ja, es sah aus wie eine Lichtgestalt, und dies nacheinander, in allen drei Bäumen.«

»Was hast du gemacht?«

»Als es das dritte Mal erschien, sprach ich dieses Licht an. In diesem Moment löste es sich auf.«

»Meinst du nicht doch, dass du einer Täuschung aufgesessen bist?«

»Nein, denn dieses Licht hat sich in drei Bäumen gezeigt, so kann man sich nicht täuschen.«

»Dann fragen wir doch Elias, unseren Schutzgeist. Der muss ja wissen, was dieses Licht zu bedeuten hatte.«

Wir riefen ihn und baten um Aufklärung.

»Das war ich. Ihr braucht euch keine Sorgen machen, es sollte nur ein Besuch sein.«

Mein Mann war erstaunt, dass unser Schutzgeist sich ihm so zeigte. Der Grund war wohl, dass mein Mann meine Erlebnisse von Erscheinungen und Lichtgestalten stets belächelte und hier hatte unser Schutzgeist bei meinem Mann gute Überzeugungsarbeit geleistet.

Zwei Drittel der Menschheit hatte schon Kontakt mit der Geistwelt, aber man schweigt darüber, denn es steckt immer die Angst dahinter, man könnte für verrückt gehalten werden. Erst wenn man von seinen eigenen Erlebnissen berichtet, öffnen sich die Menschen und sind erleichtert, dass auch andere solche Erlebnisse haben und sie nicht spinnen.

Ein Beweis für ein Leben nach dem Tod

Von einem Leben nach dem Tod war eine Bekannte nicht ganz so überzeugt. Sie glaubte allerdings, dass irgendetwas von uns übrig bleibt und dies sollte dann irgendwo im Himmel herumschweben.

In einem Gespräch erklärte ich ihr, dass dies nicht so ist, denn da, wo unsere Seele nach dem Tod hingeht, gibt es auch ein geregeltes Leben und wir sind nicht der totalen Vernichtung ausgeliefert. Wir haben zwar keinen Körper mehr, leben aber als Energie oder als Seele weiter. Wie heißt es? Der Geist überwindet den Tod. Als ich ihr dann noch sagte, dass ich ständig Kontakt mit meinem Schutzgeist, meinem Schutzengel und verstorbenen Verwandte hätte, wollte sie einen Beweis.

»Wenn dein Schutzgeist existiert, dann frage ihn doch, ob er uns vielleicht einen Beweis geben kann?«

Das fand ich nicht ganz so gut, denn für mich war das, als stellte ich die Existenz meines Schutzgeistes infrage. Würde er sich überhaupt für so etwas hergeben?

Trotz meiner Bedenken ließ ich mich darauf ein. An einem Nachmittag nahmen wir die Sache in Angriff. Vorsichtig stellte ich meinem Schutzgeist die Frage, ob es ihm möglich sei, uns für seine Existenz ein Zeichen zu geben. Zu meiner Überraschung ließ er sich darauf ein und bat uns um Geduld.

Nun wäre noch zu erwähnen, dass mein Schutzgeist mir in einem Gespräch mitgeteilt hatte, dass ich noch mehr Wesen aus der Geistwelt kennenlernen würde. Zu dieser Zeit hatte ich keine Ahnung, dass es noch Wesen gab, die mit mir in Verbindung treten wollten. Nun war das eingetreten, was mir mein Schutzgeist vorausgesagt hatte. Während einer Unterhaltung mit meinem Schutzgeist merkte ich, dass sich noch ein Wesen in unser Gespräch einmischte, es hatte eine sehr witzige und humorvolle Art. Neugierig fragte ich nach, wer das sei. Da stellte sich dieses Geistwesen als Ludwig vor und sagte mir gleich: »*Du kennst mich.*«

Erstaunt fragte ich zurück: »Woher soll ich dich kennen?«

»*Aus einem anderen Leben, wir waren Bruder und Schwester.*«

»Und woher willst du wissen, dass ich diese Schwester bin? In diesem Leben bin ich eine andere Persönlichkeit.«

»Das schon, aber du weißt doch, dass die Seele ewig lebt und an deiner Energie erkenne ich dich.«

Damit war die Sache geklärt und ich wusste, mit wem ich es zu tun hatte. Er war ein Lichtwesen, ein amüsanter, lustiger Typ, immer zu irgendwelchen Späßen aufgelegt. Mit lustigen Kommentaren mischte er sich immer wieder in unsere Gespräche ein. Seine Art empfand ich nicht aufdringlich, es war nur amüsant. Auch so können sich Geistwesen verhalten, wenn wir sie akzeptieren und mit Respekt behandeln, dann sind sie auch mal zu Späßen aufgelegt. Sie mögen es, wenn wir humorvoll und lustig sind, dann gesellen sich noch viele, viele Geistwesen hinzu, sie wollen an unseren Späßen teilhaben.

Ich fragte meinen Schutzgeist, ob Ludwig immer so humorvoll sei.

»Ja er ist voller Humor und Energie und saust hier bei uns nur so herum, wir haben unseren Spaß mit ihm.«

Nun war ich froh Ludwig kennengelernt zu haben, denn wir konnten ihn noch gut als Vermittler gebrauchen. Mein Schutzgeist war nun für lange Zeit nicht mehr zu erreichen, aber es blieb uns Ludwig.

Gespannt warteten wir ab, was für ein Zeichen uns mein Schutzgeist geben würde. Eine gute halbe Stunde war vergangen, und von einem Zeichen war noch nichts zu sehen, aber er hatte uns ja um Geduld gebeten. Oder sollten wir schon etwas verpasst haben? Doch wir hatten ja Ludwig, den zogen wir zurate und der erklärte uns: *»Nein, ihr habt nichts verpasst. Habt Geduld Elias arbeitet daran.«*

Fast eine Stunde war nun vergangen und wir glaubten schon nicht mehr an ein Zeichen. Plötzlich wurden wir durch ein dumpfes Geräusch aufgeschreckt. Wir sahen uns fragend an. Sollte das der Beweis sein? Neugierig gingen wir in die Richtung, aus der wir dieses Geräusch gehört hatten, und waren fassungslos, was wir da zu sehen bekamen. Die Überraschung war meinem Schutzgeist gelungen: Es war in einem kleinen Raum, das Fenster in diesem Raum war auf beiden Seiten mit einer Gardine behangen. Diese Gardine befand sich auf einer Holzstange, die in einer Halterung befestigt war. Sprachlos sahen wir uns an, die Stange war aus der Halterung und hing halb vor dem Fenster mit Gardine. Wie konnte so etwas passieren? Seit Ewigkeiten hing sie vor dem Fenster und war noch nie heruntergefallen. Mir war klar, dass das der Beweis war, aber meine Bekannte zweifelte daran. Nun kam die Frage auf, ob die Gardine richtig befestigt war? Keiner von uns hatte den Raum betreten, auch wussten wir nicht, wo und welchen Beweis wir bekommen würden. Also konnte sich auch keiner an dieser Gardinenstange zu schaffen gemacht haben. Warum jetzt dieser Zweifel, da wir doch einen Beweis für seine Existenz bekommen hatten? Es gab noch ein Hin und Her, ob es ein Beweis war oder nicht.

Ich kam zu dem Schluss: »Wenden wir uns an meinen Schutzgeist, er wird uns darüber Auskunft geben und die Angelegenheit aufklären, er wird uns nicht belügen.

Die Antwort von Elias war schon ein bisschen ärgerlich: *»Ihr wolltet doch einen Beweis, den habe ich euch gegeben, mehr ist dazu nicht zu sagen.«*

Das blieb uns jetzt überlassen, was wir glauben würden. Wenn ein Schutzgeist sich für so etwas hergibt, sollten wir das zu würdigen wissen. Ich bedankte mich bei meinem Schutzgeist für seine Mühe, denn das war ein Kraftakt.

Kinder sind die hellsichtigsten Wesen der Welt

In jedem neugeborenen Kind steckt ein weiser, erfahrener Geist, kein Kind kommt unwissend zur Welt. Kinder sind die hellsichtigsten Wesen und kein unbeschriebenes Blatt. Sie erinnern sich noch lebhaft an Engel und ihre Geistführer und haben noch eine starke Bindung an die Geistwelt, da sie gerade erst zu uns gekommen sind; darum spielen und sprechen sie mit ihren jenseitigen Gefährten. Dies können wir schon bei einem Baby beobachten: Wenn es vergnügt vor sich hin lächelt und seine Augen suchend im Raum umhergehen, dann sieht es etwas, das uns verborgen ist. Wie sagt der Volksmund: *Es spielt mit den Engeln.* Das Sensitive in einem Kind kann ein ganzes Leben anhalten, wenn wir dem Kind nicht mit Verboten kommen. Bis zum sechsten oder siebten Lebensjahr hat das Kind noch viel Kontakt zur Geistwelt, doch wir halten es nur für eine rege Fantasie. Dann kommt das Kind in die Schule, dann ändert sich alles: Was bisher belächelt wurde, wird nun verboten. Der Ernst des Lebens beginnt, es kommt ein neuer Lebensabschnitt, dann heißt es, man habe ein *normales* Kind. Den meisten Eltern ist es suspekt, dass ihr Kind mit unsichtbaren Wesen spricht.

Für Kinder ist es nichts Unnatürliches, sich in beiden Dimensionen zu bewegen, in unserer wie in der geistigen Welt. Sie wundern sich nur, dass wir nichts sehen und hören und mit Schimpfen reagieren. Wir sollten unsere Kinder nicht als Fantasten hinstellen, sondern sie auffordern uns zu sagen, was sie sehen, wer bei ihnen ist, mit wem sie sich unterhalten. Es kann sehr interessant werden, was sie uns zu erzählen haben. Es kann sein, dass sie sagen: *Ich spiele mit meinem Bruder*, obwohl sie hier auf Erden keinen Bruder haben. Oder: *Ich spiele mit unserem Hund*, obwohl es in der Familie keinen Hund gibt. Oder *Opa ist gekommen*, obwohl er vor der Geburt des Kindes gestorben ist und das Kind ihn gar nicht kennen kann. Das bringt uns aus der Fassung. Die erste Reaktion ist: *Hör auf zu fantasieren, lass das, so etwas gibt es, nicht halt den Mund.* Das Kind reagiert verstört, denn für das Kind ist alles real und es begreift nicht, dass wir es als Spinnerei abtun; wir nehmen dem Kind seine Sensitivität. Warum diese Verbote? Wir reden doch auch oft gedanklich mit unseren Verstorbenen, in der festen Annahme, dass sie uns verstehen. Und wir halten uns doch auch nicht für verwirrt?

Eine Bekannte von mir hatte eine kleine Tochter im Alter von vier Jahren. Dieses Mädchen unterhielt sich sehr viel mit unsichtbaren Wesen. Meine Bekannte sprach ihrer Tochter eine rege Fantasie zu, ließ ihr aber das Vergnügen. Neugierig wurden wir, als sie anfing Namen zu nennen. Bei genauem Hinhören kamen wir ins Staunen, sie nannte die Namen von meinem Schutzgeist und meinem verstorbenen Mann. Woher kannte sie diese Namen? Meinen Mann hatte sie nie kennengelernt, der verstarb, als sie ein halbes Jahr alt war, und Elias ist mein Schutzgeist, den konnte sie wohl hier auf Erden nie kennengelernt haben. Wie wir später erfuhren, ist er aber auch ihr Schutzgeist.
Wir mischten uns in eines ihrer Gespräche ein und fragten: »Wer ist das, mit dem du sprichst? Woher kennt ihr euch?«
Sie sah uns erstaunt an und sagte: »Die kommen doch immer zu mir und spielen mit mir.«
Zweifelnd sahen wir uns an. Um sie nicht zu verunsichern, ließen wir sie in dem Glauben, dass wir ihr das abnehmen würden. Nun überlegten wir, ob sie etwas zusammenfantasierte, aber woher kannte sie die Namen? Wir gingen der Sache nach, ob sie wirklich mit meinem Mann und Elias Gespräche führte.
Da meldete sich mein Mann und sagte uns: »*Nein, sie fantasiert nicht, wir spielen gerne mit kleinen Kindern, sie halten uns für real*

und sind völlig unkompliziert. Sie fragen nicht, woher wir kommen und warum wir da sind, für sie ist es normal, dass wir da sind, sie ist sehr sensitiv.«

Da hatten wir wieder den Beweis, wie real die Geistwelt ist; ein Kind macht sich keine Gedanken darüber, ob es eine Geistwelt gibt.

An einem Morgen wurde sie während sie spielte sehr ärgerlich und schimpfte. Wir fragten nach, mit wem sie so fürchterlich schimpfen würde.

Spontan erklärte sie: »Ich spiele mit Elias. Er sagt, ich soll mit ihm malen, aber ich möchte nicht malen, ich möchte etwas anderes spielen.«

Da wir nun wussten, dass es keine Fantasie war, erklärten wir ihr: »Dann sage das Elias vernünftig, lass das Schimpfen, er wird dich schon verstehen und dich zu nichts zwingen.«

Sie nahm unseren Rat an und spielte ruhig weiter.

An einem Nachmittag, ich machte einen Besuch bei meiner Bekannten, lief mir dieses Mädchen freudig entgegen, nannte den Namen von meinem Mann und sagte: »Er ist mit dir gekommen.«

Überrascht sahen wir uns an und fragten: »Wo ist er denn?«

Da wurde sie ärgerlich und bestand darauf, genauer hin zusehen, ob wir ihn denn nicht sehen würden? Da fiel mir auf, dass wir es wieder als Fantasie abtun wollten. Ich besann mich schnell und reagierte erstaunt, als hätte ich das übersehen, und bestätigte ihr, dass ich ihn sehen würde. Sie war zufrieden.

Fast immer wurde sie von ihren Spielgefährten aus der Geistwelt begleitet, auch wenn sie zu Bett ging. War das mal nicht so, dann weinte sie und sagte: »Es ist keiner zu mir gekommen, ich kann nicht einschlafen.«

Ihre Mutter reagierte ganz normal drauf und sagte: »Dann musst du sie rufen, sie werden schon zu dir kommen.«

Kurz darauf hörten wir, wie sie sich mit ihren jenseitigen Gefährten unterhielt und zufrieden einschlief.

Ich saß mit meiner Bekannten bei einem Frühstück, als dieses kleine Mädchen aufgeregt zum Fenster lief und uns erklärte: »Da draußen ist ein Mädchen, das mit mir spielen will.«

Verwundert sahen wir uns an, gingen mit ihr zum Fenster, aber sehen konnten wir nichts. Wir sagten ihr, sie solle uns mal zeigen, wo sich das Mädchen aufhielt.

Sie zeigte in einen Baum und sagte, es würde rauf und runter hüpfen. »Ich soll das auch tun, aber ich kenne dieses Mädchen nicht und ich möchte das auch nicht.«

»Dann sage dem Mädchen, dass du nicht mit ihm spielen willst.«

Lautstark gab sie dem Mädchen zu verstehen, es solle nach Hause gehen. Es verschwand.

Angst kennt ein Kind nicht, wenn wir ihm nichts von bösen Geistern und Schwarzen Männern einreden.

Meine Bekannte bekam Besuch von einer Freundin, deren Mann vor einiger Zeit verstorben war. Die Tochter meiner Bekannten spielte im Flur. Aufgeregt kam sie zu ihrer Mutter und erklärte ihr, im Flur stünde ein Mann. Erstaunt sahen wir uns an gingen nachsehen, vielleicht war die Haustür nicht richtig geschlossen. Aber die war verschlossen und zu sehen war auch niemand. Die Freundin meiner Bekannten, die sich in spirituellen Sachen auskannte, ahnte schon, wen sie gesehen haben könnte.

Sie meinte: »Ich habe schon eine ganze Weile das Gefühl, als sei noch jemand im Haus, und wenn mich nicht alles täuscht, ist es ein

Besuch von meinem Mann. Der Sache können wir auf den Grund gehen. Ich habe Bilder bei mir, die werden wir ihr zeigen.«

Sie zeigte dem Mädchen ein Bild von ihrem Mann, als dieser 50 war, in diesem Alter war er verstorben. Nun fragten wir sie, ob dies der Mann war, den sie im Flur gesehen habe. Sie verneinte das. Dann zeigte sie ihr ein Bild, das ihren Mann im Alter von 30 Jahren zeigte. Darauf erkannte sie den Mann aus dem Flur. Nun war uns klar, wer sich im Haus aufgehalten hatte. Bekannt war uns, dass man nach dem Tod ein Alter von ungefähr 30 Jahren annimmt und so hatte sich ihr verstorbener Mann gezeigt.

Als dieses Mädchen geboren wurde, entdeckten die Ärzte zwei halbrunde weiße Narben an ihren Waden. Die Ärzte hatten keine Erklärung dafür. Auch nach gründlicher Untersuchung blieb es ein Rätsel. Das Einzige, was den Ärzten dazu einfiel war, es müssten Druckstellen sein. Aber zwei gleichmäßig halbrunde Druckstellen die Narben hinterlassen, konnte es wohl kaum geben.

Sie war nun vier Jahre alt und diese Narben waren immer noch zu sehen, sie waren nur etwas blasser. Da sie aber immer noch zu sehen waren, vermuteten wir, dass diese Narben aus einem vorigen Leben stammen könnten, vielleicht waren sie durch Folter entstanden? Es ließ uns keine Ruhe, wir waren neugierig, ob man so etwas mitbrachte, und erkundigten uns in der Geistwelt.

Da wurde uns gesagt: »*Diese Narben sind wie ihr vermutet habt aus einem anderen Leben, sie sind durch eine Folter entstanden, ihr habt das richtig erkannt.*«

Nun war es offensichtlich: Inkarniert die Seele wieder, bringt sie gravierende Ereignisse, wie diese Narben aus einer Folterung, in ein neues Leben mit.

Geduld

Da ich ein sehr ungeduldiger Mensch bin und alles sofort und korrekt erledigt werden muss, verschwendete ich viel Energie. Im Müßiggang und Nichtstun sah ich Faulheit, darum hieß es für mich immer *powern*. Nun hatte ich mich für die spirituelle Seite entschieden, um dort meine Arbeit zu leisten. Die Geistwelt beobachtete meine übermäßigen Aktivitäten und mir wurde geraten, alles etwas langsamer anzugehen und die Energie nicht für Unnötiges zu verschwenden. Da einem nur geraten wird und man seinen freien Willen behält, nahm ich es nicht allzu ernst. Ich dachte: *So schlimm wird es mit meiner Hektik schon nicht sein, wie sollte sonst alles geschafft werden, Kinder, Haus, Garten und Hund?* Aber die Geistwelt behielt meine hektischen Aktivitäten im Auge.

Da meldete sich mein Schutzengel und empfahl mir, doch mal zu meditieren. *»Es wird dir helfen, innere Ruhe zu finden.«*

Ich nahm mir diesen Rat zu Herzen, aber es kostete mich einige Überwindung, mich so in Ruhe zu begeben. Da saß ich nun, vor mich hin grübelnd; meditieren konnte man das nicht nennen. In meinem Kopf überschlugen sich die Gedanken und ich überlegte, was ich jetzt alles tun könnte. Regelrechte Schuldgefühle überbekamen mich, hieß das doch für mich *faul* zu sein. In meiner Ungeduld glaubte ich, das nie hinzubekommen.

Da ich nur hin und wieder meditierte, kam ich natürlich nicht zur Ruhe. Darum nahm ich mir vor, regelmäßig zu meditieren, und setzte mir für jeden Tag einen festen Zeitpunkt.

Langsam, ganz langsam kam ich zur Ruhe.

Nach der zehnten Meditation hörte ich auf und glaubte, das müsste gereicht haben, wie ein Besuch bei einem Arzt, wo alles mit Chemie geregelt wird. Aber was man ein Leben lang gemacht hat, wird zur Routine und lässt sich in so einer kurzen Zeit nicht abstellen. Meditieren heißt, dass man sich jeden Tag die Zeit nimmt, in sich zu gehen, mal an nichts zu denken, einfach abzuschalten. Schnell kam ich wieder in Versuchung Hektik aufkommen zu lassen. Ich sagte mir: *Es ist ja nur für dieses eine Mal.* Schon hatte ich alles wieder über den Haufen geworfen.

Da gab es ein Problem, es betraf meine Füße; es waren meine großen Zehen, besonders der rechte machte mir Schwierigkeiten. Dies machte sich die Geistwelt zunutze: Wenn ich hektisch wurde, bekam ich sofort Schmerzen. Auf den Gedanken, dass hier die Geistwelt ihre Hand im Spiel haben könnte, kam ich nicht. Ich suchte nach medizinischen Lösungen. Aber besser wurde es nicht, der Zeh verschlechterte sich gravierend. Da blieb mir nur noch, einen Orthopäden aufzusuchen. Der röntgte meinen Zeh und riet mir zu einer Operation, anders sei da nicht mehr zu helfen. Zur Vorsicht wurde auch der linke Zeh durchleuchtet und der Arzt erklärte mir, dass dieser Zeh auch nicht in Ordnung sei, aber wir sollten uns erst einmal um den schlimmen Zeh kümmern. Da ich mich noch nie einer Operation unterziehen musste, machte mir das schon Sorgen. Da dachte ich: *Frag doch mal deinen Schutzgeist, ob ich mich einer Operation unterziehen sollte.* Denn auch so etwas kann ich mit meinem Schutzgeist besprechen und bekomme immer einen Rat.

Der stand schon in den Startlöchern und erklärte mir: *»Lass dir den Zeh machen, es geht nicht mehr anders.«* Zu meinem Trost sagte er mir noch: *»Wir werden bei dir sein und dem Arzt die Hand führen, du wirst alles gut überstehen.«*

So viel Schutz und Hilfe zu bekommen beruhigte mich und ich nahm es schnellstens in Angriff. Die Operation verlief bestens und ich konnte wieder gut laufen, oder sollte ich lieber sagen *rennen*? Da der Zeh wieder in Ordnung war, hatte ich die Warnung, alles in Ruhe zu tun und energiesparend zu arbeiten, schon wieder vergessen. Die Retourkutsche folgte sogleich: Sowie ich hektisch wurde, machte sich der linke Zeh mit Schmerzen bemerkbar. Ich fragte mich: *Verschwende ich wieder meine Energie, ist hier wohl die Geistwelt am Werk, um mich zu bremsen?*

Genau so war es und ich bekam gesagt: *»Wir arbeiten nicht gegen deinen Willen, du hast dich entschieden, für uns zu arbeiten, aber nicht mit dieser Verschwendung von Energie.«*

Hatte ich es doch geahnt, dass die Geistwelt sich an meinem kranken Zeh zu schaffen machte. Ich gelobte Besserung: »Aber ich bitte euch, nehmt mir die Schmerzen von meinem Zeh.«

Da gab mir mein Schutzgeist einen Rat, der mich staunen ließ: *»Lass dir den Zeh nicht operieren, ruf die Plejaden.«*

»Die Plejaden?«

»Ja, die Plejaden.«

Die Plejaden waren mir ja bekannt, aber ich war überrascht, dass ausgerechnet sie mir helfen könnten. Wenn ich aber dadurch um eine Operation herumkommen sollte, würde ich sie rufen und mein Glück versuchen.

Mehrere Abende vor dem Einschlafen sprach ich die Plejaden an und bat sie, mir bei meinem Zeh zu helfen. Dann, an einem Abend – ich wusste nicht, ob ich schlief und träumte –, geschah etwas, worüber ich heute noch staune. Ich sah, wie sich ein Wesen, aussehend wie ein Gnom oder Kobold, sich am Fußende meiner Matratze unter der Bettdecke hochschob. Es blieb mit dem Oberkörper am Rand der Matratze liegen. Seine Haare waren ein wüstes Durcheinander, es hatte ein zerknautschtes Gesicht. Nun streckte es seinen Arm aus, blieb aber mit dem Oberkörper an der Bettkante liegen. Der Arm wurde lang und länger, auch seine Finger waren lang und dünn, seine eiskalte Hand griff nach meinem Zeh. Mit meinem anderen Fuß versuchte ich dieses Wesen wegzustoßen, denn es sollte mich nicht berühren. Diese Abwehr nutzte mir wenig, es war, als würde ich durch das Wesen hindurchtreten. Es ließ sich nicht abweisen, packte mehrmals fest zu, dann verschwand es. Nun wurde ich wach und fragte mich, was das war. Sollte das die Hilfe von den Plejaden sein? Ich tat es erst einmal als einen Traum ab und machte mir keine weiteren Gedanken darüber. Doch dann fiel mir nach einiger Zeit auf, dass ich ohne Schmerzen gehen konnte. Welch ein Wunder!

Nun wurde ich unsicher. Hatte dies mit dem Gnom in meinem Traum zu tun? Kam er von den Plejaden? Hatte er mir zu diesem Wunder verholfen? Zur Sicherheit fragte ich meinen Schutzgeist, ob dieser kauzige Gnom die Hilfe von den Plejaden war. Warum diese Gestalt?

Die Antwort war: *»Ja, es waren die Plejaden, die bei dir waren. Sie haben dir doch geholfen, warum stört dich die Gestalt?«*

Ich hatte verstanden. Ich hatte um Hilfe gebeten, die hatte man mir zukommen lassen, das war doch das Wichtigste, und nicht die Gestalt. Dieses Wunder hält seit 25 Jahren an, ich kann ohne Schmerzen laufen und habe nie wieder Probleme mit meinen Zehen bekommen.

Besuch von meinem Vater

Mit vielen Geistwesen hatte ich Kontakt, aber bei einem Geistwesen, meinem Vater, war es mir nicht möglich Kontakt aufzunehmen. Ich wandte mich an meinen Schutzgeist und fragte, warum.

Die Antwort war: *»Er ist noch nicht bereit.«*

Ich ließ es auf sich beruhen, denn erzwingen konnte ich es nicht.

Einige Zeit war vergangen, als etwas Merkwürdiges geschah. An einem Abend, ich war zu Bett gegangen und hatte vor, noch etwas zu lesen, da ließen mich schwere stampfende Schritte aufhorchen. Zu meiner Verwunderung, so glaubte ich, kamen sie von der Zimmerdecke. Ich legte das Buch beiseite und konzentrierte mich auf diese

Schritte. Hörte ich richtig? Waren das auch wirklich Schritte? Es klang wie ein militärisches Marschieren, was hatte das zu bedeuten? Sie wurden immer intensiver, als wolle man meine Aufmerksamkeit, dann wurde es still. Eine Weile horchte ich noch nach, aber es blieb ruhig. Da kam eine Erinnerung in mir hoch, diese dumpfen Schritte hatte ich doch schon als Kind gehört. Wir hatten Krieg, wenn mein Vater auf Heimaturlaub kam, trug er Militärstiefel, jeder Schritt auf unserem Holzfußboden klang dumpf. Ich war ein Kind von zweieinhalb Jahren, aber diese dumpfen Schritte hatten sich tief in mein Gedächtnis eingeprägt, weil sie mir Angst gemacht hatten. Sollte es tatsächlich mein Vater sein? Wollte er meine Aufmerksamkeit? Um nicht wieder eine Absage zu bekommen, beließ ich es erst einmal dabei.

So verging einige Zeit, ich hatte die ganze Sache verdrängt, obschon mir ein Kontakt mit meinem Vater sehr am Herzen lag.
Ich machte einen Besuch bei einer Bekannten, wir hatten uns zum Frühstück verabredet. Während wir zusammensaßen, horchten wir erschreckt auf. Da waren sie wieder, diese dumpfen marschierenden Schritte. Und wieder kamen sie von der Zimmerdecke. Verwundert sah mich meine Bekannte an. Wer besucht uns aus der Geistwelt mit solch einem Gepolter? Ich erklärte ihr, es könnte mein Vater sein. Fast ein Leben lang hatte ich den Wunsch, Kontakt zu ihm aufzunehmen. Sollte er sich wirklich so bei mir melden? Ich wurde mir immer sicherer, diese Schritte konnten nur von meinem Vater kommen. War er bereit, mit mir zu sprechen? Ich machte den Versuch, nahm Kontakt zu ihm auf und war erfreut, dass er bereit war, mit mir zu sprechen.
Seine Antwort war: »*Die Freude liegt ganz auf meiner Seite.*«
Ich war viel zu aufgeregt, um alles in Worte zu fassen, was ich wissen wollte. Ich fragte nur, ob all die Erinnerungen, die ich aus der Kindheit an ihn hatte, richtig waren.

Die Antwort war kurz und knapp und machte mich nicht gerade glücklich, sie war so allgemein gehalten: »*Es war eine schwere Zeit.*«

Nach dieser Aussage brach unser Gespräch ab und ich wurde das Gefühl nicht los, dass wir unterbrochen wurden, irgendwer hatte sich eingemischt.

Er schaffte es, noch einmal kurz durchzukommen, mit dem Ausspruch: »*Der Bann ist gebrochen.*«

Was wollte er mir damit sagen? Aus heiterem Himmel brach ich in Tränen aus, es kam so viel Liebe von meinem Vater zu mir, dass ich mich völlig überrumpelt fühlte. Nun begriff ich, was damit gemeint war: Hier ging es um Liebe und Gefühle, die wir nicht austauschen konnten, die meine Mutter ständig verhindert hatte. Die Lücke, die mein Vater gefunden hatte, um mit mir in Kontakt zu treten, um das Hindernis *Mutter* zu umgehen, währte nur kurz.

Eine gute Weile dauerte es noch, bis ich einen zweiten Besuch von meinem Vater bekam, diesen Kontakt konnten wir beide genießen. Nun stand ich mir selbst im Weg, in meiner Aufgeregtheit war meine Konzentration nicht zum Besten bestellt. Ich bat meine Freundin Sonja, die Hellseherin, eine Verbindung zu meinem Vater herzustellen und es klappte. Die Freude bei meinem Vater und mir war riesig, endlich Kontakt zu haben ohne Störung. Zum ersten Mal konnten wir unseren Gefühlen freien Lauf lassen und er konnte mir all das sagen, was ihm am Herzen lag. Immer wieder sprach er mich mit Kosenamen an, um mir seine Liebe zu zeigen.

Dann erklärte er mir: »*Im Leben hatte deine Mutter mir ständig verwehrt, mich um dich zu kümmern. Eifersüchtig wachte sie darüber, dass zwischen dir und mir keine Bindung entstand. Selbst nach ihrem Tod versucht sie, unsere Verbindung zu unterbrechen, aber die Kraft hatte sie nun nicht mehr. Du warst immer etwas Besonde-*

res für mich und bist es immer noch. Ich werde auf dich warten, wenn du wieder zu uns kommst, werde ich dich fest in meine Arme schließen. Das wird noch etwas dauern, du hast noch einiges auf der Erde zu erledigen.« Dann erklärte er mir: *»Wie du weißt, war Krieg, als ich von euch gegangen bin. Ich habe mich da niedergelegt* (es war Russland, Nowosibirsk)*, wo du als Schamanin und Heilerin gewirkt hast. Du hast es in dieses Leben mitgebracht.«*

Hier bekam ich wieder die Bestätigung, dass ich eine Schamanin war. Nach dieser Aussage wusste ich, warum mich alles interessierte, was von Schamanen handelte, besonders die, die in Russland gelebt hatten. Dann bekam ich ein Buch von meiner Tochter geschenkt, das ich unbedingt lesen sollte. Es handelte von Schamanen, darin kamen zwei Namen vor, die mir nicht mehr aus dem Kopf gingen: *Manusch und Umaj.* Immer wieder horchte ich dem Klang dieser Namen nach, sollte ich mit ihnen schon mal etwas zu tun gehabt haben? Es musste so sein, da mir die Geistwelt ja stets versicherte, dass ich eine Schamanin war und noch immer sei.

Wenn ich das dementierte, dann stichelten sie: *»Dir fehlt nur noch das Kopftuch.«* Auch so kann die Geistwelt reagieren.

Jetzt wunderte mich gar nichts mehr, warum mein Interesse an Russland, der Mongolei und den Schamanen so groß war.

Der Schamane Manusch besucht mich

Nun geschah etwas, womit ich gar nicht gerechnet hatte: Der Schamane Manusch zeigte sich bei einem Gespräch mit meiner Freundin, der Hellseherin Sonja. Da ich oft blockierte, wenn sich meine geistigen Helfer und Beschützer bei mir meldeten, nahmen sie den Weg über Sonja.

Bei einer Unterhaltung erklärte sie mir: »Hier bei mir zeigt sich ein Wesen, das ich mit Bart und Turban vor mir sehe, die Augen sind etwas schräg gestellt, es sieht aus wie ein Mongole. Kannst du etwas damit anfangen?«

Ich war erstaunt und überlegte: ein Mongole? Im Moment wüßte ich nichts damit anzufangen.

Einige Zeit später zeigte sich dieses Wesen wieder bei meiner Freundin, da sagte sie mir: »Wenn du auch glaubst, dieses Wesen nicht zu kennen, es kann nur mit dir zu tun haben, denn jedes Mal, wenn wir miteinander sprechen, zeigt es sich.«

Das konnte kein Zufall mehr sein, irgendwas musste ich mit diesem Mongolen zu tun gehabt haben.

Kurz darauf erklärte mir meine Freundin, es melde sich Erzengel Michael, von ihm bekäme sie eine Durchsage, die für mich bestimmt sei: *»Dieses Wesen, das sich bei euch meldet, ist ein Mongole, ein Schamane. Sein Name ist Manusch. Mit ihm hast du in Russland gelebt und gearbeitet, du hast viel von ihm gelernt. Ihr wart dort Heiler und dies möchte er dir wieder beibringen. Zu dieser Zeit in Russland konntest du weder lesen noch schreiben. Wenn er seine Heilungen ausführte, die er sehr leise sprach, hast du es ihm vom Mund abgelesen. Du hattest die Fähigkeit, es in deinem Kopf zu speichern, somit konntest du es für dich verwenden. Du bist früh gestorben, als Jüngling, aber nach kurzer Zeit hast du wieder inkarniert und das wieder in Russland, im Altaigebirge. Dein Wissen hast du mitgebracht und mit einer großen Schamanin, Umaj, geteilt, mit ihr hast du mehrere Leben verbracht. Die Menschen wussten nicht, ob du Mann oder Frau warst, du warst sehr klein, wenig behaart, aber man schenkte dir großes Vertrauen. Du hast Kinderkrankheiten, Krebs, die Pest und Frauenleiden geheilt und für Hygiene gesorgt, auch kanntest du dich in der Kräuterheilkunde aus.«* Dann bekam ich durch meine Freundin Sonja noch einen Hinweis von Erzengel Michael: *»Du musst ruhiger werden, damit der Schamane mit dir arbeiten kann. Dieser Schamane wird ständig bei dir sein.«*

Ich erwiderte, ruhiger zu werden sei das Schwerste für mich, aber ich würde mir die größte Mühe geben.

Die Antwort von Erzengel Michael war: *»Wir haben alle Zeit der Welt.«*

Ich grübelte, ob irgendwelche Erinnerungen aus der Zeit in Russland im Alteigebirge in mir hochkamen. Es half mir nur so weit, dass dunkel Bilder in mir aufstiegen, wie ein Puzzle, aber ich bekam kein Gesamtbild.

Dieser Schamane meldete sich immer wieder bei mir, es war ein verhaltenes Klopfen, oder ich bekam Schatten zu sehen und erkannte, dass es Manusch war. Um sicher zu sein, dass ich mir da nichts einbildete, schaltete ich wieder Sonja ein und ließ sie in der Geistwelt nachfragen. Aber mein Hinterfragen war von der Geistwelt nicht gerne gesehen, denn ich sollte an meine Fähigkeiten glauben.

Die Antwort war kurz und bündig: *»Vertrau dir. Manusch ist immer bei dir. Er ist in deiner Energie.«*

Das löste großes Staunen in mir aus, ihn in meiner Energie zu wissen. Nun war mir klar: Ich hatte mir nichts eingebildet.

Ich war gerade dabei, eins meiner Kapitel zu überarbeiten, als ich merkte, es meldet sich jemand aus der Geistwelt. Ich fragte nach, wer mich besuchte.

Die Antwort war: *»Manusch.«*

Ich war überrascht, dass er sich bei mir meldete.

Er teilte mir kurz und bündig mit: *»Gib dein Laster auf.«*

Ich hätte selbst drauf kommen können, dass ich mir mit meinem Laster schadete, aber ist man einem Laster verfallen, glaubt man natürlich, es schadet jedem, nur nicht einem selbst. Erst befolgte ich seinen Rat und schlug dann doch alles wieder in den Wind. Die Geistwelt mischt sich nicht in den eigenen Willen ein, aber ich hatte mich verpflichtet, hier auf Erden meinen Beitrag zu leisten. Falls ich das vergessen sollte, wurde ich auf die harte Tour daran erinnert. Ich bekam eine Erkältung, die mir zu schaffen machte, und mein Laster machte mir gar keinen Spaß mehr. Doch als es mir langsam wieder besser ging, frönte ich dem Laster erneut. Mehrere Tage ging das gut, dann merkte ich, dass es mir immer miserabler ging und ich ärztliche Hilfe brauchte, die nahm ich in Anspruch und war in kürzester Zeit wieder hergestellt. Nun kam ich doch ins Grübeln: Sollte hier die Geistwelt ihre Hand im Spiel haben? Eine so schnelle Genesung gab mir schon zu denken.

Ein Geschenk aus der Geistwelt

Nun geschah etwas ganz Besonderes und dies in einem Traum, den mir Erzengel Michael offenbarte. Ich sah mich in einem Raum, der in gleißend helles Licht getaucht war, ich befand mich auf einer Liege, sie erschien mir wie ein Bett. Seitlich an meinem rechten Kopfende stand ein Mann. Er trug ein langes weißes Gewand, seine Haare waren halblang gelockt und ich sah in sein liebevolles Gesicht, das lächelnd zu mir runter sah. Dieser Mann war mir sehr sympathisch und ich glaubte, ihn zu kennen. Aber woher? Dann plötzlich bekam ich mein Laster gezeigt. Ich fragte ihn ganz naiv und vertraut: »Hast du das selbe Laster?« Eine Antwort bekam ich nicht. Dann sah ich, dass dieser Mann sich zu mir legte, seinen Kopf an meinen Kopf – es war nur sein Kopf, der an meinem lag, sein Körper lag in der entgegengesetzten Richtung. Ich empfand es als sehr angenehm, ihn bei mir zu haben; beide hatten wir uns viel zu erzählen. Im Nachhinein kann ich mich an unser Gespräch nicht mehr erinnern – oder sollte ich mich nicht erinnern? Nur eins weiß ich noch, dass ich diesem Mann unser Zusammentreffen erklären wollte, was ich gar nicht vermocht hätte. Als ich ansetzte, ihm eine Erklärung zu geben, war er mit einem Mal verschwunden. Erschrocken sah ich mich um und konnte ihn nicht mehr finden, denn mir lag viel an seiner Nähe. Bei ihm fühlte ich mich sicher und geborgen, laut rief ich: »Wo bist du?«

Über mein lautes Rufen wurde ich wach, war enttäuscht, dass der Traum vorbei war und ich diesen Mann nicht mehr sah.

Dieser Traum ließ mir keine Ruhe und ich fragte mich: Wurde mir aus der Geistwelt ein Geheimnis gezeigt? Da ich diesen Traum nicht zu deuten wusste, wandte ich mich an meine Freundin Sonja. Ich erzählte ihr von diesem Traum und fragte sie: »Kannst du etwas damit anfangen?«

Im gleichen Moment erklärte sie mir, Erzengel Michael melde sich bei ihr, sie bekäme eine Durchsage für mich: *»Der Mann in deinem Traum ist dein Seelenpartner, als du ihn suchtest, war er wieder in deiner Energie.«*

Ich kam aus dem Staunen nicht raus, dass mir mein Seelenpartner gezeigt wurde. Viele Menschen glauben, ihren Seelenpartner im Leben zu finden oder gefunden zu haben, doch dem ist nicht so, das Dual bleibt in der anderen Dimension.

Dann sagte sie mir: »Du bekommst noch ein Geschenk von Erzengel Michael: den Titel für dein Buch.«

Hatte ich doch lange Zeit überlegt, wie es heißen soll und nun bekam ich ihn aus der Geistwelt. Er lautete: *Hört mal zu, ich erzähle.*

Von Erzengel Michael bekam ich gesagt: *»Dies bekommst du für das, was du durchgemacht hast.«*

Der Kommentar meiner Freundin Sonja war: »Das waren zwei dicke Blumensträuße aus der Geistwelt, darauf kannst du dir etwas einbilden.«

Ich konnte es nicht fassen, so viel Liebe und Unterstützung aus der Geistwelt zu bekommen. Nach Einbildung war mir nicht zumute und ich bedankte mich in der Geistwelt.

Die letzten Intrigen von meinem verstorbenen Bekannten

Immer wieder war ich seinen Intrigen ausgesetzt, besonderen Spaß machte es ihm, mich durch klopfende Geräusche durcheinanderzubringen. Mithilfe der Geistwelt konnte ich ihn immer wieder vertreiben, unter anderem durch Reinigungen des Hauses.

Dann kam seine letzte Aktion. Was ihm gar nicht gefiel war, dass ich das Haus verkaufen und verlassen würde, dagegen leistete er starken Widerstand. Jegliche Interessenten, die sich für mein Haus interessierten, hatten ein ungutes Gefühl, wenn sie das Haus betraten, denn er war sofort präsent. Wenn es auch nicht körperlich war, aber seine dunkle Energie war im ganzen Haus zu spüren und ich bekam immer wieder Absagen.

Nun hatte ich wieder einen Interessenten, der großen Gefallen an mein Haus fand und fast zu gesagt hatte, dann aber doch absagte. Ich war irritiert, was war passiert?

Ich wandte mich an die Geistwelt: »Warum habe ich diese Absage bekommen?«

Da wurde mir gesagt: *»Dieser Interessent war sehr spirituell und hat gespürt, dass mit diesem Haus etwas nicht stimmt, daher die Absage.«*

Mir war klar: Wenn dieser Mann spirituell war, dann hatte er die dunkle Energie meines Plagegeistes gespürt, seine Gegenwart machte das Haus dunkel.

Doch die Lichtwesen standen mir mit vollem Einsatz zur Seite, wofür ich ihnen sehr dankbar war. Ich konnte mein Haus zu meinen Vorstellungen verkaufen. Nun fragte ich mich, ob ich auch ihn damit loswar.

Da bekam ich von Erzengel Michael den Rat, so wie ich es mir schon gedacht hatte. *»Verschwende keinen Gedanken mehr an ihn, sonst nimmst du ihn mit.«*

Dieser Rat war nicht einfach zu befolgen, aber ich habe es geschafft und so meine Ruhe vor ihm gefunden.

Die Angriffe, die von der dunklen Seite kamen, waren oft gravierend. Es war mein Glück, keine Angst zu haben, sonst wäre ich in der Psychiatrie gelandet. Da mein Schutzgeist und mein Schutzengel ständig in meiner Nähe waren und sind, konnte ich mir immer Hilfe holen und die war mir sicher, ich musste nur darum bitten. Diesen Lebensweg hatte ich mir vor meinem Herkommen ausgesucht, daraus wollte ich lernen. Wann haben wir je aus guten Zeiten gelernt?